乡村振兴发展理论及模式研究

郑周道 著

时代文艺出版社
SHIDAI WENYI CHUBANSHE

图书在版编目（CIP）数据

乡村振兴发展理论及模式研究/郑周道著.——长春：时代文艺出版社，2023.11
ISBN 978-7-5387-7350-7

I.①乡… II.①郑… III.①农村-社会主义建设-研究-中国 IV.①F320.3

中国国家版本馆CIP数据核字(2023)第236364号

乡村振兴发展理论及模式研究
XIANGCUN ZHENXING FAZHAN LILUN JI MOSHI YANJIU

郑周道 著

| 出 品 人：吴　刚 |
| 责任编辑：焦　瑛 |
| 技术编辑：杜佳钰 |
| 装帧设计：辽宁紫橙 |

出版发行：时代文艺出版社
地　　址：长春市福祉大路5788号 龙腾国际大厦A座15层（130118）
电　　话：0431-81629751（总编办） 0431-81629758（发行部）
官方微博：weibo.com / tlapress
开　　本：710mm×1000mm 1/16
字　　数：275千字
印　　张：12.25
印　　刷：沈阳正邦印刷包装有限公司
版　　次：2024年8月第1版
印　　次：2024年8月第1次印刷
定　　价：76.00元

图书如有印装错误 请寄回印厂调换

内容简介

农业农村农民问题是关系国计民生的根本性问题,"实施乡村振兴战略"是站在全面建成小康社会和现代化强国的宏观视角下,结合新时代所面临的城乡发展不平衡、农村发展不充分的现实问题,提出的新时代"三农"问题的综合性系统"解决方案",是以往新农村建设和美丽乡村建设的升级版,其核心就是要满足农民群众日益增长的美好生活需要,让城乡居民共享经济社会发展成果。基于此,本书从乡村振兴制度与战略规划、乡村振兴与农村基层党建、乡村振兴战略的实现路径、乡村振兴与共同富裕等方面阐述有关内容。

作者简介

郑周道，1971年9月出生，云南省文山州广南县人，1990—1994年就读于云南师范大学历史学专业。1994年至今，在中共文山州委党校工作。2001—2004年，在中共中央党校攻读科学社会主义专业研究生。2008年，取得"科学社会主义副教授"职称。2021年，当选中国共产党云南省第十一次代表大会代表、中国共产党文山壮族苗族自治州第十次代表大会代表。曾聘为云南省公民道德宣讲员、文山州政府政策研究员、文山州直机关工委党建指导专家、文山学院思政课教师等，现聘为云南省级"云岭先锋讲师"、中共文山州委理论教育宣讲团成员、"文山先锋"二星级讲师。所负责的省部级课题1项获得立项、1项获领导批示，决策咨询报告3项获州委主要领导批示；公开发表论文20余篇。

前　言

　　乡村振兴战略涉及产业发展、村庄建设、社会治理、生态保护和文化传承各个方面，其各项目标中，产业兴旺是乡村振兴的核心内容，是要将产业发展落实到农民增收上，实现生活富裕，促使农业成为有奔头的产业、农民成为有吸引力的职业。生态宜居不仅对农村农业发展和建设提出了绿色发展的要求，也回应了新时代农民对美好生态环境日益增长的需求。当前，乡村发展存在的现实问题加剧了乡村振兴的难度，也成了乡村振兴战略实施必须要关注和攻克的难题。

　　社会治理的基础在基层，乡村治理是社会治理的重点和难点。为加强和改善乡村治理，党的十九大提出要加强农村基层基础工作，健全自治、法治、德治相结合的乡村治理体系，这是中央在总结基层探索基础上的新部署，是根据我国农村社会治理的基本制度安排、特点和开放背景提出的新要求。2019年中共中央办公厅、国务院办公厅印发《关于加强和改进乡村治理的指导意见》，明确要坚持和加强党对乡村治理的集中统一领导，坚持把夯实基层基础作为固本之策，把治理体系和治理能力建设作为主攻方向，把保障和改善农村民生、促进农村和谐稳定作为根本目的。要全面加强农村基层党组织建设，深化村民自治实践，深入推进农村移风易俗，着力维护农村社会稳定，提升乡镇服务能力。

　　改革开放以来，传统农村的封闭性、稳定性被打破，经济结构、社会结构、思想观念都发生了巨大变化。维系乡村社会的血缘、地缘以及人情关系趋于淡漠，熟人社会面临解体。村庄治理结构、规则与秩序进一步演化与变迁，乡村治理面临新情况、新形势、新要求。

　　我国乡村治理模式在不断继承发展的同时，也在不断地进行探索创新。新乡市张青村在基层党委的领导下，结合实际情况，形成了独具特色的村民代表提案制基层发展模式，该模式有效激发了乡村发展活力和创造力，在乡村治理创新模式中具有代表性。我国农村治理创新的研究具有前瞻性，村民代表提案制作为今后农村基层治理创新的一个重要方向，也是推动实现国家治理现代化的重要途径之一。探索乡村振兴战略背景下乡村治理创新模式对于当前社会有着极为深刻的意义。乡村治理创新是实现乡村振兴的重要途径，是乡村振兴的力量源泉，乡村治理创新有利于推动乡村基层治理，进而推动国家治理现代化。村民代表提案制作为我国乡村治理创新的重要模式，最成功的经验在于借鉴人民代表大会制度，保障广大村民广泛参与，行使人民当家做主权利，对涉及村民利益的相关农村社会事务进行民主管理、民主决策和民主监督，是对我国村民自治的发展和创新，对于创新我国乡村治理模式具有重要借鉴意义，对于新时代实现乡村振兴以及国家治理现代化具有基础性推动作用。

本书共分为四章，第一章为乡村振兴制度与战略规划，包括乡村振兴战略理论依据、乡村振兴战略政策指导、乡村振兴战略的意义与目标、乡村振兴模式及策略和乡村振兴战略规划与决策；第二章为乡村振兴与农村基层党建，包括新时代农村基层党建、农村基层党建引领乡村振兴和乡村振兴下农村基层党建工作；第三章为乡村振兴战略的五个振兴，包括乡村产业振兴、乡村人才振兴、乡村文化振兴、乡村生态振兴和乡村组织振兴；第四章为乡村振兴与共同富裕，包括共同富裕的理论、历史和现实逻辑，乡村振兴与共同富裕的关系和共同富裕目标下乡村振兴的发展路径研究。

限于作者水平，书中难免存在疏漏及不妥之处，敬请读者批评指正。

作者
2023 年 5 月

目 录

第一章 乡村振兴制度与战略规划

第一节 乡村振兴战略理论依据 ... 3

第二节 乡村振兴战略政策指导 ... 31

第三节 乡村振兴战略的意义与目标 ... 49

第四节 乡村振兴模式及策略 ... 67

第五节 乡村振兴战略规划与决策 ... 95

第二章 乡村振兴与农村基层党建

第一节 农村基层党建引领乡村振兴 ... 111

第二节 乡村振兴背景下农村基层党建工作 ... 126

第三章 乡村振兴战略的五个振兴

第一节 乡村产业振兴 ... 137

第二节 乡村人才振兴 ... 147

第三节 乡村文化振兴 ... 156

第四节 乡村生态振兴 ... 160

第四章 乡村振兴与共同富裕

第一节 共同富裕的理论、历史和现实逻辑 ... 169

第二节 乡村振兴与共同富裕的关系 ... 173

第三节 共同富裕目标下乡村振兴的发展路径研究 ... 176

参考文献 ... 182

第一章 乡村振兴制度与战略规划

第一节　乡村振兴战略理论依据

一、乡村振兴理论研究前沿及发展方向

（一）共同富裕视野下乡村振兴理论研究的前沿问题

1. 中国特色的反贫困理论和脱贫攻坚精神

乡村振兴战略是 2017 年党的十九大提出的。当时脱贫攻坚战已经全面打响两年多，正纵深推进，此时提出实施乡村振兴战略，就意味着这两大战略之间必然有交叉、重合，也存在衔接问题。可见，研究乡村振兴问题离不开脱贫攻坚战，脱贫攻坚与乡村振兴之间相互交集形成的理论问题，就是乡村振兴需要系统研究的。脱贫攻坚取得全面胜利后，"三农"工作中心历史性转移到全面推进乡村振兴上来。对于脱贫地区而言，脱贫攻坚战所形成的理论成果——中国特色反贫困理论和精神成果——脱贫攻坚精神，必然会作用于乡村振兴，如何影响以及如何用好脱贫攻坚理论成果、精神成果，成为乡村振兴理论研究前沿问题的重要内容。研究中国特色反贫困理论和脱贫攻坚精神，需要回答三个层面的问题：一是中国特色反贫困理论如何指导乡村振兴？二是中国特色反贫困理论如何在乡村振兴实践中创新发展？三是脱贫攻坚精神如何成为乡村振兴的重要推动力量？

2. 从脱贫攻坚到乡村振兴历史性转移的理论思考

设立脱贫攻坚过渡期，是中央在脱贫攻坚之后作出的重要决策部署。过渡期是为贫困县脱贫摘帽后继续支持的特殊期限，主要任务就是落实党的十九届五中全会关于实现巩固拓展脱贫攻坚成果同乡村振兴有效衔接的有关政策。

巩固拓展脱贫攻坚成果、乡村振兴两者之间是有内在逻辑关系的，基于过渡期、基于有效衔接的议题存在需要从理论上认识的问题，比如说从脱贫攻坚到乡村振兴历史性的转移，有何理论含义？巩固脱贫攻坚最根本的目的是防止返贫，防止返贫和乡村振兴从理论上是怎样的逻辑关系？从概念上，巩固拓展脱贫攻坚成果、全面推进乡村振兴是两件事或者两项工作，但其内在理论逻辑以及实践需要均必须一体化推进，这就需要从理论上回答如何一体化推进，集中在两个方面：首先，需要厘清健全防止返贫动态监测和帮扶机制的相关理论认识。防止返贫是巩固拓展脱贫攻坚成果的首要任务。对不同的情况采取不同对策。比如对易返贫农户要实施常态化监测，做到早发现早干预早帮扶，精准施策；对于有劳动能力的农户，要坚持开发式帮扶工作方针，帮助他们用自己的双手勤劳致富，不能靠发钱养人，防止陷入福利陷阱，政策养懒汉；对没有劳动能力的人口，要做好兜底保障，及时纳入现有社保体系，并逐步提高保障水平。

对脱贫地区的产业要技术帮扶，补上技术、设施、营销等短板，促进产业提档升级。

对易地扶贫搬迁安置区，要强化后续扶持，多渠道促进就业，加强配套基础设施和公共服务，搞好社会管理，确保搬迁群众稳得住、有就业、逐步能致富。对扶贫资产要摸清底数，加强监管，确保持续发挥作用。其次，对摆脱贫困的县，从脱贫之日起设立5年过渡期。主要的理论问题包括：如何保持主要帮扶政策总体稳定？如何坚持和完善向重点乡村选派驻村第一书记和工作队制度，继续坚持东西部协作、对口支援、社会帮扶等机制？如何平稳有序做好各级扶贫办机构职能的调整优化？如何压实责任，把巩固拓展脱贫攻坚成果纳入市县党政领导班子和领导干部推进乡村振兴战略实绩考核范围？等等，看似实践问题，实则是为认识、解决这些问题提供理论支撑。

3. 乡村振兴的理论基础

乡村振兴是一个多学科、跨学科的议题。从理论基础视角，至少包括以下方面：经济学（经济增长）视角下的乡村振兴理论、马克思主义政治经济学视角下的乡村振兴理论、地理学（区域、系统）视角下的乡村振兴理论、社会学（社会）视角下的乡村振兴理论、管理学（组织、管理）视角下的乡村振兴理论，构成了中国新时代乡村振兴理论的基础。比如，马克思主义政治经济学是乡村振兴理论研究的主要视角，主要从生产力和生产关系的矛盾的本质出发揭示城乡分化的根源，涉及马克思、恩格斯城乡关系理论、马克思主义共享理论、马克思社会交往理论、马克思产业理论、马克思经济循环理论等。马克思主义共享理论、马克思社会交往理论、马克思经济循环理论主要从人的全面发展的角度出发揭示了人与人、人与社会、人与自然之间的辩证关系。马克思产业理论揭示了产业发展的客观规律，为乡村振兴中的产业兴旺提供理论指导和基本遵循。马克思、恩格斯的城乡关系理论厘清了实施乡村振兴战略的理论逻辑与理论路径，是实施乡村振兴战略的核心理论，为我国城乡融合发展提供指引。

具体来看，马克思、恩格斯的城乡关系理论批判地继承了18世纪以来圣西门、傅立叶、欧文等空想社会主义学者关于城乡结合的思想，从生产力和生产关系矛盾的本质揭示了城乡分化的根源，认为随着生产力水平的不断提高，城乡关系演进要依次经历城乡依存、城乡分离、城乡融合三个阶段。马克思关于乡村发展相关的理论既是乡村振兴理论的基础，也是习近平总书记关于"三农"工作重要论述的理论渊源。再比如，地理学主要从空间和系统的角度来理解乡村振兴，认为城市和乡村是一个系统下的有机体。城乡融合发展就是要在空间结构和制度供给创新下实现城乡系统内部的经济、社会、环境的全面协调发展。乡村地理学涉及人地关系地域系统理论、区位论、后生产主义/多功能理论等，这些理论形成乡村振兴的理论基础。社会学中的结构功能主义理论、社会嵌入理论、社会网络理论、社会资本理论、行动者网络理论、赋权理论等，管理学中的治理理论、公共服务理论、社会质量理论等，都已经广泛应用于乡村振兴前沿问题的研究。

4. 全面推进乡村振兴的理论内涵

这一问题的主要意义在于如何用理论思维认识乡村振兴，凝聚参与乡村振兴共识。主要的议题，一是从理论上回答为什么要推进——就是要全面、深刻理解乡村振兴的理论逻辑、实践逻辑、历史逻辑和国际逻辑。二是怎样推进乡村振兴——就是要从理论上理解乡村振兴的总目标，也就是农业、农村、农民的现代化。为什么是三个现代化？各自有哪些重点？相互之间有何逻辑关联？等等，都是需要从理论上回答的问题。三是乡村振兴重点干什么——就是要从理论上明确乡村振兴重点任务及其内在逻辑，奠定政策设计和落地见效的基础。比如，巩固拓展脱贫攻坚成果是首要任务，需要有效衔接乡村振兴，衔接机理是什么？如何在聚焦产业发展、乡村建设、乡村治理推进中衔接、嵌入？等等。四是如何保障乡村振兴战略实施——就是从依照乡村振兴促进法推进乡村振兴、促进观念转变、实现相关机制政策衔接、创新工作方式以及确保工作机制和队伍转型。

5. 防止返贫与乡村振兴的理论逻辑

脱贫攻坚任务完成后一方面是巩固拓展脱贫攻坚成果，这是首要的任务；另一方面是全面实施乡村振兴战略。如何正确理解和认识既要防止返贫、拓展脱贫攻坚成果，又要乡村振兴，对于贯彻落实中央有关决策部署具有重要的决定性影响。习近平总书记关于防止返贫、关于乡村振兴的一系列重要论述为理解和做好相关工作指明了方向。

一是需要深刻理解防止返贫与乡村振兴的理论逻辑。比如巩固拓展脱贫攻坚成果、防止返贫是中国共产党执政规律的具体体现，从脱贫攻坚到乡村振兴是历史性转移，巩固拓展（防止返贫）、有效衔接、乡村振兴是一个有机联系的整体，实施乡村振兴战略是一项系统工程，乡村全面振兴是实现共同富裕的底线任务。比如要用底线思维，以共同富裕为目标方向，推进巩固拓展脱贫攻坚成果同乡村振兴有效衔接，进而全面振兴乡村，为推进全民共富、全面共富、共建共富、逐步共富奠定基础。二是从理论上认识防止返贫与乡村振兴面临理论层面的挑战，提高运用理论思维应对挑战、解决问题的能力和水平。比如防止返贫就是要用发展的思维，坚持系统观念，坚持精准思维；就是要采取战略与战术有机结合的措施体系。

还需要从理论上系统认识有效衔接需要大力弘扬脱贫攻坚的精神，需要建立统筹做好领导体制衔接、工作体系衔接、发展规划衔接、政策举措衔接、考核机制衔接等的理论话语。从全面推进乡村振兴维度看，主要是要夯实全面推进乡村振兴的思想基础。防止返贫是乡村振兴的基础，需要统筹起来，需要相应的思想的认识，这个思想的认识就构成了全面推进乡村振兴的思想基础，从理论认识上要牢牢守住保障国家粮食安全和不发生规模性返贫两条底线，构建统筹推进农业、农村、农民现代化进程，协调推进乡村发展、乡村建设和乡村治理的理论体系，为持续提升全面推进乡村振兴的有效性奠定理论基础。

6. 脱贫攻坚、乡村振兴与共同富裕的理论议题

脱贫攻坚、乡村振兴与共同富裕，在中华民族伟大复兴的历史进程中、在新的发展阶段都是三个极其重要、不可或缺的概念。三个概念之间存在内在严密的逻辑关系。比如，脱贫攻坚、乡村振兴是在不同的发展阶段实施的国家战略，不同的目标、不同的时期，但

都是统一在共同富裕的框架下推进的。脱贫攻坚结束，历史性地解决了全国范围内的绝对贫困问题，但是返贫的风险依然存在，随着发展水平的提升，脱贫的标准不断提高，防止返贫就成为长期的战略问题。防止返贫是乡村振兴的基础和前提，伴随着乡村振兴的全过程。农业、农村、农民的发展及现代化是国家实现现代化的基础、难点和重点，现代化的重要特征是共同富裕，因此，乡村振兴是共同富裕的最大短板、底线任务。从政治上看，乡村振兴实际关系到"四个自信"的支撑，关系到中国为全球乡村发展贡献中国智慧，关系到继续为人类文明新形态建设贡献中国力量、提供中国方案。

7. 乡村振兴的动力

为打赢脱贫攻坚战，习近平总书记提出两个动力论，就是政府、市场、社会要联动，行业扶贫、专项扶贫、社会扶贫要互动。这一理论在乡村振兴领域的运用，就是把举全党全社会之力推动乡村振兴落到实处。从理论上就是要构建乡村振兴动力理论。

乡村振兴的动力具有多重来源，比如政府、市场、社会，也来源于中央的专项支持、各行各业的支持、全社会力量的动员。习近平总书记在脱贫攻坚期间始终强调扶贫同扶志扶智结合，要激发脱贫群众的内生动力，培育增强脱贫地区的自我发展能力。这一理论具有普遍性，全面推进乡村振兴同样需要激发和培育脱贫群众、广大农民振兴乡村的内生动力，需要在广大乡村培育增强自我发展的能力，这也是乡村振兴动力论的重要内容。习近平总书记反复强调，要加强"三农"工作机构和"三农"工作队伍的能力和作风建设，实际上明确了"三农"工作机构及其干部队伍，就是乡村振兴的重要动力。这种动力高与低取决于其能力和作风建设，这就需要从理论上研究"三农"工作领域的能力建设、作风建设有怎样的特殊性、规律性，只有在弄清楚这些基本认识问题的基础上，才有可能更有针对性地解决好乡村振兴队伍的能力作风建设问题。总之，乡村振兴动力论是一个系统，内在的各子系统之间存在相互支持、相互促进的逻辑关系，需要从理论上深化认识。

8. 融合发展与乡村全面振兴的理论框架

根据新时代党的"三农"工作创新理论和共同富裕理论，要把乡村振兴战略这篇大文章做好，必须走城乡融合发展之路。振兴乡村，不能就乡村论乡村，还是要强化以工补农、以城带乡，加快形成工农互促、城乡互补、协调发展、共同繁荣的新型工农城乡关系。要紧紧围绕发展现代农业，围绕农村一、二、三产业融合发展，构建乡村产业体系，实现产业兴旺。城乡融合发展、产业融合发展都和乡村全面振兴密切相关，存在丰富、多维的理论逻辑。深化研究、正确理解这些理论逻辑，是更加有效理解、执行中央决策部署、推进各项工作的基础和关键。从城乡融合发展看，这是实施乡村振兴战略的核心内容之一，也是破解新时代社会主要矛盾的关键抓手。

要建立健全城乡融合发展体制机制和政策体系，加快推进农业农村现代化。要强化以工补农、以城带乡，推动形成工农互促、城乡互补、协调发展、共同繁荣的新型工农城乡关系。以城乡融合引领乡村振兴，走中国特色社会主义乡村振兴道路，是全面建设社会主义现代化强国的关键环节。目前学术界主要围绕城乡融合内涵、城乡融合模式、城乡融合测度等内容，对城乡融合问题做出有益探索，这些研究大多停留在一般问题、个案研究上，进一步深化研究空间很大，比如既有研究重点谈论在经济社会发展水平较高的条件下如何实现城乡融合，对于发展落后山区能否和怎样实现城乡融合，仍然是一个在理论上有争议、在实践中有困难的重要课题，需要加强研究的针对性、精准度。从产业融合发展看，推进农村一、二、三产业融合发展，是推动乡村产业振兴、实现高质量发展的需要，是促进农民持续增收、决胜全面建成小康社会的迫切需要，是进一步提升农村发展水平、促进城乡融合发展的迫切需要，其中存在诸多理论难题需要破解。

9. 国际乡村发展理论与战略的演进

中国的乡村振兴是全球乡村发展的重要组成部分。中国乡村振兴必然体现出中国特色，也必然有与国际乡村发展在理论上开展对话的必要，国际乡村发展理论的战略演进也就成为乡村振兴理论研究的一个前沿问题。全球其他国家的乡村发展有需要遵循的共同规律。在发达国家，如德国，其乡村振兴是从20世纪70年代才全面开始，但乡村的公共服务均等化发展很快。再如英国，乡村振兴目前已经以数据为主要的驱动力来推动全国乡村的建设，在数据乡村的建设上、在数据乡村的道路发展上，有不少经验可以借鉴。还有东亚地区的日本、韩国，乡村发展同样存在普遍性规律，比如人口的迁移、空虚化、老龄化等都是韩国、日本特别是日本面临的突出难题，在解决过程中有很多经验，也有不少教训。梳理国际上特别是第二次世界大战以来国际乡村发展的理论和战略演进，并和我国的乡村振兴开展对话，无疑十分必要，有助于更好地认识中国面临的相关理论问题。

10. 中国特色乡村振兴道路体系

习近平总书记在2017年中央农村工作会议上系统阐述了中国特色社会主义乡村振兴道路，指出要重塑城乡关系，走城乡融合发展之路；巩固和完善农村基本经营制度，走共同富裕之路；深化农业供给侧结构性改革，走质量兴农之路；坚持人与自然和谐共生，走乡村绿色发展之路；传承发展提升农耕文明，走乡村文化兴盛之路；创新乡村治理体系，走乡村善治之路；打好精准脱贫攻坚战，走中国特色减贫之路。

（二）乡村振兴的发展路径

十九大报告提出"产业兴旺、生态宜居、乡风文明、治理有效、生活富裕"的关于乡村振兴战略的20字总要求。乡村振兴是社会各方面的振兴，同时也是农村中全体农民自身素质的提升（产业振兴、人才振兴、文化振兴、生态振兴、组织振兴）。

1. 实施乡村振兴战略，要科学制定乡村振兴战略规划

谋定而后动，科学规划是前提。凡事预则立，不预则废。实施乡村战略，首先就是规划，只有规划做好了，才能少走弯路。财政投入、动用的社会资源有效性才会提高。要加强规划，树立城乡协调融合一体的理念，将产业发展、人口布局、公共服务、土地利用、生态环境保护等统筹协调考虑，并且要一张蓝图绘到底，一任接着一任干。要联系本地实

际，因地制宜，拿出乡村振兴发展的规划图和施工图（全面规划、具体规划、长远规划、近期规划）。基于不同地区的特点，规划不同的乡村振兴战略。

2. 实施乡村振兴战略，要进一步深化农村各项改革

（1）深化农村土地制度改革

强调进一步推进三权分置改革。新形势下深化农村各项改革，主线仍然是处理好农民与土地这一亘古不变的关系；不论改革的方式和进程如何，都必须保障农村土地集体所有制，充分保障农业生产对于土地的利用（不能用于非农产业），保障粮食生产能力（谷物基本自给，口粮绝对安全），切实保障广大农民的利益不受到损害。党的十九大报告强调要推进土地承包关系的稳定发展，明确指出第二轮土地承包到期后再延长30年，切实保障广大农民的利益，同时也为在第二个百年时期进一步调整完善农村土地政策留下了重要时间窗口。这个重大决策，彰显了党和国家坚定保护农民土地权益的决心，是一个政策"大礼包"，给农民吃了一颗"定心丸"，同时也是给农民留了一条后路。

（2）完善落实关于农民闲置宅基地和房屋政策

这项改革不是让城里人到农村买房置地，用于个人的消费需求，而是充分吸引资金、技术、人才等要素流向农村，利用人、财、物等各种资源使农民闲置房成为发展乡村旅游、养老、文化、教育等产业的有效载体，进一步发展多种产业，促进农村经济的整体发展。改革总的方向是要适应国内外发展的形势，始终注意坚持保护和调动农民积极性。通过完善财政补贴政策，给予充足的资金保障，注重质量和数量同步提高，优化存量、扩大增量，更加注重支持产业结构调整、注重科技研发以及资源生态环境保护等，进一步探索建立粮食生产功能区（粮食主产区县专项补贴）、重要农产品生产保护区的利益补偿机制。

3. 加强乡村德治水平，传承优秀传统文化，振兴乡风文明

我国是农业发展大国，并且在历史长河中不断发展、变化形成了独特的乡村文化。这些珍贵的乡村文化逐渐演变成为现代人的精神财富。正是由于这些乡村文化的存在，人们才能够了解人与自然之间的关系，并且知道如何利用资源、保护资源。与此同时，这些乡村文化还能够对人的道德、行为进行有效的约束。乡村文化在乡村居民的生产生活中发挥着重要作用，是乡村居民赖以生存的精神纽带。在乡村振兴战略的实施过程中，要注意深入挖掘并继承发展我国优秀乡村文化，从而加快乡村文明的建设进度。

首先要对乡村的农耕文化进行保护与传承。留住农耕文化的原貌，留住乡村最原始、质朴的面貌。除此之外还应当积极利用乡村的优秀文化，大力发展乡村旅游业，全面宣传优秀乡村文化，移风易俗树新风，为农村经济的发展奠定良好的基础，并且进一步推动农村经济与产业结构的发展。

其次要将乡村中优秀的民俗文化加以传承发展。乡村民俗文化是乡民在长期的生活中所创造出的，是被乡民广泛接受的精神文化与生活习惯。乡村民俗文化作为乡村发展的基础理念，维持着乡村的稳定发展。因此在乡村振兴期间需要将乡村优秀的民俗文化加以弘

扬和传承，并与当地的特色文化相结合，建设特色文化村落、小镇，让更多人能够了解到当地的民俗文化，并主动进行弘扬传播。

最后，需要全面建设农村公共文化，给村民的健康生活提供优良的生活环境，保证村民的精神富足。通过建设乡村公共文化服务供给平台，为群众日常生活、生产的顺利开展提供保障。例如建设活动室、书屋等方式，给村民提供精神文化产品，让他们在休闲之余还能够丰富自己的知识，从科学的角度来看待农业生产，全面提高村民的精神与文化知识水平。弘扬社会主义核心价值观念，从而营造优异的乡村生态文化环境，为乡村振兴战略的全面实施奠定良好的基础。

4. 重视生态文明，以绿色发展为基础，提升人居环境质量

党的十九大报告指出："建设生态文明是中华民族永续发展的千年大计。"简言之，就是要注重人与自然的和谐共生，随着社会发展进程的加快，群众对于美好生活的向往越加迫切，并且更关注高品质的生活，对于食品安全、居住环境等都有了较高的要求。为了追求更好的发展道路，需要在关注自然生态环境的同时来开展乡村振兴工作。只有全面关注自然环境和谐发展，构建生态文明，才能够实现人与大自然的和谐友好相处。

首先需要关注乡村各种资源的利用问题。我国乡村地区幅员辽阔，有着丰富且可以利用的自然资源，甚至有许多地区还保持着最初的生态面貌，面对这种情况需要注重对资源的合理使用以及节约资源，提高对资源的利用率，避免出现资源浪费的行为。尤其是在乡村建设期间，避免一切非法侵占、损坏农用耕地的行为。并且在农业生产期间，拒绝使用传统的粗放式管理模式，而是使用科学精细方式来进行林地管理，提高对资源的利用效率。在日常生活生产期间，也要尽可能形成绿色出行、绿色消费的理念，让文明健康生活印刻到每位人民的脑海中。

其次在建设乡村、脱贫致富的同时还要关注乡村自然生态环境，只有保证乡村环境的稳定、健康，才能够确保乡村经济的可持续发展。目前乡村的生态环境状况并不乐观，污水排放、乱砍滥伐、垃圾随意堆放等现象时有发生。生态环境一旦遭到破坏，不仅仅是生态资源的损失，更会对人类造成很大危害，因此在推进乡村振兴战略的实施过程中要加强对乡村环境的改造和保护，对污水进行集中处理，全面禁止违法乱砍乱伐。最后在乡村振兴战略实施的过程中要积极发展绿色生态农业，提升乡村农产品在国际国内市场的竞争力。将发展绿色生态农业作为社会经济的主要发展支柱，加快农业产业结构的升级与转型，实现质量与经济效益的全面提升。除了要提高绿色农产品在国内市场的竞争力，还需要开拓其国际市场，将绿色、无公害、有机农产品作为消费导向，发展生态农业，提高产品的国际竞争力，提高农业产业的价值与附加值，从而推动我国农业经济的快速发展。

5. 做好产业兴旺工作，推动城乡共同富裕

在实现全面建成小康社会宏伟目标的过程中，要使每个人都能够在日常生活中体会到改革发展所带来的变化，提升对现实生活的幸福感，获得现实的、看得见、摸得着的红利。

从党的十八大以来，党和国家积极开展精准扶贫工作，通过增加资金投入、加强人才支援、产业扶持、颁布多项针对性扶贫政策等方式来对乡村贫困地区以及贫困人口进行扶持。与此同时还对乡村的道路、厕所等基础设施进行全面建设和改进，使乡村居民的生活水平得到质的提升，脱贫攻坚工作的进展加速，贫困人口逐渐减少。乡村振兴的产业发展要求就是要以农业供给侧结构性改革为主线，以构建现代农业产业体系、生产体系、经营体系为抓手，促进农村一、二、三产业融合发展，加快推进农业农村现代化。

实施乡村振兴战略关键在人才。千方百计留住人才，现在城市"挖人"情况比较普遍，开出的条件比较优厚，我们在条件有限的情况下，需要事业留人、感情留人。平台在这里，团队在这里，感情也在这里。很多到外地甚至国外读书的人，学成后就不回来了，可是他的父母都在这里，根也在这里，也更习惯这里的气候、文化环境，要把他们留下来，给他们发展的平台与空间。要培养和锻造一支懂农业、爱农村、爱农民（一懂两爱）的"三农"人才工作队伍，将乡村振兴战略落实到位，为加快实现农业农村现代化提供所需的人才保障。要千方百计吸引人才，进一步加大引才投入，既要关注领军人才，也要关注青年人才。当前财力比较紧张的情况下，需要从政策上发挥作用。

6.加快乡村整治，推动乡村治理现代化

发展管理民主，是对乡村治理目标的新导向。强调治理体制与结构的改革与完善，强调治理效率和基层农民群众的主动参与。构建自治、法治、德治相结合的乡村治理体系。做好基层党建工作，推行村级小微权力清单，加大对基层小微权力腐败的惩处力度。

为了全面实现乡村振兴，加快城乡结合的快速发展，需要积极推动乡村治理的现代化发展。根据我国近些年的乡村发展情况来看，只有落实乡村治理工作，建立完善的现代化乡村治理体系，才能够构建出和谐、健康发展的乡村。在实现现代化乡村治理的过程中，需要以党的发展理念为引导，以人民立场为主要参考要素，将党与人民的意志贯穿于整个乡村治理期间，通过前期党对于农村治理的规划来制定治理方向。在实际治理过程中，部分基层党组织的组织能力与活动开展情况不佳，针对这种情况，党员同志尤其是领导干部要充分发挥自己的榜样带头示范作用，向需要帮助的农村居民伸出援助之手，切实帮助村民解决好生产生活中遇到的各种困难。与广大人民群众进行密切的交流沟通，从而全面提高基层党组织的组织凝聚力以及工作能力，与此同时也需要鼓励当地村民积极参与到乡村治理工作中，还可以利用福利政策来吸引社会企业前来进行帮助，从而建立完善的现代化乡村治理体系。另外还需要对乡村周边的生态环境等进行全面的整顿，对于一些黑恶势力、违法犯罪活动等要依照法律法规进行处置，宣传科学治理方式与理念，破除一切封建迷信，共同构建美好乡村生活。

二、新发展格局背景下乡村振兴的理论逻辑

构建以国内大循环为主体，国内国际双循环相互促进的新发展格局，是我们党根据国

内国际形势发展的新变化、全球产业链、供应链重构的新趋势、我国经济社会发展面临的新挑战及时提出的重要战略选择，是我国为在危机中育新机、于变局中开新局的发展方向，是今后一个时期做好国内经济社会发展工作的重要遵循。全面推进乡村振兴，是实现中华民族伟大复兴的一项重大任务，是加快构建新发展格局的内在要求。习近平总书记强调，"民族要复兴，乡村必振兴"。全面建设社会主义现代化国家、实现中华民族伟大复兴，最艰巨最繁重的任务依然在农村，最广泛最深厚的基础依然在农村。

目前以及今后相当长的时期，城乡发展不平衡、乡村发展不充分，仍然是我国社会主要矛盾的主要体现。因此，2021年中央一号文件明确指出，新发展阶段"三农"工作依然极其重要，须臾不可放松，务必抓紧抓实。落实加快构建新发展格局要求，必须坚持农业农村优先发展，全面推进乡村振兴，加快农业农村现代化，着力补齐农业农村短板弱项，推动城乡协调发展。如何构建新发展格局，党中央提出了根本要求和基本方法，其中一个重要方面就是要统筹好国内大循环和乡村振兴的关系。党的十九届五中全会提出要"形成强大国内市场"，同时也要"优先发展农业农村"，"坚持把解决好'三农'问题作为全党工作重中之重"。由此可见，从国家战略和顶层设计来看，就是要把全面推进乡村振兴作为构建"双循环"新发展格局的着力点和重要途径，协同推进乡村振兴和国内大循环，实现二者深度融合和有机衔接。在构建新发展格局战略背景下，如何让乡村振兴更好地嵌入到"双循环"新发展格局的构建中是当前急需研究的问题。

（一）构建新发展格局与乡村振兴的耦合性

1. 构建新发展格局的基本要求

新发展格局构建是指未来经济发展中，依托于我国国内超大市场的规模优势和庞大的内需潜力，通过深化供给侧结构性改革，把满足国内需求作为经济发展的出发点和落脚点，同时，以国内经济大循环为主体，坚持扩大对外开放，逐步形成以国内大循环为主体、国内国际双循环相互促进的新发展格局。由此可见，双循环经济发展新格局的一个重要思想就是以国内经济大循环为主体，在未来的经济发展中更为倚重国内循环的重要作用。国内大循环要想循环起来，主要靠投资和消费拉动，而乡村振兴将成为拉动投资和消费的广阔天地。

2. 构建新发展格局与乡村振兴的耦合性

新发展格局强调的是"立足国内大循环，发挥比较优势，协同推进强大国内市场和贸易强国建设"。而乡村振兴恰恰为此提供了广阔天地。

从投资方面来看，乡村振兴会创造巨大投资市场。一是农业、农村基础建设投资。多年来农业、农村基础设施建设欠账较多，实施乡村振兴战略以来，国家已经开始加大对农业、农村的投资力度。经济内循环形势下，正是农业补短板、夯基础的好时机，从中央到地方各级政府对农业、农村的投资力度会更大，农业基础设施建设项目会大量上马。"十四五"期间乡村振兴的重点任务是乡村建设，乡村建设的关键又是"完善乡村水、电、路、气、通信、广播电视、物流等基础设施",高标准农田项目、农业水利工程项目和土地开垦项目等农业基础得到加强,农村基础设施将更加完善。

二是农村产业项目将迎来高峰。2020年7月10日,中央农办、农业农村部等7部门联合印发《关于扩大农业农村有效投资加快补上"三农"领域突出短板的意见》(以下简称《意见》),部署扩大农业农村有效投资。《意见》明确,要围绕加强农业农村基础设施和防灾减灾能力建设,实施一批牵引性强、有利于生产消费"双升级"的现代农业农村重大工程项目,千方百计扩大农业农村有效投资规模,健全投入机制,拓宽投资渠道,优化投资环境,加快形成财政优先保障、金融重点倾斜、社会积极参与的多元投入格局。

三是新型城镇化建设将成为投资的巨大市场。伴随农村产业不断发展,新型城镇化的步伐也会加快。城镇道路、水电、交通、公用基础设施等建设项目将全面展开,这项投资是巨大的。深入挖掘乡村这一潜在的巨大投资市场,是畅通城乡经济循环的关键着力点。对加快构建新发展格局意义重大。

从消费方面来看,乡村振兴将极大促进农村消费。一是农业、农村基础建设投资、农村产业项目、新农村和新型城镇化建设投资促进农村消费。由于投资拉动就业,农民工收入增加,必然推动消费;二是农村产业发展,农业转型升级,形成新的消费市场。农业供给侧有效改善,为市场提供更加丰富和优质的农产品,实现城市消费升级,反推农民增收消费升级;三是美丽乡村、农业新业态吸引城市消费。农家乐、乡村游、农业休闲观光、农村康养等新产业、新业态的发展,吸引城市居民到乡村旅游、养老,带动了新的消费形态,实现了产业、消费双升级,形成巨大消费市场,是今后扩大内需,促进消费稳定增长的压舱石。

(二)乡村基层自治相关情况

乡村治理工作是乡村振兴战略中推进乡村经济建设及发展过程中的重要组成部分,这一工作的重要性不容忽略。目前,我国的农村和农业正处于快速转型时期,性别结构、人口结构、年龄结构以及素质结构存在失衡现象,经济发展速度缓慢。

1. 农村权利主体

村民在过去多以家庭、宗族为单位发表意见,个体缺少参与政治生活所必需的能力、公共精神及自主参与的习惯,因此在决定村务时,容易受到亲友的影响,难以做到客观公正。由村民民主选举产生的村"两委"需要承担上级政府指派的大量任务,被生动地形容为"上面千条线,下面一根针",他们往往难以有精力回应村民的所有诉求,村民自治的成效难以彰显。

2. 个体内部习惯

城市场域入侵农村的常规手段是向农村输入大量的经济资本,如购买农村土地、建设厂房、投资种植大片山林等,虽然为当地创造了就业机会,但是,也影响了农村的经济资本总量。相对而言,文化资本的输入和增长存在滞后性,从而在独立个体中,其经济资本和文化资本在短期内难以实现均衡。经济资本与文化资本的不平衡状态使个体的消费习惯、文化习惯等发生激烈冲突。因此,必须要同步提升村民的文化资本,促使个体中各类型资本处于动态平衡。

3. 农村经济资本

经济发展较好的村内,一般会有一些小型加工厂,如手工艺品厂、食品加工厂、土陶厂、零配件加工厂等,大部分边远村寨都没有这种类型的加工厂,难以消化农村众多的劳动力,大部分年轻人都到镇上或附近省市务工。村民的收入来源主要包括租赁田地、出售自身种植蔬果的收入、工作所得(例如外出务工获得的工资)、经营小商铺所获得的盈利,以及制作手工艺品换取的报酬等。

(三)乡村振兴战略背景下构建乡村基层治理新格局

1. 构建乡村基层自治与乡村振兴战略相结合的法制化

(1)完善村规民约建设

一是加强村规民约的民主性建设,突出村民的主体地位。二是加大对村规民约的合法性审查,依托相关职能单位对村规民约进行合法性审查,确保内容合法,做到村规民约同法律法规之间的无缝衔接。三是确定责任主体,强化教育引导,落实村规民约的执行。向村干部及群众宣传《中华人民共和国乡村振兴促进法》《中华人民共和国民法典》等与群众生活、生产息息相关的法律知识,以及法律援助办理的条件和程序。司法所应以提高辖区群众法律素质和依法维护辖区群众合法权益为出发点、落脚点,开展系列法治宣传活动,进一步加强法律在农村的普及与宣传,让广大基层群众拓宽视野,提升整体素质,形成遇事找法的法治思维,以营造全民依法办事的良好氛围,为乡村振兴保驾护航。

(2)发挥村务监督委员会的职能

一是进一步明确村监委会同村"两委"的职能分工,减少村干部个人权威和"一言堂"对村监委会工作的干涉。二是加强对监委会成员的定期培训,提升其工作水平和业务素质。要增强法律的实施效果,通过对法律实施情况进行监督检查,研究分析并推动解决影响法律贯彻实施的主要问题。这对于进一步全面推进乡村振兴各项工作上台阶、见实效具有重要意义。

(3)强化乡村振兴法制保障

要充分发挥立法在乡村振兴中的保障和推动作用,并及时修改和废止不适宜的法律法规。各地要从本地乡村发展实际需要出发,制定促进乡村振兴的地方性法规,利用好数字平台,加强乡村统计工作和数据开发应用。

2. 构建乡村基层自治与乡村振兴战略相结合的人才格局

(1)加强乡村干部队伍建设

应加强乡镇党政人才队伍建设,选优配强乡镇领导班子,推动村党组织队伍整体优化提升,持续加强村"两委"班子干部选优配强工作,注重培育懂得农村工作的村干部。继续抓好村级党组织书记队伍的分析研判，建立村党组织书记队伍的动态调整机制，对村级党组织书记队伍的配备等情况进行认真研究。打破地域、身份、职业界限，采取从优秀村干部中"挑"、从致富带头人和企业优秀经营管理人才中"育"、从复员退伍军人中"选"、从机关干部中"派"、从高校毕业生中"考"等多种形式，拓宽来源渠道，不拘一格选人才，选优配强村党组织干部队伍。

（2）培养专业技术人才

畅通智力、技术、管理"三下乡"渠道，优化人才政策扶持体系建设，增强农村吸引人才的向心力、凝聚力，推动各类人才到农村创新创业，建立有效的激励引导机制。积极开展乡村人才培育工作，形成扶持各类人才进入新型职业农民队伍的制度安排。建立健全乡村教师、医生、农技员的补充、开发、关爱等制度，让乡村振兴发展的机遇、事业、平台吸引和留住青年人才，加大农村技能人才、农业经营管理人才等引进培养力度，有效激发农业农村发展活力。

（3）培养农业生产经营人才

加强新时代农民教育培训，深入实施现代农民培育计划、农村实用人才培养计划，培育技术型农民队伍。重点培育农民合作社带头人、家庭农场经营者、农村创业创新带头人等，壮大新一代优质乡村企业家队伍。加强农村电商人才培育，建立完善农村电商人才培养载体、师资、标准及认证体系。加强乡村工匠人才培育，挖掘培养乡村手工业者、民族工匠、传统艺人等。重视加强劳务输出品牌计划，培育一批具有地方特色的农民工劳务输出品牌。

3. 了解农村特性并对活动形式作本土化调整

（1）繁荣乡村文化

充分发挥非物质文化遗产在凝聚人心、教化人心、淳化民风等方面的重要作用，支持非物质文化遗产、少数民族文化、民间文化等的传承发展。加大对传统村落、少数民族特色村寨的保护力度，在乡村建设中融入民族民间文化元素，保护好乡村原有的建筑风貌和村落格局，促进民族文化与旅游产业深度融合发展。推动政府购买公共文化服务，增加农村优秀文化产品和服务供给，活跃和繁荣农村文化市场，建立农民群众文化需求反馈机制，推进基层综合文化服务中心建设。

（2）持续深化移风易俗

巩固发挥好"组管委""寨管委"作用，落实"门前三包""寨规民约""家风家训""红黄榜"等机制规范群众行为。建立健全市、乡镇街道、村三级联动制度，落实操办"红白事"等备案机制，进一步遏制大操大办、人情攀比、奢侈浪费、重金聘礼、厚养薄葬等不正之风。

（3）深入推进环境治理

对农村人居环境进行全面、深入、持续整治。严格执行农村乱占耕地建房相关要求。推进城乡供排水一体化改革，逐步实现乡村污水收集处理全覆盖，开展土壤污染综合治理。推进农业污染治理，严格控制高毒、高风险农药的使用，推进有机肥替代化肥、病虫害绿色防控、化学防治替代和废弃农膜回收利用等专项治理工作，大力推广绿色发展新技术、新理念。综上所述，乡村振兴战略工作的系统性较强，涉及面较广，是一个较为漫长的过程，其中"三农"问题与这一工作之间的内部逻辑联系复杂。我国需要始终坚持实事求是的工作原则，了解社会治理新格局构建的相关要求，全面提升国家的综合实力，保障我国能够积极自主地参与国际社会竞争，从中获得更多的发展契机。

（四）新发展格局背景下乡村振兴路径

1. 加强顶层设计，强化规划引领

新发展格局背景下全面推进乡村振兴，必须描绘好战略蓝图，强化规划引领，让乡村规划成为一种社会共识，科学有序推动乡村产业、人才、文化、生态和组织振兴，实现高质量发展。而目前我国不少地区对乡村规划存在认识上的不足，鲜有乡村规划，很多乡村处于一种无序化的发展状态，不少地区的乡村振兴实践基本上是"摸着石头过河"，难以构成与新发展格局相衔接的发展机制与发展模式。

在构建新发展格局背景下，全面推进乡村振兴，必须强化规划意识、设计意识。《乡村振兴战略规划（2018—2022年）》要求：坚持人口资源环境相均衡，经济社会生态效益相统一，打造集约高效生产空间，根据当地的地理环境和文化传统，充分发挥各地比较优势，选择自己的主攻方向，坚持走特色化和精细化的发展道路，科学合理划分乡村经济发展片区，统筹推进农业产业园、科技园、创业园等各类园区建设，严格保护农业生产空间，适应农村现代产业发展需要；营造宜居适度生活空间，坚持节约用地，遵循乡村传统肌理和格局，充分维护原生态村居风貌，保留乡村景观特色，保护自然和人文环境。合理配置公共服务设施，注重融入时代感、现代性，强化空间利用的人性化、多样化，着力构建便捷的生活圈、完善的服务圈、繁荣的商业圈，让乡村居民过上更舒适的生活；保护山清水秀生态空间，树立山水林田湖草是一个生命共同体的理念，加强对自然生态空间的整体保护，修复和改善乡村生态环境，提升生态功能和服务价值，延续人和自然有机融合的乡村空间关系，打造各具特色的现代版"富春山居图"，从而更好地融入和内嵌于国内大循环体系中。

2. 培育主体意识，激发内生动力

乡村振兴内生动力，是指在全面推进乡村振兴过程中，通过农民个体的自我发展、基层干部的主动作为、基层组织的积极引领等多重合力，共同激发乡村经济社会发展的潜能和活力。在构建国内大循环背景下推动乡村振兴，需要进一步挖掘和培育乡村的内生发展动力。一是要打破传统小农经济生产规模小、难以扩大再生产的局限性，推进农业生产经营专业化、规模化，实现农业增效创益，为经济内循环的畅通发展打通脉络；二是提升乡村的人力资本水平，为构建乡村内循环体系提供内生性主体力量。乡村内循环的构建极其依赖社会创新，这需要积极推动知识下乡，要"授人以渔"，对农民和农业生产者进行技能培训，不断提升农民的文化知识和技能水平，以帮助其实现自觉、自为式发展，让乡村逐渐拥有一定的自我发展能力；三是调动广大农民在乡村振兴进程中发挥自身的能动性和创造性，积极开展农业创业活动，促使乡村经济水平不断提高，促进乡村居民生活水平的提高，以高收入拉动促进消费，畅通国内经济活动的自我循环，推动国内国际双循环相互促进。

3. 强化科技支撑，提高发展质量

在构建新发展格局背景下，全面推进乡村振兴落地见效，要不断强化科技支撑。一是提升农业科技创新水平。针对农业现代化发展的重大科技需求，围绕农业可持续发展的重大理论问题，加大对农业基础研究的支持力度，围绕农业产业发展重大战略需求，重点开展关键共性技术、前沿引领技术、现代工程技术、颠覆性技术创新研究，解决农业现代化发展的关键问题，提高原始性创新能力，培育原始性重大成果。

二是加快农业科技成果转化应用。科技成果转化应用是科技创新的"初心"，也是进一步推进创新的动力。提高现代技术的普及度，加快农业科技成果转化应用，必须彻底打通关卡，破解实现技术突破、产品制造、市场模式、产业发展"一条龙"转向的瓶颈，拆除阻碍产业化的"篱笆墙"，使科技成果得到充分运用，实现科技成果市场价值，为农业发展拓展新空间、增添新动能、引领支撑农业转型升级和提质增效。

三是要重视科学技术在乡村层面的应用。县（市）是支撑农业技术创新的"土壤"，是促进农业科技成果转化落地的关键抓手，推动小农户与现代农业技术的衔接，不断提高现代技术的普及度，形成比较完善的农业产业链，保障乡村具备一定的内循环能力。在此基础上，尝试进行农业技术创新和技术攻关，争取掌握核心技术，让乡村的产业和产品可以在区域、国内甚至国际市场中拥有一定的竞争力，从而发挥龙头效应，由此带动相关产业的发展，形成比较完善和成熟的区域产业链，促进国内大循环的构建。

三、乡村振兴战略下的乡村德治策略

（一）德治对重塑乡村文化及乡村治理的重要性

新时代，新征程。中国的农村地区要实现全面、平衡的发展，需要每个农村地区的领导班子根据农村的实际情况来做出更加详细的规划，大力开展思想政治教育工作，传播新时代新思想，强化道德功能，认识道德建设的重要性，发挥道德在乡村中的价值引领作用。

1. 社会历史的积淀——乡村文化与乡村治理的理论渊源蕴含于社会道德

社会道德作为思想政治教育的一个重要方面，它的产生及发展，根源于社会实践，是与一代代人的历史实践活动分不开的。在实践中逐渐产生了"羞、耻、荣、辱、善、恶"等观念，即早期的道德观念。社会发展所带来的社会生产生活的变化，使道德有了新的内涵，它们来自特定的社会生活环境，即劳动、社会关系和自我意识的发展。

劳动是道德产生的首要前提。劳动主体在实践中创造道德的同时，成为道德主体，在衡量一事物是否道德的基础上，形成各种社会关系。随着劳动的进一步发展，劳动分工与

协作不断增强，道德的内涵也不断丰富与发展，德治的理论逐渐在乡村中产生，德治的功能及作用逐渐得到体现，德治的治理水平逐渐成为衡量乡村治理水平的重要尺度，并体现着乡村文化的独特性。

社会关系是道德产生的客观条件。乡村社会关系的形成与发展，在一定程度上体现了德治的促进作用。社会分工的发展使人们对个人利益、他人利益及社会整体利益的界限逐步明晰，人们对道德的理解更为深入全面，要求更为合理、细致、规范地协调利益关系的意识逐渐增强。道德正是在适应调节利益需要的过程中不断丰富充实的。道德作为思想政治教育发展的外化形式，体现着各种社会关系，德治也体现着在乡村文化与乡村治理的不断发展中对各种社会关系的处理方式以及利益分配要求的变化。

意识是道德产生的思想认识前提。乡村文化与乡村治理的发展前提是人们思想认识的发展，即自我意识的提高。乡村文化与乡村治理方式中含有趋福避祸的民间信仰，乌鸦反哺、羔羊跪乳的道德观，包含着"劳动最光荣"的劳动观，体现着出入相友、守望相助、疾病相扶的社会关系的交往原则以及平和淡然的生活态度、充满希望的未来期冀。

2. 社会实践的需要——德治是乡村文化与乡村治理的重要方式

乡村文化区别于城市文化，有其特定的经济基础及文化传播途径，是在乡村中通过实践及特定文化交流产生的，并随着社会历史变迁不断发展进步，具有实践性和科学性。乡村文化的形成，在一定程度上来说蕴含着一定的思想政治教育理念，是与人们的道德水平息息相关的，由这一点反映出社会实践的逐步发展。德治促进村民自治更加有效。村民自治是村民在法治条件下进行的自我管理，在村民自治背景下，德治有效地增强了自治的效果，提高了村民的自治能力。德治之所以作为一种重要方式对乡村治理发挥作用，其重要原因在于乡村治理的非强制性。农村的治理及政策推行在很大程度上依靠村干部的个人魅力与声望，及部分学者所认为的我国村民自治处在能人治理阶段。村民及村干部道德水平的提高成为重要方面。德治能够促进村民自治有效性的提高。德治能够弥补乡村法治的缺失。随着社会的发展，乡村治理法治化取得了重大成果，但仍然存在发展不足的方面。村民在有些情况下，更加倾向于使用历史风俗习惯来解决问题，而对法律法规感到陌生，法治化向乡村的推进是一个漫长的过程。德治在乡村治理中的作用则与法治不同，德治本身即依靠当地村民自身的道德水平而发挥作用，可以说德治是乡村风土人情在道德领域的发展，是乡村道德规范化的体现。德治能够有效弥补法治兼顾不到的地方，既满足村民对自治的需要，也能够有效实现乡村治理的目标。

（二）乡村生态道德治理的现实困境

1. 对生态道德治理重视不够，且治理理念相对陈旧

一是部分基层政府还存在重经济轻人文的倾向，比较重视经济发展这一"硬件"，而忽视对乡村生态道德治理这一"软件"，因而将重心放在开发和挖掘农村经济资源和经济价值方面，在诸如环境治理等生态道德治理工作中只是被动地跟从上级指示，从实际出发、

主动作为的意识不足。

二是存在"重管理轻治理"的倾向，行政化思维浓厚。近年来，虽然党和国家提出推进国家治理的现代化战略，要求将"社会管理"转变为"社会治理"，要求政府和工作人员要从基于控制的管理转向基于服务的治理，明确了公众在社会治理中的地位与职能，当前更是大力倡导全民共建共享社会治理格局的构建，但是在实际工作中，部分乡村基层政府和工作人员在具体工作中还存在着一定权威意识、官僚意识，未能真正将农民群众和民间组织视作生态道德治理中的合作主体而平等对待，在生态道德治理中存在行政性、命令性特征和服务意识不足。

三是规范意识和法治思维的不足。德治与法治相对独立，对于维护社会的有序与和谐发展发挥着各自不同的作用，但二者又紧密联系、相依相生、相辅相成。"在农村基本公共服务保障、农村市场运行、农业支持保护、生态环境治理、社会矛盾化解、农民权益维护等方面拥有科学完善的法律制度体系"，有利于发挥法律的引领、规范、保障和推动作用。现今乡村还存在法治制度尚未健全，法治权威不足的问题。各级治理主体特别是广大农民群众，在开展生态道德治理的决策和执行时法治思维不足、凭经验办事，没有运用法治原理、原则、制度和程序"想问题、做决策、办事情、处理问题"，不够遵守法律规则和法定程序。

2. 治理队伍有待加强

近年来，乡村生态道德治理队伍较之以前有所加强，但总体仍显现出人员和力量的不足。一方面，由于我国长期以来形成的自上而下的管理体制，地方政府及其部门存在行政化思维，过于强调政府权威，强调自上而下的指挥与服从，引导、发动社会组织和群众参与生态道德治理的意识和机制缺失，农民处于被动地位和状态，参与生态道德治理的积极性受到抑制，致使乡村生态道德治理主要是以政府部门人员为主，社会力量、民间组织和群众参与人员数量和质量明显不足。村民对乡村公共事务、社会秩序乃至经济活动的参与管理意识不足，主动性不强，参与行为甚少，导致缺乏合力或者说治理合力不足。调查显示，虽有少数村民参与保护环境的护鱼队、封山育林巡逻队、种植示范区巡逻队等生态道德治理组织，但人数不多。

另一方面，已有的农民生态道德治理队伍素质有待提高。由于乡村空心化严重，农村大量青壮年劳动力外出务工，留在乡村的多为老人与儿童，致使青壮年教育主体大量流失，不仅使生态道德治理力量薄弱，而且参与到生态道德教育和管理中的人员也出现文化知识水平偏低、年龄结构老化的现象。由于知识文化水平偏低以及长期以来的被动管理经历，从而影响了其参与生态道德治理的决策、管理和监督的能力。

3. 治理方式的碎片化、封闭化

现今的乡村生态道德治理方式相对单一，且呈现碎片化、封闭化特征。主要表现为一些单位或部门往往基于其部门工作的要求，推进生态道德治理，力量单薄，而且方式多为广播与电视宣传、拉横幅、发宣传单等。这些停留于口头的宣教式的生态道德治理方式，往往使农民难以意识到生态问题的严重性，也由于无法深入了解生态环境保护工作细则与具体的可操作性方法，部分农民即便萌生环保意识，也不知从何入手保护生态环境，因而生态道德治理实效性不高。

乡村生态道德治理是一项极其复杂的系统工作，涉及农村生产实践、乡风建设以及农民的日常生活和消费方式。它不仅是精神文明办或环保部门等某个单一机构和部门的工作。在治理工作中，既需要明确责任主体，明确分工，落实管护责任，将各部门工作职责细化、量化，落实考核机制，又需要横向联系和沟通，必要时还需要联合作业。如，江河湖的生态环境保护，既需要负责保洁工作的部门和人员的参与，需要排污处理监测人员的参与，需要畜禽养殖的禁限养方面的监管，还需要渔政的防电、炸、毒鱼方面的监管等。然而，在现实生态道德治理实践中，存在各部门之间缺乏沟通协调，缺乏整体关联性，呈现封闭与割裂的现象，显示出治理主体的协同性与共生性不足。

4. 对传统文化中生态伦理元素挖掘不足

一方面，中国过去自给自足的小农生产方式形成的诸如安贫乐道、思想保守、墨守成规、狭隘自私等小农意识对农民生态道德治理和农民生态道德的形成会产生一定的消极影响，需要通过教育和引导予以消除。另一方面，在中国悠久的历史长河中，积淀了厚重的生态伦理思想，不仅有作为"大传统"的儒、道、释中所阐述的生态伦理，还有作为"小传统"的民族民间文化中所蕴含的丰富的生态伦理资源。

如在我国各民族的婚丧嫁娶、节日庆典、农耕习俗等各类民俗文化中都包含天与地、人与自然、人生态度等生态伦理道德元素。如广西、贵州、云南等地的壮族、苗族、瑶族、侗族、傣族、哈尼族等少数民族中都有保护村屯或寨子里水源林的传统。中国传统农业中亦蕴含着丰富的生态伦理道德元素，如云南红河的哈尼梯田、广西龙胜的龙脊梯田、贵州从江侗乡稻鱼鸭复合系统等均被列入全球重要农业文化遗产，主要源于其农业生产中很好地处理天、地、人的生态关系。乡村中的传统民俗节庆文化中也都蕴含着歌唱劳动、保护自然、乡亲和睦相处等丰富的生态道德元素。我们在对农民进行生态道德宣传和教育时，对生态道德与传统文化、民俗文化的关联研究不足，因而存在对传统文化和民俗中的生态道德元素和伦理精神进行系统性挖掘不够的问题。

（三）乡村振兴战略下的乡村德治策略

乡村振兴战略全面推进，为乡村的经济、文化、治安及环境卫生等事业的良性、可持续发展指明了方向，也提供了政策保障。治理有效是乡村振兴的重要内容之一，只有协同采取各种治理措施，构建科学完整的乡村治理体系，才能实现乡村的有效治理。以德为内涵的乡村治理，旨在促进乡村风清气正，乡土人文和谐。但是，对于长期受小农经济影响的农村居民来说，乡村德治的推行依然面临旧习俗、旧观念的巨大阻碍。

1. 乡村振兴战略下的"德治"内涵

"以德服人，以德育人"是我国自古以来的文化精髓和社会治理哲学，德治内涵源于我国儒家对于封建王朝治理的思想学说，所谓德治也就是仁政，为政之要在于为德，君主的德行品质直接影响到其施政行为，施仁行德治则国安民顺。"德"的内涵极其宽泛和深厚，对个人而言，良好的德行品质是自身得以融入群体并实现人生价值的重要凭证；放宽到一个群体和社会就成为一种约定俗成的公共准则和思想行为规范，需要所有个体的共同遵守和维护，体现的是一个群体、某一地域的风气和精神面貌，也是一张重要"名片"。

乡村之"德"，实质上是指良好的村风村貌，健康丰富的民俗传统，团结互助、和谐和睦的乡土人情及乡民观念。乡村振兴战略下的"德治"，既要继承和发扬乡村原有的优良风气、地方民俗规约，还要融入更多的中华优秀传统文化，以德来引领和约束村民思想和行为习惯，确保乡村的安稳和谐。与此同时，乡村德治还要在传统治理基础上进行突破和创新，需要融入新时代的新理念和新文化，新的政策内容及价值观等，诸如社会主义核心价值观等，不断丰富和充实德治理论体系，形成新的教化和精神指导。此外，德治需要体现在乡村治理的全过程、各环节中，它并不是孤立存在的，需要与乡村法治和乡村自治紧密结合，综合应用实施。

2. 当前乡村德治的普遍性问题

从实质上来看，德治是一种精神上的引导和道德上的约束，主要体现在意识形态，其治理依据也以约定俗成和传统习惯为标准，没有自治和法治的统一组织和正式制度，德治的推行和执行多依赖于人的自觉，随意性、不规范性、长期性是其最大缺陷和特点，因此所发挥的作用也存在一定局限性。尤其是在社会转型的大背景下，农村社会受多元文化，特别是一些不良文化的影响，阻碍了德治作用的有效发挥。深入研究发现，现阶段农村德治存在的主要问题体现在以下几个方面：

一是德治建设滞后于乡村发展形势。随着城市化进程的加快，城乡融合发展的逐步深入，大量农村青壮年人口不断向城镇迁移，很多乡村只剩下老年人和儿童留守，这些人员对于农村德治的观念淡薄，自身认知水平较低，尤其是老年人群很不容易改变自身的传统思想和行为习惯，这给乡村德治的相关宣传和工作计划的落实都带来一定困难。有的地方政府考虑到留村人口少而分散，老年人理解能力差且对工作的配合性较低等因素，未进行主动而有效的乡村德治宣传，也没有对乡村德治工作进行合理规划，使得乡村德治迟迟不能有效推进。另外，乡村德治理念和方法落后也是影响德治效果的重要原因，一些乡村仍以原始的乡规民约和落后的宗族观念作为乡村德治的依据，这与现代社会的发展形势存在差距，不能起到有效引导作用。

二是德治地位远低于自治和法治。乡村自治指的是一个乡村地区的居民在长期实践与经验中形成的民主管理形式。社会主义时代，乡村自治是以村民委员会为自治组织，实行村民自我管理、自我教育、自我服务的模式。乡村法治是以国家法律法规及地方制度、政策规定为依据的一种管理方式。乡村自治是治理的基础，它明确了乡村的基本治理形式，法治是乡村治理的重要保障和前提，而德治则介于自治的组织性和法治的强制性之间，它主要以文化及品德等来教化村民，是实现乡村和谐的有效手段，只有三种治理模式的有机融合和综合应用，才能助力乡村振兴。然而，从当前乡村治理的实际情况来看，德治总是处于弱势地位，未得到足够重视，乡村治理效果并不理想。例如，某些乡村的村委班子多由本地威望高、名气大、经济条件好的人员担任，虽然具有较强的号召力，但自治权力过于集中且缺乏内外监督，公平公正性难以保障。同时，除了以自治为主以外也过于依赖法治，虽然法律法规的强制性可以达到立竿见影的治理效果，却难以化解村民内心的疑惑及根深蒂固的错误思想，不能达到内化教育的目的。

三是德治功能不被重视且应用不当。德治作为一种柔性管理手段，主要依靠精神力量和习俗传统来约束村民，由于不具备实体组织架构和制度权威，所以经常被随意破坏，屡屡出现失范现象。尤其是随着城乡联系越来越紧密，村民思维的逐步开化，很多村民已经不再崇尚传统文化，对以往优良的村规民约和乡土人情不再遵守和重视，使得乡村德治失去了基础支撑。另外，某些乡村在治理的过程中，没有做到具体问题具体分析，对德治、自治及法治的功能范围不清晰也未规范使用。比如，对本属于法治的偷盗行为，因顾及同村之情而仅仅进行警告和批评教育，无法起到止恶防患的作用；对于只需通过宣传教育和引导帮助来改变村民的卫生习惯问题，又上升到以强制手段、暴力方式进行处理的地位，往往出现越治越乱、村民的不满和反感情绪上升的现象，非常不利于乡村稳定。

3. 乡村振兴背景下乡村德治策略

全面建设社会主义现代化国家的新条件下，为实现乡村振兴战略的全面推进和深度落实，要求农村德治与自治及法治同步实施、融合，共同推进乡村治理现代化。

（1）建立健全乡村德治的组织体系

在很长一段时间里，我国的乡村德治都是以村民之间的共同约定和传统伦理规范为标准，依靠村民的自觉性来维护，缺少一个专门的组织机构。但随着社会的进一步开放，传统乡规民约及乡土文化走向没落，致使乡村德治更加难以推行。为此，乡村必须加强农村德治的基层组织体系建设，利用基层组织来帮助德治措施有效落实。

现代乡村德治体系的治理主体既包括乡村自治组织也包括村民个体，基于各个地区乡村在文化基础、风俗习惯等方面的差异性，所以需要采取各自适宜的治理手段。从主要路径来看，一种是以宗族内德高望重的长辈组成的传统德治组织，通过对宗族内的村民进行德行的教化和监督来达到德治目的，但随着宗族观念的逐渐淡化，这种治理模式的效果也越来越差。另一种则是以基层党政组织为领导，农村自治组织为基础，多种民间机构共同参与彼此互补的治理模式。党的基层组织是领导和组织乡村德治的核心力量，主要发挥对各类自治组织和群众组织的方向指引，实施行为监督，支持和组织各种与乡村德治有关的宣传教育、实践活动等，形成一个全面有效的德治体系。比如在基层党组织领导和支持下成立红白理事会、村民道德评议会、禁赌毒及环卫宣传会等，深入村民群众中通过多种贴近群众、符合本村习俗的方式来开展德治工作，促使村民形成积极向上的观念和合法、合情的行为习惯。

（2）以优秀文化资源丰富乡村德治内涵

乡村德治以思想教化为主，需要中华优秀传统文化的支撑，这也是拓宽乡村德治空间、提升德治长期效果的关键力量，各地区乡村必须高度重视本地乡村文化的建设工作。一方面充分挖掘和利用好本地现有的优良传统，继续推行好的乡规民约，同时结合新时代环境予以补充和完善。比如邻里和睦、同村互助、爱乡爱国等，使其继续发挥维护乡村秩序的作用，在此基础上引入生态环保、科学生产、职业发展等新思想和理论，形成新的乡村规范和良好风尚。另一方面要重视家风建设，需要在传统家族、宗祠文化等内容之中融入可持续发展观、社会主义核心价值观等新内容，应以家庭为基本单元进行村风乡貌重塑，以更好地实现乡村德治作用。比如，在尊师重教、勤俭持家、孝老敬贤等民族优良传统基础上，增加学以致用、公益贡献等，引导村民的思维眼光和道德品行进一步拓展和提升。

（3）加强乡村德治的经济基础建设

正所谓"民之道，恒产定恒心"，试想如果村民的基本生活都得不到保障，生活质量低下，怎么可能去遵守社会伦理道德？因此要想实现乡村德治工作的常态化、长效化，地方政府必须首先解决基层群众的经济困境。地方政府及基层治理组织，应深入且全面了解乡村经济的发展现状，深挖本地资源优势，最大化征询村民意愿，引入新产业，使用新技术，发展现代化农业，充分合理利用农村资源条件，带领农村群众扩大生产，拓宽产业类型，增加经济收入。与此同时，将农村劳动生产和村民的道德文化教育、思想政治教育及农业技术培训等有机结合，让村民广泛接触先进思想，掌握新的农村生产技术，转变为现代职业农民、高素养农民。乡村治理是乡村振兴的重要工作内容，基于乡村环境的复杂性和发展变化性，各地乡村治理应立足于自身实际所需，要促成德治、自治和法治的三位一体，其中尤其要重视德治的基础性作用，不断完善乡村德治组织体系，丰富德治理论内涵，加强德治经济基础等，如此方可为乡村振兴加速提效。

四、乡村振兴与乡村治理现代化

（一）乡村振兴背景下农村治理现代化的内涵

农村治理现代化作为国家治理现代化的重要环节，明确农村治理现代化的具体内涵是推进农村治理现代化的重要逻辑起点。因此，我们有必要从治理体系、治理理念、治理文化、治理方式、政治保障等多个方面进行探讨。

首先，农村治理制度化。农村治理现代化的重要特征，就是乡村治理的制度化。农村治理现代化的推进，需要通过制度建设，将乡村治理纳入国家治理的整体布局之中。制度作为行动，通过农村治理现代化制度机制建设，能够为乡村治理手段实施提供稳定的外部环境，同时也能够对乡村的参与主体治理行为提供规范和引导。农村治理现代化是围绕现代乡村治理建设所形成的一系列制度体系。

诸如针对乡村治理的法治体系、民主体系、公共服务体系、社会治安体系等。通过搭建完善的制度体系，为乡村治理整体布局和具体工作落实提供制度框架。一方面，在乡村振兴背景下，国家在推进农村治理现代化进程中，实现了自上而下的制度设计原则。通过顶层设计为农村治理现代化提供了规则导引和制度原则。同时，各级地方政府围绕农村治理现代化也出台了相应的配套措施，进一步保障了农村治理现代化制度机制的稳定性，为乡村治理各项工作落实提供了稳定的外部环境，另一方面，网络信息技术的不断发展，对农村治理现代化也产生了深刻影响。乡村治理出现了治理实践碎片化和有效性不足等现实困境。因此，新时期在推进农村治理现代化过程中，必须加强各个环节的制度建设，进一步增强制度机制的公信力和权威性。通过一系列行之有效的制度落实，在丰富农村治理现代化的同时也有助于规范乡村治理的各项行为。

其次，农村治理民主化。农村治理现代化需要多元主体共同参与，实现政府治理、居民自治和社会调节的有机结合。为此，农村治理现代化需要以乡村治理民主化作为重要前提，构建更为开放性的民主表达机制。通过教育、实践等多种方式，进一步激发农村居民的民主治理意识和参与意识，通过多元化治理主体的培育，推动乡村治理民主化进程，为农村治理现代化奠定扎实的群众基础。

农村治理现代化需要新的治理价值和治理理念作为引导。摒弃一元化的治理思维，改变政府一家独大和行政式的治理方式。实现乡村治理公平、公正、科学，推动乡村治理民主化进程。一方面，乡村治理民主化要求实现民主监督、民主管理、民主决策，进而更好地落实群众自治权，切实保障村民能够行使民主权利，有效规避基层政府对于农村治理的直接管理，重点解决基层民主落实不严、不实问题。另一方面，农村治理现代化需要以多元治理主体共同参与作为目标。既要充分发挥基层政府和村两委的领导职能，也要对各类社会组织、经济组织和民间组织进行规范，确保在现代民主法制规则和制度机制的前提之下，充分发挥不同主体在乡村治理中的功能和作用，形成多层次基层民主协商治理格局，不断提升农村治理现代化水平。

再次，农村治理德育化。农村治理现代化，需要实现法治与德治的良性运行。需要以治理有效和乡村秩序的良性循环作为保障，通过一系列的德育教育，引导农村群众自觉遵守社会秩序，可以说，乡村德育治理是法治的重要补充。道德文化建设能够润物细无声地影响农村居民的思想和价值观，以文化规则的方式来规范农村群众的社会行为。实现更深层次的柔性治理。农村治理现代化并不是抛弃传统的治理路径，走向西方式的治理路径，而是要从中国的传统文化根基入手。充分发挥中华民族优秀传统文化的合理部分，积极推进乡村治理、德治教化工作，挖掘乡村文化的优秀品质和精髓。将农村治理现代化建立在中华民族优秀传统文化的基础之上，通过文化振兴和道德引领，以道德治理的手段和方式来推动农村治理现代化进程。通过将中华优秀传统文化中蕴含的价值理念和文化认同融入乡风文明的建设之中，用软约束凝聚乡村治理主体力量，进而达成乡村治理目标。

最后，农村治理法治化。全面依法治国背景下农村治理现代化需要将依法治理作为根本准则和基本遵循。通过推进乡村法治化建设，切实保障民众的合法权益，维护农村生态环境和农村市场秩序，发挥好法治手段在协调解决农村矛盾和冲突方面的功能和作用。一方面，以乡村振兴为背景，积极推进农村法律法规和政策制定，为乡村治理法治化提供扎实的顶层制度保障。同时从微观层面要积极营造乡村治理法治环境，健全农村地区公共法律服务机制。履行对农村贫困群众的法律援助义务，更充分地体现公平与公正。另一方面，加大对法制的宣传力度。既要注重常态化宣传，也要主动引进现代信息技术，对法制宣传手段和方式进行更新，持续增强法制宣传效果。筑牢广大人民群众学法、知法、用法、守法的法治意识，进一步提升乡村治理法治化水平。同时，乡村治理法治化建设能够为农村治理现代化建设提供更坚实的保障，形成良好的乡村秩序和建设氛围，将法治思维深入到新时期农村事业建设与发展中来。

（二）农村治理现代化的困境

广大农村作为社会治理的"最后一公里"，对于建成现代化的社会治理体系和促进社会和谐发展起着关键性的作用。但是当前农村治理还存在着较大的问题，主要表现在党的领导不够完善、人才流失比较严重、法制保障存在不足和人民主体参与不够等方面。

1. 农村治理的体制机制不够完善

广大农村是实现社会治理的基本单元，是政府和广大农民群众联系的桥梁和纽带，是科学治理造福人民的"最后一公里"。在农村，党建引领对于实现农村科学治理具有重要的作用，如果引领得当，能够造福广大人民群众，实现新时期的乡村振兴。然而，事实上农村基层党建引领还存在着较大的问题。

一是因为近几年我国城市化的加速，使得优秀的农村人才大量流失，农村吸引不到优秀的青年回乡担任党政领导干部工作。农村的党政干部受教育水平都偏低，接受培训较少，素质良莠不齐，在遇到突发安全卫生事故的时候，无法作出科学的决策。二是中国农村分布比较分散，不像城市中的社区居住比较集中，且自动化设备相对较少，村中事务通知不及时，这又给农村治理带来了更大的碎片化的风险挑战。三是古往今来中国农村都是人情社会，由于两千多年封建思想根深蒂固的影响，在农村治理的构成中不能形成科学的治理理念，会发生贪污受贿或者宗族治理的情况。中国农村历史发展悠久，在封建社会总是依赖宗族、社群来治理社会，那么在农村就会形成漠视党政干部的科学领导，试图用家规、族规等不合法的手段进行社会治理和奖惩民众。四是党在领导农村治理的过程中形式主义泛滥。在长期封建社会官本位的影响下，官僚主义已经渗透到了社会的很多方面，在这种思想的影响下，个别党性不强的党政干部开始糊弄政府和群众，面对上级和党中央的任务，部门之间缺少协调，什么也不想做，只是上传下达，写材料应付了事，不仅对完善农村治理毫无帮助，而且还有很大的隐患。

2. 农村人才流失严重带来问题

自从改革开放以来，中国广大农村实行家庭联产承包责任制，广大农民逐渐解决了温饱问题，且不需要太多的劳动力投入到农村耕地劳作中，这样在农村就造成了大量的剩余劳动力。这些剩余劳动力在自己所处的农村不能够被充分利用，就会涌入大城市寻找就业机会，造成了大量农村人才的外流。国家统计局数据显示，2021年末，我国城镇常住人口达到91425万人，比2020年末增加1205万人；乡村常住人口49835万人，减少1157万人。

除此之外，据统计数据，大学生返乡工作的不足10%，大量优秀人才也在向外流失。新时期的乡村振兴与农村治理的现代化需要大量的农村人才，而农村人才的流失又使农村治理面临着新的困境。一是接受教育程度较高的年轻人流入了城市，农村剩下的大多是接受教育水平较低的老人和孩子，他们在农村治理创新的过程中，由于文化水平的限制，无法提供合理的科学的建议和意见。二是年轻人涌入城市，导致农村人口老龄化、农村留守儿童比例上升及适婚男女比例严重不平衡，由此带来了较多的社会问题，给基层科学治理带来了新的挑战。三是造成了外流人口政治权利的流失，不利于基层民主政治的建设。从人口流失的方向上看，跨省流动和省内外县是人口流失的主要方向，这样就会造成外流的人民无法参与到基层民主治理中，也给农村治理带来了困境。

3. 农村的村民自治流于形式

1982年，我国将村民自治纳入宪法，使其成为国家的一项基本政治制度，并在全国范围内形成了最普遍的社会主义民主形式。但是在实际的运行过程中，这个富有人民民主内涵的制度却流于形式。由于中国农村民众长期受到封建官本位思想的限制，认为"民不与官斗，就要听当官的，与当官的讨价还价占不到便宜"。在这样的思想影响下，村民就无法充分投入到农村自治中，就无法建设基层民主，无法广集民智，形成科学的治理理念。在我国，大部分农民接受的教育水平低下，加上农民阶级长期受到小农经济的影响，具有一定的封闭性和狭隘性，他们的民主意识淡薄，对村中事务漠不关心。在选举村中干部的时候，他们对选举的干部不了解，从而极易造成贪污腐败的现象，一桶油、一条烟就可以在村民手中轻松买到选票，这样选出来的干部不一定是优秀的当家人，不一定能够带领村民进行科学的农村治理，给农村治理带来了隐藏的风险。农村群众法治观念不强，不能用法律武器来解决村民自治过程中产生的问题及时有发生的农民矛盾，造成农村治理现代化不能顺利实现。

4. 法制保障存在不足

村民进行农村治理的过程中，缺乏法律的监督，会造成权力的滥用。中国农村自古注重人情，是个人情社会，很多人都相信找熟人好办事，这会对基层民主治理造成冲击。农民的普法意识较弱，而当前我国的法治化推进往往集中在人群比较集中的城市地区，广大农村由于基础设施的匮乏，民众法治意识较弱，普法难以进行。又由于农民法律意识较弱，被侵犯权利的事情时有发生，农民又不善于维权，其合法权益难以保障。

（三）数字乡村建设推动乡村治理现代化的优化策略

乡村治理是国家治理的基础，将乡村治理现代化向纵深推进是实现乡村居民对于美好生活的向往的重要途径，而数字乡村建设是乡村治理现代化实现的重要手段。因此要创新工作体制机制，寻求数字乡村建设与乡村治理现代化之间的契合点，不断提升乡村治理能力。

1. 加强数字乡村体系建设

加强数字乡村体系建设要利用数字平台整合多元主体，构建多治融合格局。乡村治理现代化是一项系统工程，需要各要素之间有机结合和各主体之间的相互协作，这就需要整合资源，充分发挥各主体对乡村治理共治共建的作用。而数字乡村通过数字平台将复杂化、零散化的数据进行体系化处理，可以有效整合多元主体，从而形成治理合力。地方政府要加强组织领导，制定数字乡村建设相关方案，明确责任、工作目标和工作进度，既要有整体规划，也要有阶段性计划。要整合乡村零散的数字、人力、物力资源，统一乡村治理建设标准，并定期对数据收集、治理效果、资源利用率等进行评估，保证数字乡村高质量建设。建立数据分级分类与分级共享制度，推进地方政府及其涉农部门的数据与村民、新型农业经营主体、乡村非政府组织等其他乡村主体共享，以此打通政府治理思维与乡村社会治理诉求的交融、聚合通道，激发其他乡村主体参与乡村公共事务治理与监督的积极性。

2. 加快数字乡村技术提质升级

一方面要完善乡村数字化硬件和软件基础设施。硬件提升方面，要进一步完善乡村电力、物流、网络基站等基础设施。同时要提高网络技术，保证高质量的网络信号，提升互联网入户率，让更多群众能够参与到数字乡村治理当中。软件提升方面，应定期安排专人开发数字乡村治理所需的软件并做好定期更新维护服务；要做好网络服务保障工作，安排专人为村民提供网络基础设施安装、设备维修以及问题咨询等服务；村社区要定期开展网络技术培训会，向村民讲授网络使用、网络安全等相关知识，并且可以从村民中评选"网络使用好手"，营造互相帮助的良好氛围。另一方面，还要加快乡村网络数字化平台建设。目前，很多乡村都有自己的电商网络平台，可以以此平台为基础，建设集农产品销售、农业管理、乡村治理为一体的数字化平台，使管理者和村民可以更便捷地获得各类信息，并且可通过网络清单、网络在线咨询等方式，快速解决村民想要解决的问题，进而对乡村进行数字化、现代化管理。

3. 壮大数字乡村人才队伍

想要运用数字乡村建设推动乡村治理现代化的不断实现，专业人才的培养是关键。各级政府应做好乡村数字化人才的培养规划，完善选拔和激励机制，构建多层次、多元化的人才培养体系。

一方面，应进一步运用选派和自主引才相结合的方式，扩大人才招收范围。目前，部分乡村由于地理位置偏僻、经济发展落后，对人才缺乏吸引力，自主引才存在一定困难。因此，针对这些条件较差的乡村，各级政府应根据各个乡村的特点和需求，引进或派遣懂技术的人才从事技术指导、平台运营与维护以及管理等工作。或组成人才队伍协调工作，针对不同乡村的不同需求以及乡村在发展中需求的变更，统筹乡村人才的安排，使人才队伍的构成能够与乡村的人才需求相契合。在满足乡村人才需求的同时，实现人才队伍轮流派遣，这既能减轻人才的工作负担，又能加快推进数字乡村建设效率。同时，要加强驻村锻炼的选调生、大学生村官的培养，通过专业培训使其具备一定的数字信息技术和平台管理能力，帮助村社区和专业技术人员通过数字技术更好地完成乡村治理的各项工作。

另一方面，要培养现代化职业农民，提升乡村治理现代化水平。乡村治理中最大的主体还是农民，因此必须把提高农民素质作为主要任务。首先，要通过群众喜闻乐见的活动形式，提升农民的现代化意识，让农民更多地关注社会前沿信息，了解外部社会对于乡村的需求。其次，可在乡村或者乡镇设立数字技术知识课堂，为农民提供技能培训，让农民在接受农业知识、乡村治理知识和数字技术运用技能的同时，通过实践进一步提升综合素质，基本掌握数字化的基础知识，提高数字素养，更好推进数字乡村建设。

（四）新时代乡村治理现代化对策

推进乡村治理理念创新、制度创新和实践创新，是纾解新时代乡村治理现代化困境的可行方案和基本路径。乡村文明自有其不同于城市文明、草原游牧文明、海洋文明的独特价值，蕴含着人类文明历史悠久的内在精神价值，包括人与自然的和谐关系以及人改造和利用自然的智慧，还有人与人之间的熟络情感以及由此建构起来的亲密型社会关系。新时代乡村治理现代化困境长期存在并演变发展，将损害并破坏乡村治理共同体内部和谐关系，导致乡村治理共同体内部无法形成稳定巩固的共识，进而影响乡村发展方向和乡村社会稳定。

1. 创新乡村治理理念

乡村治理理念创新，是根据时代变迁，在重新理解和认识乡村内在价值和外在需求基础上，从内外两个视角出发建构新乡村价值哲学，进而根据新乡村价值哲学建构新乡村治理理念。新时代乡村治理现代化，不是传统乡村治理的延续，不是国外发达国家乡村治理的模仿，是根据新时代国家治理现代化总体目标和乡村具体实践需求的治理综合性创新。新时代的乡村治理理念，以人的现代化为目标，以新物质现代化为手段，以制度现代化为保障，建构现代化乡村文明新形态。

首先，新时代乡村治理现代化，需要构建新的乡村价值哲学。新乡村价值哲学，包含重新定位乡村价值和构建新乡村社会形态两个方面。传统中国是乡村社会，现代中国已经是乡村与城市并存，而且以城市主导的社会形态。在城市主导的社会形态格局中，重新定位乡村的价值显得极为重要。在新的历史条件和发展格局中，乡村不仅是部分居民生产生活空间和农业产业空间，更承载着一种不同于城市的社会生活和关系样态，一些对人类生存和发展至关重要的价值蕴藏在乡村文明之中。

其次,基于乡村文明价值,需要构建新的乡村社会形态。乡村居民是乡村治理的基础和参与主体。推进以乡村居民为核心的新时代乡村治理现代化,是新时代乡村治理现代化的根本要求。乡村居民现代化,核心是乡村居民思想观念的现代化。推进以人为核心的新时代乡村治理现代化,要强化乡村居民人权保障。乡村居民的人身权利、政治权利、经济权利和文化权利是乡村发展的基础。乡村人权保障是新时代乡村治理现代化的价值旨归,要将乡村人权作为乡村治理的价值根基,贯穿于乡村治理的全过程、各方面、各领域,进一步建立和完善乡村人权保障机制。

最后,转变乡村治理政社二元对立思维,构建超越村民自治与政府管治二元区分的共和型乡村治理理论。在乡村社会结构已经发生变革并持续变革的情况下,政府与社会二元区分的状况无法推进乡村现代化,可能出路是建构新的政府与社会合作的治理模式。可以将这种新型乡村治理模式称之为共和型乡村治理。共和型乡村治理是人民民主国家理念在基层的具体落实,其核心要义是:多元主体按照民主和法治原则,共同参与乡村治理。其基本要求是:建构多元主体的实质参与机制,激活乡镇人民代表大会制度,作为多元主体实质参与的平台,推进乡村实质性全过程人民民主;加快基层政府职能转变,构建和完善服务型基层政府体系,改革和整合乡村治理机制,构建简约型服务型乡村治理体系。

2. 创新乡村治理制度

乡村治理制度主要有党的领导制度、乡镇政权制度、村民自治制度、家庭联产承包制度、新型集体经济制度等五种类型。在新的历史条件和发展格局下,新时代乡村治理现代化的客观要求与五种乡村治理类型实践效能之间存在差距,要系统筹划协调推进乡村治理制度创新,这是纾解乡村治理结构性制度性困境的根本方法。

首先,中国共产党的领导是新时代乡村治理现代化的政治要求,也是推进新时代乡村治理现代化的政治保障。在推进新时代乡村治理现代化进程中,要通过优化基层党组织党员年龄、职业、学历等结构,发展乡村生产经营等方面的先进分子入党,强化对基层党组织党员干部的教育培训,保障基层党组织活动经费,不断提升基层党组织的政治领导力、思想引领力、社会号召力和群众组织力,保证基层党组织具有能够履行领导和推进新时代乡村治理现代化的能力。要强化基层党支部民主性,选拔品德优良、能力突出、群众公认的党员组成基层党支部,树立党组织的良好形象。

其次,乡镇政权制度是国家权力在乡村社会的代表,是国家治理体系的基石。在法律意义上是由乡镇民主选举产生的,同时也受到同级党委和上级政府领导。乡镇政权从权力和职能分工上看,由乡镇党委、乡镇人大、乡镇政府构成。推进新时代乡村治理现代化,需要进一步创新乡村政权机构设置和职能转变,建构与现代化乡村治理价值相匹配的乡村政权制度。乡镇人民代表大会制度要以认真落实乡镇人大代表直接选举为切入点,切实落实和践行全过程人民民主,推进民主选举、民主协商、民主决策、民主管理和民主监督,特别是强化乡镇人大代表对乡镇政府工作的监督，让乡镇人大成为乡村民主治理的主要平台。乡镇政府要转变职能，优化内部机构设置，夯实服务基层群众职责部门，扩展公共服务范围，提升公共服务质量。

最后，村民自治制度是乡村治理的末端，在乡村治理实践中发挥着上令下达、下情上达、沟通上下、联结政社的功能。在村民自治制度建立后，村民委员会作为实行村民自治的组织载体，发挥了重要作用，但也要看到村民自治制度实行中的困境以及自身在推进乡村振兴中能力不足的问题。要超越政府管治和村民自治的二元区分思维，根据新时代乡村治理现代化需要调适村委会与乡镇政府的关系，构建协作型的治理模式。村委会是与村民直接接触的乡村治理单元，要加强村委会能力建设，关键是在民主原则下，选拔具有较强能力的人担任成员，同时制定和完善村委会运行的规章制度，提升村委会制度化、规范化运行水平。

3. 创新乡村治理实践

乡村治理实践，是指乡村治理主体的治理方式及其治理行为。任何好的治理理念和治理制度，都要转化为具体的治理行为，才能由规范性优势转化为治理性效能。纾解新时代乡村治理现代化困境需要治理实践创新。乡村治理实践创新，主要是乡村治理方式及其行为创新。新时代乡村治理现代化，核心是治理方式及其治理行为现代化。

首先，推进全程民主治理，是乡村治理实践创新的政治要求。全过程人民民主既是对中国民主建设历史成就的经验总结，也是新时代中国民主建设的价值指向。村民自治是乡村治理民主实践的重要机制，是民主参与的重要形式，但是村民自治在实践中存在形式主义问题。推进乡村治理实践创新，要推进乡村公共事务全过程民主治理，基层党政机关和村民自治组织人员要进行实质性民主选举，公共议题开展民主协商，公共事务要民主管理，公共政策要开展民主决策，对公共权力进行民主监督。

其次，强化法治规范治理，是乡村治理实践创新的底线保障。在治理现代化视角下推进乡村法治，要强化乡村公共权力法治规范与约束机制，对乡镇基层政府、村民自治组织权力要进一步细化立法规则，维护乡村治理公共性和廉洁性。根据乡村经济社会结构变化，构建和完善乡村矛盾纠纷法治化解决机制，最大限度将各类矛盾纠纷化解在基层，维护乡村社会和谐稳定有序。乡村区域老人、妇女、儿童处于弱势地位，自我维权意识和能力不足，维权渠道不畅通，维权机制不健全，使得乡村区域成为人权保障薄弱地区。正因如此，作为人权保护责任主体的各级党委政府及其责任部门，要高度重视和大力推进乡村人权法治保障机制建设，厉行乡村人权保障，对于侵犯人权的主体及其行为，要依法严厉追究责任。

最后，建构数字智慧治理，是乡村治理实践创新的时代课题。数字化、信息化、智能化是国家治理的发展趋势。乡村数字治理体系，主要目标是将乡村地理、人口、经济、政治、文化等各种可以数字化呈现的要素通过信息技术整合进数字空间，实现物质形态向数字形态的转变，通过数字手段实现对乡村社会的有效治理，促进乡村现代化发展。乡村数字智慧治理体系建设，是新时代数字乡村发展战略的十大任务之一。要强化数字基础设施建设、开发和扩展数字应用场景、提升乡村治理主体数字收集、应用素养，推进乡村治理各要素全面数字化。乡村数字智慧治理体系的建设和应用是乡村治理实践创新的技术方向，将大幅度提升乡村治理的全面性、精准性、经济性和效能性水平，加快乡村治理向现代模式转型。

第二节　乡村振兴战略政策指导

一、乡村振兴的法治保障路径

（一）乡村振兴法治保障的背景及发展

乡村是一个宏大且动态的概念，在不同的视角下有其不同的含义。从政治视角出发，乡村是在中国共产党领导下的行政建制，并且分化为"乡"和"村"（村并非为一级行政组织），即乡镇人民政府和村（社区），二者不是等同体，有各自的特点及区别。经济的发展使乡村社会发生了重要变化，伴随着旧有的身份社会的瓦解，社会利益格局日趋复杂化，思想意识同步多元化。乡村盛行封闭的小农经济，这种封闭的经济观念也导致其与外界沟通较为封闭，所以不仅经济发展理念落后且生活质量有待提升。截至2021年，我国共有691510个行政村，261.7万个自然村，星罗棋布的村落不仅地缘地貌相差巨大，村与村之间的发展状况、村民赖以谋生的手段也不尽相同，部分地方乡村建设盲目追求"高大上"，用城市思维治理乡村，最终不仅未能振兴乡村，甚至适得其反。

实现乡村振兴要因地制宜、因村制宜。但整体而言，现实工作中仍普遍存在以下困境：乡村产业发展缺乏规划性、乡村法治人才缺失严重、乡村法治文化缺失严重、乡村生态环境形势严峻、乡村基层组织建设困境等。《乡村振兴促进法》的出台为解决当下乡村振兴中一些现实问题指明了方向，运用专制法律的形式为如何实行乡村振兴战略树立起风向标。"中国的法制建设取得了卓越成就——确立了法治之'法'，随之而来的是如何真正实现法治之'治'。"《乡村振兴促进法》作为我国"三农"问题的基本法，通过明确的立法导向，以明确规范保障乡村振兴过程中各类事物发展趋势。此外，《乡村振兴促进法》作为促进类型的法律，以引导、鼓励、扶持为主要保障方向，明确发展红线，规范利益主体和引领主体规范化发展，构建新发展格局，立足于乡村振兴的顶层设计，号召全党全国人民凝心聚力推动乡村全面振兴，为今后乡村振兴稳根基、明底线、长发展提供了根本遵循。

（二）推进乡村振兴战略存在的现实困境

随着乡村振兴战略不断展开，乡村出现多元利益主体，诉求也逐渐复杂化，在这一情况下，乡村振兴的推进过程中仍然面临法制体系不够健全、乡村基层执法水平需要提高、基层法律服务工作存在不足、法治环境有待优化等现实问题。

1. 乡村产业发展缺乏宏观计划

解决农村问题的关键在于产业兴旺，实现产业发展需要不断加快发展壮大乡村特色产业，并大力推动农业全产业链开发和三产深度融合，进一步巩固乡村振兴的经济基础，在实践与创新中不断激发乡村发展活力。但一些乡村在探索产业发展方向的过程中总是浅尝辄止，仅止步于当前的优势农业产业，而对于如何将优势扩大化缺乏宏观计划和创新性，在实现产业融合方面仍有欠缺，难以最终发展成为规模化、综合性、可持续的产业。同时对于经济社会发展中涉及的农村集体产权制度、集体经济组织与村民委员会的权利划分、土地流转和土地确权相关制度等方面的相关规定不够明确。

2. 乡村公共法律服务体系不完善

乡村法治文化环境的形成和推广主要依托于公共法律服务工作的开展，公共法律服务体系的构建一方面是为了保障广大村民的合法权益，另一方面也是为了培养公民了解和应用法律，以形成和谐友好有秩序的社会环境。但当前在公共法律服务体系的构建这一问题上，仍然存在政策法规不够完善、城乡公共法律服务供给不均衡、法律相关人才资源短缺、法律服务队伍建设滞后的问题。

首先，当前的政策和法律中对于农村治理存在的现实问题和保障并不完善。尽管已经出台了支持推进公共法律服务发展的相关条款，但这些条款和指导依然较为宏观，这一工作的推进在实施中仍然存在障碍。乡村振兴，关键在人，随着乡村经济的日益发展，村民的法治观念和权利保护意识不断增强，对于法律服务的需求也日益增长，因此，乡村法治人才对于农村法治环境的建设有重要作用，但当前乡村法律服务队伍仍有待进一步完善。

第二，乡村法律专业人才严重不足。由于我国律师城乡区域分布严重不均衡，虽然已经有部分法律志愿者和司法、执法机构等专业人员介入，但仍然无法满足实践需求。

第三，长期以来法律服务缺乏稳定的经费保障。乡村法律服务工作都未被各级政府纳入财政支出范围，而乡村经济发展难以支持法律服务工作开展，导致法律服务资源较为单一。乡村法律服务面临司法人员短缺的问题，而有限的司法工作人员又欠缺乡村法律工作经验与技巧，不足以提供具有针对性的乡村法律服务，提升乡村法律服务水平和质量难度较大，这就不利于乡村法律服务持续发展。

第四，一些地方领导未能意识到开展乡村法律服务的重要性，导致乡村法律服务得不到重视，发展进程缓慢。

第五，一些地方尽管已经展开了法律服务建设，但由于缺乏对于地方法律服务需求的调查和分析，照搬上级政府政策，导致难以充分利用法律服务资源，乡村法律服务工作整体上看效能较低，也会影响到乡村法律服务体系的建设和推进。

3. 乡村治理法治化水平不足

"三农"问题是国家长治久安与稳步发展的基础，乡村不仅是依法治国的基石，也是建设法治中国这一重要课题下最薄弱的环节。首先，就乡村执法工作而言，由于乡村执法涉及农村土地、市场监管、生态治理、仓储物流等方方面面，执法部门分布不均且存在人员短缺等问题，阻碍了乡村治理法治化进程。其次，就乡村的大环境而言，党的十九大报告提出健全自治、法治、德治相结合的乡村治理体系，这表明只有让自治、法治、德治结合起来才能够有效发挥乡村治理的规范引导作用，发挥农村社会的活力。

为实现乡村社会的有效治理，有必要引导村民以理性合法合规的方式表达诉求，维护乡村社会稳定；引导村干部以及机关工作人员依法办事，保障乡村社会秩序的正常运行，将经济、文化、社会、生态纳入系统化、规范化的法治环境中。但部分地区仍然存在村规民约制定不民主、不规范的情况，缺乏必要的监督机制，村务公开未落到实处等问题，阻碍了乡村治理法治化的完善。此外，现在的乡村自治、德治中存在许多不符合乡村社会治理需求，甚至阻碍乡村社会治理的因素，因此必须借助法治的规范作用，探索出适应我国乡村发展需求的自治、德治路径，自治和德治只有在法治的协助下才能真正发挥出我国在设计该制度时所预期的理想作用与效果。

4. 乡村生态化发展面临挑战

生态振兴是乡村振兴的重要组成部分，其终极目标是实现"生态美"和"百姓富"的双管齐下，良好的生态环境是乡村赖以生存的财富，也是提升村民生活幸福感的关键所在。乡村生态化发展是乡村传统的以牺牲环境为代价换取经济发展方式的变革，不仅要克服对于生态环境的依赖，也面临着生态环境的管理监督与环境违法救济措施不足带来的制约。很多乡村普遍缺乏环境保护机制，相关的法律规定较少，相关投资者由于违法成本较低选择铤而走险，加剧了乡村环境的恶化，另外，政府缺乏作为也是导致乡村环境恶化的重要因素。有一些地方政府虽然有相应的环境保护制度，但只做表面文章，并未得到切实落实，难以取得实质性成果。

（三）乡村振兴法治保障的完善路径

1. 法治手段保障乡村产业发展

乡村产业振兴是实现乡村共同富裕最直接、最基础的方式，是实现农民收入增加、农业发展兴旺、农村环境繁荣的根基。对于乡村产业发展需要进行合理的规划，需要通过法治手段保障产业稳健且快速发展。《乡村振兴促进法》以整体的视角进行布局，鼓励乡村采用先进产业带动后进产业，实行产业融合，推动经济发展。《乡村振兴促进法》第四条规定"坚持农业农村优先发展"；《乡村振兴促进法》第十二条规定"以乡村优势特色资源为依托，推动建立现代农业产业体系、生产体系和经营体系"。

当下乡村在我国拥有最广袤的空间，也具有最强劲的动力，广大农民也拥有着最强烈致富的意愿，但是苦于没有良好的经营方式而只能扼腕叹息，所以对于乡村产业振兴，一定要紧抓"乡村特色"这个"牛鼻子"不放。当下乡村特色产业发展缺乏诸多便利条件，比如资金、技术、渠道、人才，等等，但是这些发展过程对于已经成熟的城市企业却是轻车熟路，应当通过政府引导，将工商企业和农村特色产业的优势结合在一起，取长补短，产业创新，有机融合，走一条城乡特色产业融合道路。

在充分考察市场和村情的基础之上，因地制宜、因村制宜地选择乡村特色产业予以发展，通过法律规定保障特色产业抗风险能力，确保扶持政策运行落地，不仅能使乡村经济迅速发展也能使得乡村特色产业具有持久的生命力。通过政府积极主动引导城市工商企业与乡村特色产业交互，鼓励城市企业下乡发展并提供相关便利条件，比如对于愿意下乡发展特色产业的城市企业予以一定金额的免息贷款，鼓励其将资金用于乡村产业发展，确立"政府＋企业＋乡村"三重联动机制，政府作调控、企业作引导、乡村作动力共同打造乡村特色产业良好态势。通过制定乡村特色产业发展法律规范，通过法治的手段保障乡村特色产业在发展过程中面对不利因素的恶性竞争，保障乡村特色产业发展稳定有序推进。对于乡村特色产业发展，政府及有关部门要给予优惠政策，并用法律法规的形式予以确定，充分保障乡村特色产业的合法权益，完善产业链条，开拓市场，形成持续性、完整性的特色产业机制，保证乡村特色产业良好发展常态化，保证农民收入稳步增长。

2. 优化机制吸引法治人才

人是乡村振兴中最关键、最活跃、起决定性作用的因素，乡村振兴的各方面都需要由人来实施，更需要人才来创新发展。《乡村振兴促进法》第二十条明确提出："推动专业人才服务乡村，促进农业农村人才队伍建设。"人才振兴是实现乡村振兴的重要基石。法律是保障乡村振兴平稳推进最有力的手段，要想实现乡村振兴法治人才必不可少，但在许多乡村地区缺乏法治人才已经成为一种普遍现象。面对此种情况，高校在培养法治人才时应当注重学科特色，加大"涉农法治人才"培养的力度，可以开设《中华人民共和国农业法》《中华人民共和国土地法》等相关课程，培养法律学子对于涉农法律的兴趣。学校除了开设相关涉农法律课程，还可以"理论＋实践"双重培养机制，鼓励在校法律学子走向乡村社会实践，开展多种走进乡村活动，鼓励法律学子了解乡村，增强在校法律学子对于乡村的认同感，注重价值理念塑造，增强学生的使命感、责任感。此外，学校在加大力度培养涉农法治人才的同时，如何吸引涉农法治人才留在乡村也极为重要。现阶段，农村留不住人才是一个极为棘手的问题，一些乡村尚且留不住本乡本土培养出的人才，更不必说吸引外来人才，没有人才助力，实施乡村振兴只是一句空话。

首先，政府要想吸引法治人才投身乡村振兴事业，宣传机制必不可少，从舆论高地宣传吸引广大青年才俊投身乡村，投身基层。要让广大涉农法治人才意识到当下进行的乡村振兴是千载难逢的良机，也要让全社会知道投身乡村振兴既可以实现自身的理想抱负又可以在时代的浪潮中带动乡村发展，从而吸引涉农法治人才向往乡村。其次，政府除了加大宣传力度吸引外来涉农法治人才，也应当双管齐下建立培养机制，培养土生土长的涉农法治人才。建立法律培训学校、邀请外地专业老师对口指点，对于愿意参加培训的农民，可以采取一定的激励机制，比如减免培训费、优先帮扶其产业、给予一定奖励等，通过一系列的培养机制，充分发挥本土人才优势，带动乡村产业发展。最后，政府还需要完善人才配套制度，通过制定专门保障乡村人才权益的规章制度，用最大的优惠留住人才。对于主动来到乡村工作的人才，对其必须要有配套的激励机制，无论是其硬件设施还是软件配置，都需要综合考虑，解决人才的后顾之忧，不能只吸引人才却留不住人才，要让人才来到乡村后感觉到乡村就是第二个故乡，充分发挥人才优势，建设乡村。

3. 发展法治文化助力乡村振兴

推动乡村振兴的过程，既是一个推动乡村发展的过程，也是一个推动乡村独特功能得到有效发挥的过程。乡村法治文化并非乡村振兴的累赘，相反，乡村法治文化，将会成为乡村振兴的绝佳助力。《乡村振兴促进法》第二十九条"各级人民政府应当组织开展新时代文明实践活动，加强农村精神文明建设，不断提高乡村社会文明程度"。现阶段，乡村法治文化处于落后阶段，要想实现发展乡村法治文化产业助力乡村振兴，就必须以《乡村振兴促进法》为依托引导优质乡村法治文化和经济发展良性转化，实现文化资源和经济发展的全面整合。乡土文化的振兴是乡村振兴的应有之义。

对于乡村法治文化发展的有序推进，可以采取双模式治理方案——乡贤主导、政府引导。《乡村振兴促进法》规定"乡风文明"，而促进乡风文明的应有之义便是乡贤主导文明的乡风。所谓乡贤即为在乡村中有口皆碑者，拥有德行、才能、声望等优良素质者，这样的人被称为"乡村贤良"。乡贤具备教化村民、引领道德观念、约束不法行为等积极作用，对于乡村法治文化的传播起到重要作用。通过乡贤有效转变部分村民陈旧观念，引导村民对法律的重新认识，引领乡村法治文化传播。

我国村落星罗棋布，不同的村落情况迥异，将社会治理中心下移，通过乡村贤良引导乡村法治文化振兴从而促进乡村全面振兴。培育富有地方特色和时代精神的新乡贤文化，积极引导发挥新乡贤在乡村振兴，特别是在乡村治理中的积极作用。此外，推动乡村法治文化传播还需要各地方政府的引导。虽然发展乡村法治文化的权力下放基层，但是政府的引导也必不可少。需要政府加大资金投入力度，强化乡村普法队伍建设力量，开设法治文化培训班，提升村民文化素质和思想意识水平，广泛开展乡村法治文化文娱活动，无形引导乡村法治文化建设。从具体治理机制上贯彻自治、法治、德治相结合，破除村级民主治理的典型困境，保障乡村法治文化优质发展，为实现乡村振兴提供坚实基础。

4. 严格立法执法保障乡村生态

《乡村振兴促进法》第三十四条提出："加强乡村生态保护和环境治理，绿化美化乡村环境，建设美丽乡村。"保护乡村生态环境和大力发展乡村经济并不互相矛盾，二者是相互促进的关系。对于保障乡村生态环境优化始终要保证理念先行，无论是政府、企业、农民等都要有保护乡村生态环境的意识，始终绷紧保护乡村生态环境这根弦，树立科学发展的生态观念，建立起经济发展和环境优美并驾齐驱的优良机制。开展乡村生态环境保护的理论宣传活动，确保生态环境保护的理念和知识深入人心，抓牢思想意识形态这杆大旗，坚持绿色发展理念与经济发展理念水乳交融，实现经济效益、生态效益相辅相成。

对于乡村生态环境保护要突出重点，以点带面。对于较为严峻的乡村生态问题要紧急处理，加大力度，比如乡村厕所革命、农业污水排放、垃圾分类、有毒废物加工处理、绿化建设等，要加快改进步伐，制定完善方案。政府管理人员要建立好奖惩机制，不仅要有良好的方案还要使得方案能够落实，对于破坏乡村生态环境的主体，无论其是企业还是农民都要进行处理，对于乡村生态环境保护的行为要大力宣扬并予以奖励。此外，乡村还要大力引进生态环境保护专业人才，对于一些资金不到位的乡村，可以邀请专业人士传授解决办法等，充分调动一切可用资源去优化生态环境。采用多元化处理乡村生态环境问题，既要金山银山又要绿水青山。

5.依法行政推进基层组织振兴

组织振兴作为乡村振兴的根本保障，在乡村振兴中起着统领性作用。对于当下一些乡村组织面临的建设困境，要通过强化基层权力规范化建设，保障法律有效实行，构建强健有力的基层政治环境。

首先，要不断提升基层政府依法行政的水平。政府作为法律的实施者和执行者，其重要性不言自明，基层组织既要维护自己实施法律的权威性，又要做到依法行政，根据法定的职权和程序解决问题，提升基层组织干部的法律意识和服务意识，当好人民的"勤务员"。其次，要强化基层司法部门的公正司法能力。法律公正的实施是保证人民对于法律信任的重中之重，维护公平正义的实现，转变司法工作人员的司法理念，走进乡村，加强队伍建设，提升职业道德水准。《乡村振兴促进法》第四十三条明确："建设懂农业、爱农村、爱农民的农业农村工作干部队伍。"通过加强干部党性学习，提高理论水平，增强政治素养，构建"监督—检查—考核"的全链条问责机制，才能更好地发挥干部先锋带头作用，才能更好地推动乡村振兴战略全面实行。最后，要加强权力机关对于法律实施监督管理。基层人大要深入乡村，密切联系村民，充分了解村民思想意识动态，以实事求是的态度调研村民对于法律工作的态度以及整改意见，对于相关问题要及时反馈、监督整改，从而保证依法行政，有力推进基层组织振兴。

二、乡村振兴政策落实跟踪审计

（一）乡村振兴政策落实跟踪审计的作用机理

基于我国"全面治理"与"持续治理"相结合的乡村治理模式，乡村振兴政策的着力点在于形成"全过程一体化"的公共政策作用机制。为此，需要将乡村振兴政策落实的全部过程纳入审计监督范畴。政策落实跟踪审计作为一种全过程的持续审计，其在乡村振兴政策落实的不同阶段均发挥着相应的治理作用。

1.乡村振兴政策落实过程

（1）配套措施制定阶段

通常，有关乡村振兴的重大政策由国务院及其职能部门制定，考虑到我国各个地区乡村的地理环境、自然资源条件、经济政策适合度等方面具有高度异质性特征，因而地方政府及其职能部门需要结合本地具体情况，制定与当地实际条件高度契合的乡村振兴政策配套措施，并按照配套政策措施的制定目标分配乡村振兴资金。各地方政府通过成立乡村振兴工作领导小组，制定乡村振兴专项资金管理办法、乡村振兴绩效考核制度等配套措施，进一步宣传、解读和推广乡村振兴政策，减少由于信息不对称造成的乡村振兴政策制定者、执行者以及受众方对政策理解不一致的问题。限于政策制定者的有限理性、知识存量和认知水平差异，同时也受到地方差异的影响，乡村振兴政策配套措施的制定可能会在政策传递过程中与中央相关政策发生偏差，因此国家审计机关需要对乡村振兴政策的配套措施制定情况予以审查和评价。

（2）政策执行阶段

各级政府及其职能部门在乡村振兴政策执行和协作过程中可能会存在利益诉求不同、信息不对称和监管不到位等问题，不可避免地会出现资金使用不规范、组织协调不顺畅、政策效果不达标等问题，因此国家审计机关需要对乡村振兴政策执行情况予以充分关注。

（3）政策效果评价阶段

对乡村振兴政策效果的评价必须考察该政策目标的实现程度。而我国公共政策评估主要由政府部门进行，政府部门在系统内采取自下而上的总结报告等形式对政策执行效果进行评价，存在评估主体单一、独立性不足、专业性缺失的问题，这将影响乡村振兴政策效果评价结论的客观性与正确性。因此，国家审计机关需要作为独立于乡村振兴政策制定者、执行者和受众的评价方，秉持客观和公正的职业态度，运用绩效评价专业知识和技能对乡村振兴政策效果实施评价。

2. 跟踪审计作用机理

（1）乡村振兴政策制定阶段的审计预防治理

乡村振兴政策制定阶段的成果主要表现为乡村振兴政策的"形式"维度，乡村振兴政策的形式是指乡村振兴政策所存在和产生的方式以及外部表现形态，具体包括政策的文件形式、政策体系形式和政策制定程序。乡村振兴政策落实制定阶段的审计实质上就是形式维度的审计，即在乡村振兴相关政策执行之前，国家审计机关对地方政府和相关职能部门制定的配套措施进行的审计评价，应重点关注地方政府制定的乡村振兴政策配套措施的确定性、配套措施体系的一致性以及配套措施制定程序的法定性。

国家审计机关通过及时介入地方政府制定乡村振兴政策配套措施的环节，在审查各地方政府是否出台了相关配套措施的基础上，进一步对配套措施基于形式维度进行审计，主要审查内容包括：政策执行主体、客体和内容三个要素是否完整；配套措施的条文是否具有确定性和一致性；配套措施与中央乡村振兴政策精神是否一致；各项配套措施之间是否协调和相对稳定；与当地"三农"情况的契合程度；配套措施制定依据是否合理；配套措施是否可行等。通过审查，及早发现乡村振兴政策配套措施可能存在的风险，提供具有前瞻性的建设性建议，防止由于地方政府及其职能部门乡村振兴政策配套措施制定不当带来的负面效应，从而发挥国家审计的事前预防功能。

（2）乡村振兴政策执行阶段的审计揭示治理

乡村振兴政策的执行即"事实"维度，具体而言，乡村振兴政策的事实维度是指乡村振兴政策具体执行过程中表现出的各种数量值、比率关系或统计结果等客观存在的指标。乡村振兴政策的具体执行过程受众众多，是一个复杂、涉及多个领域、充满不确定性的过程，对乡村振兴政策落实跟踪"事实"维度的审计属于事中审计，是对乡村振兴政策实施过程及政策实施所涉及公共资金使用情况的审查。国家审计机关通过审查各级政府及相关职能部门在乡村振兴政策执行过程中的主体责任履行情况，评价政策执行主体行为的合法性与恰当性。主要审查内容包括：政策执行主体在乡村政策执行过程中是否存在不执行、扭曲执行和执行不畅等情况；乡村振兴资金的投入、资金运用信息披露和资金监管责任等情况。通过跟踪审查乡村振兴政策执行过程及资金使用情况，国家审计机关可以及时、准确地发现阻碍乡村振兴政策执行的原因，揭示影响乡村振兴政策落实的因素，向政府相关部门提供审计建议，保证乡村振兴政策执行到位，避免政策在落实过程中出现偏差。

（3）乡村振兴政策效果阶段的审计评价治理

乡村振兴政策的效果也就是"价值"维度，即乡村振兴政策运行中和运行之后所产生的各种影响和发挥的实际作用。乡村振兴政策的价值具体表现为政策效果、政策效率和政策影响。对乡村振兴政策效果阶段的审计，也就是乡村振兴政策落实跟踪审计价值维度的审计属于事后审计，通过评估乡村振兴政策产生的影响，即该政策引起政策受众方和社会发生的改变，判断乡村振兴政策是否符合促进社会生产力、社会公正和人的全面发展的三项公共政策的价值标准，进而实现对乡村振兴政策制定者和执行者的权力监督与约束。

国家审计机关对乡村振兴政策价值维度审计的具体内容包括：评价乡村振兴政策的执行效果是否已实现预期目标和预期目标的实现程度；审查乡村振兴政策专项资金运用的合法性、经济性、效率性和效果性；评估乡村振兴政策执行对农村基础设施、农村公共服务、农村科技和人才、农村环境治理效果的影响等。通过审计及时发现和揭示影响乡村振兴政策顺利实施或偏离价值目标的因素，促进各级政府和相关职能部门增强服务乡村振兴意识和履责能力，保证"农业强、农村美、农民富"的政策价值目标实现。

综上所述，乡村振兴政策落实跟踪审计的三个阶段即政策制定、执行和效果评价阶段，也就是形式维度、事实维度和价值维度三个方面的审计彼此联系配合，形成一个审计治理的作用体系。

（二）我国乡村振兴政策跟踪落实审计存在的问题

1. 跟踪审计的事前预防功能缺失

政策跟踪审计是全程性的审计，需要贯彻于政策落实的整个过程，政策的制定、计划的审计也应当是政策跟踪审计的重要部分，地方政府有没有根据乡村振兴战略的实施制定相关政策，以及相关政策是否具有一定的合理性应当是跟踪审计关注的内容。

从审计署发布的《2019年第6号公告：乡村振兴相关政策和资金审计结果》来看，跟踪审计工作内容的重点依然更着重于对项目推进效率的监督，重点关注任务的建设进度、具体的落实情况，缺少对具体政策可行性、科学性的预估考察，缺少对相关项目设立的事前审核，审计工作难以紧跟项目的全部过程。国内国土面积广阔，乡村数量众多，乡村人口多达5.5亿人，乡村振兴战略铺开面积大，范围广，各地乡村特色复杂，因地制宜设定相关政策任务困难繁重，地方上制定规划时容易僵硬固化，脱离实际，导致效益的降低、资源的浪费。跟踪审计关注政策的制定，往往在相关计划开始实施之后，具有一定的滞后性，仅起到督促整治、事后监督的作用，难以避免部分资源的流失，不能紧随政策流程在政策施行和项目立项的前期就做好对项目的可行性、效益性的审计工作，科学地预判地方政策的风险，无法起到事前审计作用。

2. 跟踪审计的事中揭示功能缺失

政策跟踪审计需要及时将政策落实到工作之中，对政策执行的效果进行评价，识别政策施行过程中的违规问题，敦促相关方面及时整治加以改正。现有的政策跟踪审计更加注重相关项目是否完成，具体计划落实是否开展到位，相关目标是否达成，缺少对资源使用效率等方面的绩效审计，以及对相关政策本身效益的深层次分析，缺少对审计过程中发现问题的剖析与揭示，难以从根本上指出政策执行中的矛盾。2019年第6号公告显示，在人居环境整治、农业绿色发展、新型农业主体发展、农业产业融合、涉农资金管理等方面均存在问题，审计指出问题主要包括相关改造、整治与建设任务未完成，指标未完成或推进缓慢，相关项目完成后效果不佳或存在负面效应，相关设施或机构建设效率低或完成后功能不全不发挥作用，项目运营不规范，相关部门片面追求数量指标，存在资金派遣缓慢，缺少资金绩效管理，存在骗取资金等问题。审计发现问题往往在事件发生之后，难以对部分问题及时阻止，预防损失，同时，缺少对一些问题进行深入的分析，不能指明在政策执行过程中部分问题发生的原因，不能从根本上纠正错误，进而不能提高政策落实的效率。

3. 跟踪审计的事后问责功能缺失

事后审计的评价、反馈与问责阶段是政策跟踪审计不可缺失的重要部分，有效的问责机制和事后再跟踪能有效地阻止屡审屡犯的现象反复出现，帮助审计工作提出的相应整改意见得到落实处理，能够有效解决政策施行中遇到的阻力问题，实现跟踪审计的价值，推动相应政策落实。跟踪审计得出的评价与建议得到实现，依赖于对审计发现问题的严肃处理和规范指引，对审计工作得出的结论与意见，需要有明确的准则指引，发挥价值。对跟踪审计中发现的问题，挽回损失，及时改正，离不开事后审计工作。目前，事后审计时间跨度大，内容细致，落实困难。

4. 多因素导致跟踪审计风险大

政策跟踪审计覆盖面广，涉及时间长，项目多而复杂，参与部门众多，加大了审计工作的压力。在乡村振兴战略的跟踪审计过程中，审计工作需要深入农业农村，进入乡镇基层。在基层审计资源有限的前提下，审计人员难以深入了解农村问题的整体情况，详细审查政策落实的方方面面，这加大了跟踪审计的难度。同时，政策跟踪审计需要按季度公告审计结果，时间紧，任务重，而政策的实施过程涉及范围广、时间长、部门多，对审计人员要求高，加大了跟踪审计的压力。乡村振兴工作涉及方方面面，要求不再局限于传统的资金审计，对农业农村发展、绿色经济发展、基层组织建设、乡镇人文建设等多方面都提出了审计要求，内容繁重，乡镇审计建设设施欠缺，需要审计人员对乡村振兴政策有深入的了解，对审计工作创新要求高，对审计工作效率要求高，对审计人员素质要求高，这些加大了跟踪审计工作的难度，也增加了审计工作的风险。

（三）优化乡村振兴政策落实跟踪审计的对策

1. 及时介入评价乡村振兴相关配套政策

乡村振兴相关政策制定的科学性和可操作性是政策执行绩效的前提和保证。因此，完整的政策落实跟踪审计不仅应做好事中监督工作，也应发挥好事前预防的作用。党的十八大以来，我国提倡大力开展研究型审计。审计实质上就是研究工作，研究贯穿审计项目始终。作为政策落实的第一位监督者，审计机关应当运用审计理念，为乡村振兴相关配套政策制定出谋划策，提供及时的咨询与建议。国家审计署和地方审计机构可以帮助各部门在实施政策和措施时考虑到一个地区的自然环境、地理位置、市场和其他因素，进行初步研究和充分论证，而不是盲目照搬其他地方的经验和做法，包括预测政策措施实施中的风险和可能的困难，并积极准备解决方案；最好设置预警指标，以便在政策执行过程中及时发现和纠正问题。毕竟，盲目寻找问题并不是最终目标，及时有效地实施政策措施才是根本目的。

2. 提高跟踪审计人才队伍的素质

乡村振兴审计工作涉及面广、点多、形势复杂，需要进一步整合审计资源，组建由政治素质和业务素质较高的人员组成的审计调查组，在对乡村振兴政策、资金有计划、有重点地开展跟踪审计工作时，应当紧紧围绕农业农村工作特点，充分发挥审计的监督检查作用。因此，需要做好以下几方面的工作，从而打造一支既具备较高政治素质，同时又拥有较高业务素质的人才队伍。一是建立健全审计干部选拔和任用的机制，应当把工作能力和学习能力作为选拔和任用的基本条件，同时建立灵活的任用机制，保证干部能正确指导下级的审计工作。二是加强职业化再教育，优化审计教育培训体系，特别是基层审计机构要进一步加快审计职业化建设。实际上，审计工作内容涉及经济学、统计学、管理学等众多学科，这就要求审计人员必须具备良好的综合素养，才能完成审计目标。因此，对于在职人员加强教育培训是非常有必要的。三是在开展审计工作时，要坚持依法、文明审计，强化审计自律意识，严格遵守党的政治纪律、组织纪律、廉洁纪律、群众纪律、工作纪律和生活纪律，这样才能取信群众、取信社会、取信党、取信政府。

3. 健全完善乡村振兴政策跟踪审计绩效评价体系

随着绩效审计思想不断深入人心，在乡村振兴政策跟踪审计的实践中，审计机关越来越重视价值维度的审计和评价。适宜的评价标准是开展价值维度审计的前提，但迄今为止，规范可行的绩效评价体系尚未形成，导致我国乡村振兴政策跟踪审计在价值维度上的评价比较浅显，不够深入。一方面相关公告中的描述比较含糊，评价尺度的缺失使得政策实际效果难以明确界定；另一方面价值维度的内涵还不够丰富和全面，评价时只考虑了相关政策的直接效果，如相关任务指标的达成情况，未将生态效益和社会效益等长期因素考虑在内。缺少绩效评价标准，就无法全面掌握被审计单位的绩效情况，也就无法明确评价其绩效优劣，更谈不上分析绩效低下的原因、提出针对性的审计建议、督促被审计单位整改。为了提高乡村振兴政策执行效果评价的质量，审计机关有必要进一步拓宽乡村振兴政策效果评价的广度和深度，并加快制定和颁布政策绩效评价标准体系，为审计人员执行工作提供指导和依据。而且在构建效果评价指标时，除了关注涉农资金合法合规性以及政策产生的直接效果之外，审计机关还应该将涉农资金政策产生的社会效益等纳入评价范围之内，如评价当地农民生活状况改善程度、群众满意度等。

4. 加强乡村振兴政策跟踪审计事后问责机制

各级审计机关要将整改落实作为政策跟踪审计的重要部分，持续跟踪审计中发现的问题，及时向所有相关审计单位发出整改函，要求其限期整改，堵塞漏洞，建立健全机制，对重大履职不到位、重大违法违纪、制约和阻碍重大政策措施落实的问题，要坚决查处。同时，要求各市审计局加强与本级政府督查部门的沟通协作，建立审计整改信息共享交流机制，按季度汇总审计整改督促落实情况，并报送本级政府督查部门。对未按要求进行整改，或者整改不到位、长期不落实整改等重要事项，报请同级政府纳入政府督查范围进行督查督办，大力推动整改问责，促进政策措施不断完善和发挥实效。

5. 利用大数据创新乡村振兴政策跟踪审计方法

良好的审计方法可以达到事半功倍的效果，因此需要创新乡村振兴政策跟踪审计的方法，不能单纯地依靠传统审计方法。由于政策跟踪审计涉及的问题繁杂，如果仅依靠传统审计方法，无法在有限的时间内实现审计目标，因此需要借助大数据技术来提高审计工作的效率和效果。第一，利用大数据技术可以帮助锁定审计工作的重点。利用大数据分析对政策制定、实施和执行中存在的违规问题进行筛选，并对异常情况进行分类记录汇总，使审计重点明确，违规频发点突出，有利于确定现场执行事宜。第二，由于政策跟踪审计的信息来源于多个部门，在有限的时间内逐项审查是不切实际的。因此，审计机构可以对收集来的信息做数据关联分析，充分发挥数据中心的作用，客观、公正地评价政策实施效果，提高审计质量。第三，审核员应认真分析政策措施实施和后续工作中出现的新情况和问题，要有创新思维，全面分析问题，创造性地开展工作，还要始终密切关注国家宏观调控政策的制定和调整。

6. 做好统筹协调，提升审计质量

在乡村振兴政策跟踪审计工作中要做好统筹规划、统筹协调。第一，统筹协调好成果的上传、发布、分享等工作。对上，要做好与上级审计机关的沟通工作，对上级审计机关出具的政策文件要认真研讨，及时了解最新的审计要求和审计重点，确保上下级一致。对下，可以召开中期调度会议，对各审核组的工作进展情况及时跟踪，同时做好经验交流以及成果分享工作。第二，在统筹各方面的同时，要在重点领域实现突破。重点关注被审核方对上级政策的了解和执行情况、本层级工作措施的制定、工作任务的分解和分配等，做好政策执行情况的审核工作。还要做好以下具体的工作，例如对内部工作流程是否规范、政策标准的执行是否合规要加强检查，对严重违纪违规行为要加大审计监督的力度等。第三，统筹协调好要实施的审计项目。各级审计机关在编制下一年度的审计项目计划时，应当统筹安排政策跟踪审计和其他审计项目，统筹协调好审计资源的分配，避免出现重复启动项目和多次审计的情况。

三、扶贫政策与乡村振兴有效衔接

（一）扶贫政策与乡村振兴衔接的必要性

1. 政策稳定性与持续性的必然要求

脱贫群众眼中的乡村振兴更加关注扶贫政策的长期性及脱贫成果的巩固延续。我国扶贫取得巨大胜利，扶贫政策发挥了重要作用，脱贫群众担心如果没有巩固扶贫政策的长效机制，一旦出现突发事件，如自然灾害、重大疾病等突发情况，由于自身抵御风险能力较弱而出现返贫情况；更加关注扶贫政策中涉农发展资金、农业项目、农业技术的可持续性发展，担心惠农增收的各项产业发展政策昙花一现；更加关注乡村振兴战略实施过程中的各种优惠政策与扶贫政策中的惠农政策是否保持一致，延续乡村公共服务的范围和内容，担心政策的变化扩大乡村贫富差距。因此，扶贫政策与乡村振兴的有效衔接是乡村发展中政策稳定性与持续性的必然要求。

2. 乡村振兴的必然要求

实现全面建成小康社会宏伟目标后，农村发展将全面启动进入乡村振兴阶段。脱贫后的农村生活"两不愁、三保障"已全面实现，基本生活得到保障的人们将会更加关注家庭收入和生活水平的提升，这时，乡村振兴将担负起不断提升农村生活水平的重任，真正让人民群众在农村生活中体验到幸福感、获得感。由脱贫攻坚的胜利而激发的农民群众对美好生活的愿景也不断提升，乡村振兴将接替起这个重任，带领人民群众由吃得饱穿得暖有得住到吃得好穿得好住得好，建设更加美好的农村生活环境，实现多种就业渠道，获得更高收益且长期稳定的就业，在扶贫政策的基础上更加关注硬件、软件设施和生态环境的改善，为乡村持续发展提供坚实保障，增强农村发展的信心。

3. 解决"三农"问题的关键

新时代"三农"问题的解决，处在一个非常关键的历史发展时期。乡村振兴要全面地开好局起好步，必须统筹协调做好扶贫攻坚与乡村振兴的战略衔接，为乡村现代化奠定坚实基础。乡村振兴不仅担负着巩固脱贫成果的重任，而且要激发乡村发展内生动力，持续地推动乡村地区经济社会朝着更美好的方向发展，缩小区域间贫富差距。准确找到乡村振兴和脱贫攻坚的战略衔接点意义非凡，是新时代解决"三农"问题的关键。

4. 脱贫攻坚的必然要求，乡村振兴的题中之义

为有效解决贫困群体生活问题，党中央作出一系列重大决策部署，全面打响脱贫攻坚战，创造了人间奇迹。扶贫攻坚战胜利之后怎么干，党的十九大提出实施乡村振兴战略，新时代乡村发展要建立健全乡村发展体制机制和政策体系，加快推进农业农村现代化发展。乡村振兴怎么做好，才能实现乡村发展政策不脱节，就是要把扶贫攻坚与乡村振兴有效衔接起来。这是已经脱贫的乡村地区必须抓紧研究解决好的基本问题，解决好了，脱贫攻坚成果就能得到巩固，在乡村振兴中就能争取主动；解决得不好，可能还会出现返贫的危险。

（二）扶贫政策与乡村振兴衔接的可能性

1. 政策互补性与目标统一性

扶贫政策的直接目的是解决贫困群体的基本生存问题，实现"两不愁三保障"的战略目标。乡村振兴是乡村发展各方面的振兴，包括发展农村经济，全面提升农村发展生产和生活水平。两者具有共同的愿景目标，都是党中央为实现"两个一百年"奋斗目标而作出的重大战略决策部署。解决温饱问题的乡村持续发展需要激发内生动力，同时外部注入更多的活力与提供更多的发展机会，这正是乡村振兴通过外部支持和激活内生动力的举措，因而实现了扶贫政策与乡村振兴的政策互补，能够为乡村发展注入更多活力，提供更稳定的基础，进一步有效巩固扶贫攻坚的政策性成果。

2. 政策上的持续性

高效且高强度的扶贫政策胜利实现了让贫困地区和贫困群众完成脱贫，同步进入小康社会，然而脱贫不是终点，而是新生活、新奋斗的起点，最终要实现的目标是中华民族伟大复兴的中国梦，脱贫群众要实现这个转变需要真正"富"起来，这是下一步实施乡村振兴战略的重大任务。脱贫攻坚是决胜全面建成小康社会、实现第一个百年目标的关键之举，乡村振兴是迈向第二个百年目标的重大战略决策，由前者到后者是一个转换提升的过程，也是政策持续性的过程。乡村振兴要善于用好扶贫攻坚成功经验，实现政策上的持续性。

3. 现有条件为衔接提供有力支持

扶贫攻坚取得的重大历史性成就为乡村振兴创造了良好条件。一是贫困地区的产业发展有了很大进展，贫困人口经济收入增加，为全面开展乡村振兴提供经济保障。二是贫困地区的硬件设施有了很大改善，尤其是在水、电、路、通讯等方面有了很大的变化，为乡村进一步发展提供坚实硬件基础。三是贫困地区的人才队伍状况有了很大改善。脱贫攻坚以来国家投入大量人才队伍，号召社会各方力量参与，对贫困地区实现脱贫起了决定性作用。乡村振兴同样离不开人力的支持、人才的支持、干部工作队伍的支持。四是在扶贫政策和资金的支持下，乡村地区出现了一批率先"致富"的能人，为乡村发展提供内生动力支持。脱贫攻坚中总结出来的各种有效农村发展改革经验，培训和造就的农村发展能人以及热爱乡村发展的社会各方力量，所有这些都为做好扶贫攻坚与乡村振兴的衔接提供有利

条件。

（三）扶贫政策与乡村振兴有效衔接案例——文山市强化六个责任

巩固拓展脱贫攻坚成果，是乡村振兴的前提和基础。深入学习贯彻党的二十大精神和党中央决策部署，文山市将巩固拓展脱贫攻坚成果放在突出位置，重点强化六个责任，推进巩固拓展脱贫攻坚成果同乡村振兴有效衔接，让人民群众生活越来越红火。

扛牢政治责任。市委常委会会议、市政府常务会第一时间传达学习习近平总书记关于巩固拓展脱贫攻坚成果同乡村振兴有效衔接的重要讲话和指示批示精神，以及省委、省政府相关重要会议、文件精神，做到及时跟进、应学尽学。各级干部对巩固拓展脱贫攻坚成果推进全面乡村振兴的责任感、使命感不断增强。

压实主体责任。坚持中央统筹、省负总责、市县乡抓落实的工作机制，"五级书记"一起抓。建立市级领导包镇联村工作制，市级领导定期到包联镇村开展调研督导。市委、市政府先后30次专题研究部署巩固拓展脱贫攻坚成果相关工作，层层压实主体责任。

狠抓牵头责任。充分发挥市委农村工作领导小组牵头抓总、统筹协调作用，成立乡村振兴指挥部，市委书记、市长任双组长，13次召开工作推进会，安排部署防返贫动态监测帮扶、政策落实、联农带农、衔接资金使用管理、资产后续管护、乡村建设、乡村治理等重点工作。印发《2022年度文山市乡村振兴工作要点》等文件，细化各成员单位职责任务。坚持抓党建促乡村振兴，把巩固脱贫成果纳入党建述职和"三农"工作考核的重要内容，进一步强化结果运用。

落实整改责任。结合实际制定整改方案，建立责任清单、效果清单，督促各地各部门深入开展整改工作，补齐工作短板，完善佐证资料，目前反馈问题已全部整改完成。

强化部门责任。督促相关部门对标省级层面制定的有效衔接政策，结合实际出台配套政策。扎实开展政策落实大排查，进一步强化教育、医疗、住房、安全饮水等政策落实和兜底保障。强化纪委监委机关监督职责，高位推进，持续加压，确保巩固脱贫成果标准不降、力度不减。

盯紧帮扶责任。择优选派调整驻村干部，常态化开展驻村工作履职情况明察暗访。举办全市乡村振兴专题培训班，驻村工作队第一书记和队员共306人次参加培训。驻村工作队和帮扶干部每月开展常态化走访，及时解决群众反映的困难问题。每季度对驻村公务员开展履职考核，考核结果作为年度评优和职级晋升依据。派出单位每半年听取一次驻村工作汇报，负责人定期到村调研指导驻村工作。全市实职处级领导定点联系17个乡镇（街道）及40个重点村，省、州、市属共计124家部门（单位）定点帮扶100个重点村及一个集中安置区（瑞民家园）。针对3206户年人均纯收入1万元以下的脱贫户和监测户，安排不少于一人的帮扶联系人进行重点帮扶，制定三年增收目标及到人到户帮扶措施（一户一策）39113条，户均帮扶措施达12.2条。

在市委的坚强领导下，文山市"两不愁三保障"及饮水安全得到全面巩固提升，确保了脱贫群众收入"稳得住"，坚决守住了不发生规模性返贫底线任务，有效防止了返贫和新致贫。2022年，全市脱贫人口（含监测对象）年人均纯收入16481.36元，比2021年14040.63元增加2440.73元，增幅17.38%。

四、乡村振兴战略配套政策措施

作为党的"三农"政策的延续、发展和升华，乡村振兴战略自被提出便受到了政产学各方面的普遍关注。但是，很少有学者关注其政策的动态演进及现实启示。2017年10月至今，乡村振兴战略经历了一个概念化、战略化、纲领化、方案化、实操化、法律化的过程。其间，习近平总书记作出了一系列重要论述，中央密集出台了一系列重磅文件。梳理这个过程，分析演进机理和发展逻辑，有利于把握乡村振兴政策的趋势走向，有利于推动乡村振兴战略的落地生根，对于扎实推进乡村全面振兴、加快建设农业强国具有重要意义。

（一）乡村振兴战略政策演进的过程

习近平总书记说："乡村振兴是党和国家的大战略。"这个战略的提出、发展乃至完善，不是一蹴而就的，而是经历了一个压茬推进、逐步深化的演进过程。

1. 战略化：大会确立，载入党章

新中国成立尤其是改革开放以来，我国高度重视"三农"工作，出台了一系列方针政策。但赋予其新的时代定位，并上升为国家战略，是在党的十九大上。2017年10月18日，在党的十九大报告中将党在新时代的"三农"政策界定为"乡村振兴战略"。稍后，乡村振兴战略作为建设社会主义现代化强国的七大战略之一写入了新修订的党章。

与以往党的报告提出的"三农"政策相比，乡村振兴已经超越了一般意义上的政策属性，继承、发展更有别于家庭联产承包责任制、社会主义新农村建设和城乡一体化发展等指导性政策，并着眼于构筑建设社会主义现代化强国、实现中华民族伟大复兴的战略性支撑。党的十九大报告关于乡村振兴战略的阐述，主要讲了三个问题：一是重申"三农"问题的"重中之重"。二是明确提出实施乡村振兴战略的总体思路，即总方针为坚持农业农村优先发展；总要求为产业兴旺、生态宜居、乡风文明、治理有效、生活富裕；总目标为加快推进农业农村现代化；制度保障为建立健全城乡融合发展体制机制和政策体系。三是推进乡村振兴的重大措施，即不断深化农村改革，加快建设现代农业，加强农业农村基础工作。党中央提出乡村振兴战略，绝非简单地换个提法，而是我们党深刻把握现代化建设规律和城乡关系变化新特征而作出的重大决策部署。其不仅叫起来简洁响亮、醒脑提神，而且具有坚实的学理逻辑和科学的实践价值。

2. 纲领化：顶层设计，出台意见

2017年12月底，中央农村工作会议召开。这次会议规格之高，前所未有。会议主要就实施乡村振兴战略进行顶层设计，习近平总书记发表了重要讲话。会议结束3天后，《中共中央国务院关于实施乡村振兴战略的意见》（以下简称《意见》）作为2018年一号文件正式颁布。

如果说党的十九大关于乡村振兴的论述是"纲",《意见》就是一篇主题集中、内容详尽的文章。其"定思路、定任务,明确长远方向,搭建四梁八柱"。具体包括12个部分46条。第一部分主要阐明新时代实施乡村振兴战略的重大意义和有利条件;第二部分从指导思想、目标任务和基本原则三个方面阐明实施乡村振兴战略的总体要求;第三到第八部分明确了实施乡村振兴战略的主要任务,可以概括为"五个新"和"一个增强",即培育乡村发展新动能、打造人与自然和谐共生发展新格局、焕发乡风文明新气象、构建乡村治理新体系、塑造美丽乡村新风貌、增强贫困群众获得感;第九至第十二部分明确了实施乡村振兴战略的重大政策举措,可以概括为"四个强化",即强化制度性供给、强化人才支撑、强化投入保障、强化根本政治保障。《意见》擘画了乡村振兴的宏伟蓝图,分量很重、含金量很高,针对性、前瞻性和指导性都很强,是一个定根本、管全面、管长远的文件,也是实施乡村振兴战略的总纲领、总方案。

3. 实操化:印发规划,落实落地

为了科学有序推动乡村振兴,将党中央、国务院的顶层设计落实落地,根据《意见》,党中央、国务院于2018年9月印发了《乡村振兴战略规划(2018—2022年)》(以下简称《规划》)。除前言外,《规划》共11篇37章107节,按照"五大要求",围绕"五大振兴",作出阶段性谋划,部署了82项重大工程、重大计划、重大行动。

《规划》具有很多新思想新论断,比较突出的有以下几个:一是明确了乡村振兴的五个方面,即产业、人才、文化、生态和组织振兴;二是提出了22项具体指标,其中约束性指标3项、预期性指标19项,首次建立了乡村振兴指标体系;三是在《意见》提出的乡村振兴7个基本原则"坚持党管农村工作,坚持农业农村优先,坚持农民主体地位,坚持乡村全面振兴,坚持城乡融合发展,坚持人与自然和谐共生,坚持因地制宜、循序渐进"基础上,又增加了1个,即坚持改革创新、激发活力;四是提出分类推进乡村发展的思路,将村庄分为4类,即集聚提升类村庄、城郊融合类村庄、特色保护类村庄、搬迁撤并类村庄。《规划》是我国出台的第一个全面推进乡村振兴战略的五年规划,是指导各地区各部门分类有序推进乡村振兴的重要依据,其出台标志着乡村振兴战略进入了实际操作阶段。

4. 法制化:制定党规,立为法律

"在我们这样一个拥有13亿多人口的大国,实现乡村振兴是前无古人、后无来者的伟大创举,没有现成的、可照抄照搬的经验。"在这一过程中,法律不应该也绝不能缺位。为此,中央为乡村振兴战略量身定制了两部法律法规。第一部是2019年8月19日起施行的《中国共产党农村工作条例》(以下简称《条例》)。这是我们党在历史上首次专门制定关于农村工作的党内法规。《条例》名称虽然没有写"乡村振兴",但通篇是围绕乡村振兴进行布局的,将深入实施乡村振兴战略贯彻到条例的各个方面。第二部是2021年6月1日起施行的《中华人民共和国乡村振兴促进法》(以下简称《促进法》)。这是我国首部以乡村振兴命名、旨在全面推进乡村振兴战略实施的法律，标志着我国全面推进乡村振兴进入了有法可依、依法实施的时代。两部法律，一为党规，一为国法，两者各有侧重、相互配合，共同指向乡村振兴，为推进实施乡村振兴战略提供了有力的法制保障，是中国特色"三农"法律体系的完善和发展。至此，中央通过一系列政策，基本完成了最高层面的顶层设计。

（二）践行乡村振兴战略政策的有效措施

1. 建立城乡融合发展机制与政策体系，坚持农业农村优先发展

党的十九大以后，借助于乡村振兴战略政策的实施，我国十分有必要重新认识农业在国民经济中的角色定位和产业特性，按照习近平总书记提出的"农业出路在现代化，农业现代化，关键在科技进步"等重要指示精神，高度重视乡村振兴战略实施，任何时候都不能忽视农业、忘记农民、淡漠农村。明确认识到只有当务农成为体面的职业、农民获得体面的收入、农村树立体面的形象，改变"谁干农业谁就觉得低人一等、农民增收空间远不如城市居民、农村环境脏乱差"等局面，才能真正实现乡村振兴发展。为此，应高度重视振兴乡村发展，积极建立健全城乡融合发展体制和政策体系，坚持农业农村优先发展，助推农业农村现代化改革创新发展。

首先，应明确认识到我国发展最大的不平衡，便是农业与工业相比，发展不平衡；最大的发展不充分，是农村与城市发展的不充分。只有在实施乡村振兴战略和政策进程中，坚持以农业农村优先发展为核心，改进传统发展理念，强调农业农村在国民经济结构中的重要位置，加快推进农业供给侧结构性改革，才能逐渐打造功能完善、覆盖全面、发展实力强劲的农业体系。为实现此目标，必须要坚决树立"农业农村应该优先发展""农业农村不优先发展不行"的新理念，将"农业农村不重要"等陈旧观念清理淘汰掉，才能更好地提升乡村振兴战略政策实施效果。其次，建立健全城乡融合发展体制机制和政策体系。需要充分发挥市场在城乡要素资源配置中的决定性作用，充分发挥市场机制统筹功能，积极整合城乡资源、信息资源和人力、物力、财力、权力、智力等。借助市场机制，促进城乡优势互补，优化城乡间的资源配置。同时，利用政府作用推动基本公共服务向乡村倾斜，除了要出台乡村振兴战略和政策，还需全力破解城乡融合发展过程中存在的制度障碍，完善城乡发展政策体系，努力打造新型城乡关系，更好地优化乡村发展格局。

2. 探索"文化 + 产业"振兴发展路径，不断提升乡村经济发展水平

探索实施"文化 + 产业"融合发展模式，能够助推休闲旅游、产业打造和宜居环境的有机结合，实现对乡村地区特色文化资源、环境资源、农业资源的产业化开发，增加相关产业附加值，提升农村农业竞争力。

首先，深入挖掘农村当地特色文化，重视发挥文化引领作用，带动乡村文化水平提升。应牢牢抓住文化元素对乡村发展的特殊意义，发挥特色文化引领作用，将村内现有的历史人文遗存、民俗风貌、自然环境等与乡村产业创新升级有机融合，重点打造特色文化产业，努力做到一村一品牌，一村一特色，以此来为乡村振兴发展，获得更多社会、经济支持。

其次，重点发展复合型产业，发挥产业支撑作用。应紧密结合乡村自然资源、地理位置、原有产业基础等优势，紧密结合乡村振兴战略和政策措施，在保护乡村原生态的同时，积极发展"三产融合"复合型产业。包括农业生产、农产品加工业、农产品市场服务业等，利用高新技术实现一、二、三产业间的联动与延伸。

再次，重视发挥乡村人文风貌、自然环境、特色农产品等优势资源，打造"乡村文化＋旅游"发展模式，积极与旅游产业深度合作，共同开发乡村旅游项目。并重视提升乡村旅游服务水平，构建全新生态人文家园，彰显乡村独特魅力，最终实现乡村人口回归、城市资源回流的良性循环发展体系。

此外，尊重乡村自身发展规律的同时，妥善处理乡村振兴战略政策实施过程中带来的全新空间组合关系。应紧密结合外来人群、乡村本土居民的参与性意见、建议和需求，留住乡村特色基因的同时，统筹规划乡村功能、布局、秩序和环境，优化创新创业生态链。利用现代技术与设施为乡村智慧管理和服务提供重要保障，不断提升乡村管理服务水平和层次，缩短城乡之间的发展差距。

3. 着重强调科技创新与智慧发展重要性，大力发展智慧型农业

为进一步助推乡村振兴战略与政策落到实处，真正发挥乡村振兴战略实施作用和价值，助推我国农业生产、经营、服务等全面革新，必须紧密结合全球信息化建设发展新机遇，着重强调科技创新与智慧发展的重要性。积极引入各种科技手段与信息技术，打造现代化农业生产体系，大力发展智慧型农业，不断提升农业农村发展水平。

第一，充分发挥政府部门的职能作用，协同新媒体与传统媒体，借助微博、新闻网站、微信公众号、政府服务平台、短视频 App、电视新闻、报纸、村广播、宣传条幅等多种媒介载体，加大对乡村振兴战略与政策、科技创新机遇和优势、智慧型农业建设价值与必要性等多方面的宣传、解读和普及，以此来让更多农民正确认识科技创新与智慧发展的重要性，提高农民对此方面的重视程度。

第二，加大对现代农业生产体系建设的支持和投入力度。积极引进各种先进科技手段、现代机械设备设施，通过现代物质、机械化设备补充传统农业发展缺陷，并借鉴先进的管理理念，打造系统科学的管理体系，运用各种现代科学技术提高劳动生产率，提高农业资源利用效率。

第三，借助大数据信息技术手段，整合各种信息数据，建立精准预测模型，提升农业抗风险能力，发展科技、信息、智慧型现代农业。

第四，通过创新性运用 PPT 模式，加速提高农村基础设施建设饱和度，搭建资源共享平台，让农民分享更多发展成果。

第五，加大农民信息化技术应用、计算机基础知识、信息素养、专业职业等方面的培训，不断提高他们的综合素质与知识水平，培养拥有良好管理经验、懂技术、懂发展的农民，为推动乡村振兴战略与政策落到实处，保证乡村管理先进性与科学性奠定坚实基础。

第三节 乡村振兴战略的意义与目标

一、乡村振兴理论的逻辑起点与价值意义

党的十九大报告提出:"乡村振兴是关系全面建设社会主义现代化国家的全局性、历史性任务,要大力实施乡村振兴战略。"在实现农业农村现代化发展进程中,乡村振兴战略具有重要意义,要全面推进乡村振兴战略的落地生根。只有对"三农"发展问题进行深入的探究和了解,加快农村现代化建设,正确理解关于乡村振兴理念,才能加快新的时代条件下乡村振兴战略相关实践,为国家发展、社会经济的发展奠定良好的基础。

(一)乡村振兴的理论逻辑起点

马克思、恩格斯深入考察了资本主义社会的生产关系,在学习了解并批判继承前人思想、理念、观点的基础之上,鲜明地提出了科学的关于城乡关系理论。

1. 在资本主义理念下城乡关系处于对立状态

在资本主义发展前期,作为新兴的资产阶级力量发展庞大,对于政治方面的需求巨大。在对资本主义进行改革的过程中,明确了资本主义的生产关系。并且为了获取更多的利益,城市资金逐渐侵入到乡村之中,让乡村被城市所统治。在这样的背景下,工人阶级的生活、生产逐渐封闭,逐渐成为资产阶级的附庸。所谓的城乡对立也就是资产阶级对工农阶级人民的压榨。城市化在推动资本主义生产发展的时候也带来了许多的消极影响,城市工业人口的快速增长,导致城市问题接踵而至。工人阶级受到无情的资本家强烈的压榨与剥削,激化了社会矛盾。此时马克思、恩格斯关注到了贫苦民众的苦难生活,为了改变当时的社会发展现状,他们积极深入到工人阶级,了解其生活、工作状况,并且提出了只有实现城乡结合发展才有望改善矛盾的理念。

2. 城乡之间对立的消灭是实然且是应然的

马克思、恩格斯指出:"消灭城乡对立并不是空想,它日益成为工业生产和农业生产的实际要求。"城乡对立并不是永久的,在社会经济不断发展的过程中,城乡的生产力都会有所提升,两者之间的对立状态终究会和解,并且开始出现融合发展的势头。马克思与恩格斯都认为城乡融合发展的方式既能够消除工农业劳动者之间的阶级区别,还能够实现城乡的稳定、可持续发展,但只有在共产主义社会才能够全面实现城乡的融合发展。在共产主义社会中,一切剥削、压迫等行为制度都会被废除,阶级对立的情况也不复存在,造成城乡对立的因素消失,让所有群众都能够享受到同等的福利与自由生活,从而实现真正的幸福生活。乡村振兴的基本理论就是要推动城乡的融合发展,通过乡村创新创业来构建新的乡村产业,并积极延伸新产业,促进各种产业之间的融合发展,改变传统发展方式下

农村产业结构单一的问题，让乡村产业从基础上变得兴旺，在乡村经济效益的提高上前进一大步。在追求经济发展的过程中还必须注重对乡村生态环境的保护，建设美丽乡村。在乡村产业融合发展的过程中，需要根据产业的发展情况来进行合理的资源分配，从而形成共存的关系，实现乡村互利共生，加快乡村振兴进度。

（二）乡村振兴的价值意义

1. 乡村振兴能够解决目前社会发展主要矛盾

当前国内外形势日趋复杂，多种不确定性和不稳定性因素明显增加，随着国际社会中战争冲突等因素的影响，全球经济发展趋势不容乐观，国际农产品贸易依然存在挑战。提升我国农业在全球范围内的影响和地位，并且正确应对新形势下发生的国际市场风险任重而道远，粮食等农产品的需求仍然是人类面临的重大问题，保障国家粮食安全是我国始终必须解决的重大问题。

经过四十多年的改革开放，我国的"三农"工作取得了重大进展，迈出了坚实的步伐，发生了翻天覆地的变化。这四十多年里，中央高度重视"三农工作"，强农惠农富农政策体系逐步完善，特别是党的十八大以来，以习近平同志为核心的党中央始终坚持把脱贫攻坚作为三大攻坚战之一摆在国家治理的突出位置，经过全党全国各族人民的不懈奋斗，脱贫攻坚取得全面胜利，使我国提前10年实现《联合国2030年可持续发展议程》减贫目标，对人类文明和全球反贫困事业做出重大贡献。

党的十九大报告提出"实施乡村振兴战略"（写入党章，2021年6月1日《中华人民共和国乡村振兴促进法》正式实施），首次将农业农村工作上升为国家重大战略安排。2022年2月22日《中共中央国务院关于做好2022年全面推进乡村振兴重点工作的意见》（2022年中央一号文件）发布，文件是自21世纪以来第19个指导"三农"工作的中央一号文件，显示出党和国家对此项工作的充分重视。习近平多次强调，坚决把解决好"三农"问题作为全党工作重中之重，举全党全社会之力推动乡村振兴。2016年4月25日，习近平在安徽凤阳县小岗村主持召开农村改革座谈会上的重要讲话指出："中国要强，农业必须强；中国要美，农村必须美；中国要富，农民必须富。这些工作做好，整个大局就有保障，各项工作都会比较主动。"

作为我国治国理政的重要组成部分和社会发展的重要一环，乡村振兴具有丰富的理论价值与现实价值，是目前全面建设小康社会的必经之路。我国现阶段社会的主要矛盾是人民日益增长的美好生活需要和不平衡不充分的发展之间的矛盾。城乡差距仍然较大，并且在农村地区的失衡发展更加严重，这对于农村经济发展是十分不利的。改革开放后，为了全面提高社会经济发展进度，我国对工业发展投入了较大的投资，并将城市作为发展主体，农村作为发展支援。改革开放初期，为了将资源优势进行集中化来提高社会的生产能力，国家以沿海城市作为经济发展先锋，之后陆续带动周边地区的发展。在经历了数十年之后，我国当前的社会经济发展效率已经逐渐与发达国家相平齐。但是农村地区的发展建设速度仍然较为缓慢，尤其是大量青壮年人进城务工，导致农村的经济更加萧条。

在实现全面建设小康社会宏伟目标中，要求城乡协调有序发展，资源进行合理、公平的分配。城乡发展差距的扩大，不利于社会的稳定发展，在一定程度上也会影响到城乡社会经济的健康可持续发展。在实施乡村振兴战略期间，要把乡村居民的最基本需求放在首位，坚持将公共设施与公共服务方面的工作做到最佳，全面高效地满足乡村居民在生产生活和发展方面的需求。尤其是在建设新农村时，需要关注潜在风险，积极规避乡村振兴期间可能会存在的风险与误区，加快乡村振兴战略的实施质量与效果。为了达到这一目标需要积极实施乡村振兴战略，统筹城乡发展，全面改善乡村生活水平与生活环境，为我国社会经济的稳定、健康发展奠定良好的基础。

2. 乡村振兴是中国建设的关键

中国作为世界人口大国，存在地域辽阔与人均资源占有量少的矛盾，因此在一定程度上限制了国家的发展空间。中国实现社会经济的全面发展，缩小与发达国家之间的差距，在经济发展方面采取了相对粗放的管理方式，所投入的生产要素较多，因此资源消耗情况也比较严重，自然生态环境遭受了极大的损坏，在许多乡村中都存在着严重的水污染，没有集中堆放垃圾的区域，导致群众的饮用水水质不达标，农用耕地的污染也较为严重，不利于后期社会经济的发展，也不利于乡村居民的长期生活。"美丽中国"是我国当前在努力实现人与自然和谐发展阶段所坚持的理念，突出了当前时代发展的重点。乡村作为中国的主要组成部分，全面实现美丽中国的建设，必须要做好乡村的振兴工作，做好乡村生态环境治理与保护工作。只有做好乡村振兴工作，才能够共筑中国美好未来。

3. 乡村振兴是实现人民富裕的必经之路

乡村振兴战略的实施有利于社会公平公正的发展。党的十九大报告中提出，要将人民作为发展中心，不断推动群众生活水平的提升，实现群众的共同富裕。自改革开放以来我国的社会结构获得了极大的改变，为乡村振兴赋予了更多的精神文化。乡村振兴正是以提高我国乡村居民的生活质量、生活水平，缩短城乡发展差距为主要目的，逐渐提高乡村居民的经济收入水平，让越来越多的群众能够体会到生活的幸福感。共同富裕作为中国共产党长期的发展追求，只有实现这一伟大目标，才能够实现社会主义现代化，让我国社会经济发展更加迅速。

4. 乡村振兴是国家现代化治理的基础

乡村振兴战略的实施情况会直接影响到城乡的可持续发展，作为一项长期的基础战略工作，乡村经济直接影响我国治理体系的完善与治理能力的提升。乡村全面振兴，是实现现代化的国家治理的基础。我国乡村广大的面积、繁多的人口、复杂的社会关系，许多现实问题给党和国家的治理提出众多的挑战。为科学解决存在的各方面问题，要求党和国家要科学进行前期规划设计，完善乡村振兴制度，为国家治理体系明确基础的实施原则与发展框架，梳理清楚各级之间的关系，从而提高国家在治理过程中的可控性。为了全面提高治理能力与水平，就需要对资源进行科学的配置，将市场资源积极调整向乡村倾斜，为乡村的振兴发展奠定良好的资源基础。

二、乡村振兴战略的历史背景和重大意义

2017年10月，习近平同志在中共十九大报告中提出乡村振兴战略，并指出："按照产业兴旺、生态宜居、乡风文明、治理有效、生活富裕的总要求，建立健全城乡融合发展体制机制和政策体系，加快推进农业农村现代化。"随即2018年中央一号文件《中共中央国务院关于实施乡村振兴战略的意见》对实施乡村振兴战略进行了全面部署，释放了党中央、国务院高度重视"三农"工作、全面推进乡村振兴的强烈信号。

（一）乡村振兴战略提出的历史背景

2002年党的十六大报告提出"城乡统筹发展""全面建成小康社会"，统筹城乡发展是消除我国城乡二元结构的重大举措，也是推动我国城市化发展新的动力和解决"三农"问题的根本出路；2005年党的十六届五中全会提出"社会主义新农村建设"的20字方针："生产发展、生活宽裕、乡风文明、村容整洁、管理民主"，描绘出一幅新农村的美好蓝图，从五个方面分别映射出乡村振兴战略的20字方针；2007年党的十七大报告提出"推进社会主义新农村建设""形成城乡经济社会一体化新格局"，旨在解决好农业、农村、农民问题；2012年党的十八大报告提出"城乡一体化""加大城乡统筹力度""工业反哺农业、城市支持农村"，而且对实施城乡一体化战略提出了明确要求；2013年农业部提出"全国美丽乡村创建"活动，充分说明把生态文明建设放在了突出位置，且需融入到经济、政治、文化和社会建设的方方面面。

2015年中央一号文件提出"农村一、二、三产业融合发展"，这是三产融合第一次正式出现在中央会议和文件中，是党的"三农"工作理念和思路的又一重大创新，是新常态下农业农村转型发展的选择，其具有深厚的时代背景和意义；2017年中央一号文件提出"农业供给侧结构性改革"，以"三农"问题为导向，落脚点是农业增效、农民增收和农村增绿；党的十九大第一次作出实施乡村振兴战略的重大决策部署，擘画了新时代乡村振兴的宏伟蓝图：相比新农村建设时，产业兴旺替代了生产发展，由强调单一的农业生产升级到一、二、三产业协调发展；村容整洁被生态宜居所替代，由过去新农村建设时注重一村一户的环境卫生到区域性整体生态体系的保护美化；乡风文明建设未发生变化，它是一个长期过程，体现了文化传承的稳定性和恒常性；治理有效代替管理民主，由社会管理转变为社会治理；生活富裕始终是"三农"工作的归宿和落脚点。

2018年中央一号文件提出"关于实施乡村振兴战略的意见"，全面解读了该战略的重大意义，明确了具体要求和原则；2019年、2020年中央一号文件，紧盯全面建成小康社会、全面决胜脱贫攻坚战两大目标任务，强调在坚决打赢脱贫攻坚战的同时，抓重点、补短板、强基础，全面推进乡村振兴；2021年，中央一号文件提出，"全面推进乡村振

兴加快农业农村现代化"，将实施乡村振兴战略推向一个新的高度；2022年中央一号文件提出充分发挥农村基层党组织的领导作用，扎实有序做好乡村发展、建设和治理的重点工作。

（二）实施乡村振兴战略的重大意义

1. 解决社会主要矛盾的现实需要

改革开放四十多年来，我国经济社会领域发生了翻天覆地的变化，党的十九大报告适时做出我国社会主要矛盾转化的重大论断：人民日益增长的美好生活需求和不平衡不充分发展之间的矛盾。这一矛盾的关键在于解决不平衡不充分发展问题。2018年中央一号文件指出我国农村地区发展不平衡不充分问题最为突出。乡村振兴战略实施的着力点在于把握和顺应社会主要矛盾的变化，从而有效破解农业农村发展的不平衡不充分问题，满足农民群体日益广泛的美好生活需要。尽管我国已步入中等收入国家行列，但农业是国民经济中的基础产业没变，农民是最值得关注的最大群体没变，农村是我国全面建成小康社会的关键没变，"三农"问题仍旧是我国国民经济全面发展明显的短板和薄弱环节没变。乡村振兴战略的提出旨在解决我国现代化建设进程中城乡发展不平衡不充分的现实问题。用政治学的视角考量，乡村振兴战略的提出是解决我国当今社会主要矛盾的必然选择和迫切需要。

2. 解决城乡失衡问题的重要举措

习近平同志强调："要推进城乡区域协调发展，全面实施乡村振兴战略，实现巩固拓展脱贫攻坚成果同乡村振兴有效衔接，改善城乡居民生产生活条件，加强农村人居环境整治，培育文明乡风，建设美丽宜人、业兴人和的社会主义新乡村。"我国东西部农村发展不平衡源于乡村建设的区域结构分化，城乡发展失衡的重要影响因素是公共产品与服务和生产要素的城市偏向，同时滞后的农村现代化进程也延缓了城乡协同发展的步伐。

城市和乡村具有不同的功能定位，城市功能定位是通过集聚效应集聚人口、资金、技术与创新，而乡村的功能定位是通过土地等资源供给农产品、保障生态环境、保存民族文化以及传承历史底蕴，国家现代化的实现需要两种区位功能协调发展。而当下城乡发展失衡，广大乡村地区未能充分发挥应有的区位功能优势，进而实现资源的优化配置和城乡协同发展的空间布局，区域整体效益有待提高。"三农"问题中突出的矛盾是城乡居民收支差距大，城乡区域发展不均衡是最大的不平衡，2020年国内常住人口城镇化率是63.89%，而户籍人口的城镇化率为45.4%，两个城镇化率相差18.5%。从国际一般情况看，当城市化率超过50%，资本、技术、创新等要素通常会流向农业部门。2020年我国城镇居民人均可支配收入和消费支出仍分别是农村居民的2.56倍和1.97倍，城乡公共产品与服务设施差别悬殊，致使我国并没有出现常规的逆城镇化现象。由此可见，乡村振兴战略的提出是顺势而为。

3. 解决城乡人口结构不平衡问题的有效途径

我国当前城乡发展失衡从社会学的视野看，体现在城乡人口结构和农村人口内部结构失衡，具体表现为年龄、性别以及素质结构方面等。农村结构分化以农民分化尤为突出，造成农村精英空心化的结果。20世纪60、70年代前出生的农民工，大多寄钱回村、建房成家；80、90年代出生的（农二代）出村不回村，选择进城置业，即人和资本均留在城市，加上其他一些社会因素，使得农村地区出现土地城镇化的"城中村"、就地城镇化的"超级村"、人口外流的"空心村"。2003年至2019年间，我国城乡居民人均可支配收入基尼系数一直远远高于0.4这一国际公认警戒线。我国要实现城乡区域协同发展，避免"城市像欧洲、乡村像非洲"式的发展，那样不可能建设成为一个现代化的国家，也不可能实现共同富裕。农村需要像城市一样体面、繁荣地发展，需要面对并解决好有些区域农村社会出现的衰败现象。要改变这一局面，乡村振兴战略实施迫在眉睫。

4. 传承优良传统文化的客观要求

华夏五千年文明植根于悠久的农耕文明，农耕文明的根不在城市在乡村。乡村是农耕文明的承载体，它是不同历史时期政治、经济、文化、社会的积淀和投影，具有不可逆的历史文化生态价值。今天的每一处村庄都曾是村民世代生息的地方，其承载着村民的集体记忆和情感寄托。然而近些年随着我国城镇化步伐的加快，大量的村庄正在消失，村落文明渐行渐远。一些承载着村民共同记忆的文化载体，如乡风民俗、文化景观等逐渐被市场边缘化甚至消失，如此，使得优良传统文化的保护和传承后继乏人，一些极具历史意义和文化价值的物质、非物质文化遗产未能得到足够重视，未能得到有效传承和发展。根据我国第七次人口普查数据，2020年乡村流向城镇2.49亿人，相比2010年，十年间增加了1.06亿人。这种从村到城的流动致使很多人对村庄越来越陌生，有的人甚至对村庄历史一无所知。村民是村落文化传承与发展的载体，而大量的"空心村"无法传承文明和弘扬文化。当前传统的村落文化和乡村文明已到了急需抢救的地步，实施乡村振兴战略具有重大的文化意义。

5. 有助于提升基层政府公共管理能力

伴随着我国经济社会多年的发展，目前已拥有相对完善的公共管理体系。乡镇政府是我国最基层的一级人民政府，其直接与农民打交道。二十年来，"三农"问题始终是我国中央"一号文件"关注的重点，该问题能否得到顺利解决，对我国乡村政治体制也提出了变革要求。国家治理体系和治理能力现代化的成败与乡村治理成效息息相关。当前城乡基层治理遇到一些新问题，如严格管理之下的唯上行为与形式主义，群众依赖性的增长和自治能力的弱化，治理资源的浪费及治理资源向治理能力转化的困难等。乡村公共基础设施、生产和生活公共产品服务未得到较大改善，直接影响到"三农"问题的解决。2016年最新第三次全国农业普查数据显示，农村地区46.2%的家庭使用普通旱厕，82.6%的村生活污水未得到集中处理或部分集中处理；此外，基本公共服务方面，67.7%的村没有幼儿园（托儿所），45.1%的村没有执业医师；从社会保障来看，农村低保保障标准均低于城镇居民和职工。此后虽然经过"十三五"期间的改善和提高，但城乡差距依然悬殊。可见，乡村基层治理工作还有很长一段路要走，乡村建设必须发挥基层政府的公共管理能力，不越位、不缺失。

乡村振兴战略的总目标是实现农业农村现代化，总方针是坚持农业农村优先发展，但农村工业化绝不是要消灭农业，城镇化不是要消灭乡村，要认识到当前乡村价值正在催生新产业、新业态，要抓住正在兴起的机遇，推动农产品加工业优化转型升级，将现代信息技术，比如数字技术引入农业产业链的各个环节，大力发展以乡村良好的生态环境为基础的乡村三产融合经济。

乡村振兴战略三个阶段性目标，第一阶段已实现，第二阶段到2035年，乡村振兴取得决定性进展，农业农村现代化基本实现；第三阶段到2050年，乡村全面振兴，农业强、农村美、农民富全面实现。城乡发展一体化不是化掉农民，而是要让农业在工业的反哺下、农村在城市的支持下进入现代文明。中华五千多年的发展史，大约经历了两个阶段，第一阶段是乡村中国，在这一阶段，国民经济以农业为主，农民占国家的绝大多数；第二阶段是城镇中国，国民经济变成以工业为主，城镇人口超过乡村人口。目前已经进入第三阶段城乡中国阶段，即城乡融合发展阶段。农业从工业而来，城市由乡村而来，市民由农民而来，无论是搞工业化、城镇化，还是推进城乡一体化发展，都不能把乡村视作城市的附庸，未来的城乡是互促互进、共生共存，要重塑城乡关系，走城乡融合发展之路。

农村与城镇，除了在形态上的差别外，更主要的是具有功能上的区别。城乡之间不同的功能，决定了城乡之间在建设定位上的根本区别，决定了农村必须保留田园风光。田园风光是与农业为一体的乡村生态文明的重要内容。世界经济合作与发展委员会对旅游观光农业的定义为"在乡村开展旅游，田园风光是观光农业旅游的中心和独特卖点"。"竹篱茅舍风光好，高楼大厦总不如。"田园变公园，农房变客房，劳作变体验，乡村优美环境、绿水青山、良好生态成为稀缺资源，在乡村的经济价值、社会价值、文化价值继续存在的同时，其生态价值日益凸显。

乡村持续提供清新空气、恬静风光、舒适生活的价值将进一步彰显，田园风光是乡村产业的基础。但在以前的新农村建设中，不少地方盲目地照搬城市模式，认为城市化、城乡一体化就是要把乡村化为城市，结果把农村搞得不城不乡、不工不农、不伦不类、千村一面。这种破坏乡村生态环境、破坏乡村特色、破坏乡村文化的新农村建设，是当前对发展乡村产业的危害。目前，休闲农业和乡村旅游已成为城市居民休闲、旅游和旅居的重要目的地。近十年来，我国休闲农业与乡村旅游人数不断增加，2015年到2017年两年间乡村旅游人数占国内游比重超过50%，2018年达到30亿人次的规模。截至2019年年中，全国乡村旅游就业总人数达886万人，同比增加7.6%。如果说农民吃上了乡村旅游饭，实际上是吃上了生态饭。只有乡村具有良好的生态环境，乡村旅游才能发展。实施乡村振兴，建设美丽乡村，城乡一体化，城还是城，乡还是乡，城乡有别，这样城乡的互动才有动力和吸引力，城乡之间的交流才能持久。农耕文明只能在农村，不可能在城市。因此，要传承发展提升农耕文明，必须走乡村文化兴盛之路。

乡村振兴要遵循乡村自身发展规律，保持乡村文明特色，充分体现乡村特点，注重乡土味道，保留乡村风貌，留得住青山，记得住乡愁。不能简单盲目套用城镇化建设的做法，更不能试图把农村建成高楼大厦。各地村庄形态各异，资源禀赋、历史人文、产业生态乃至生活习俗丰富多彩，独有的文化习俗、历史记忆，独特的建筑景观、山水风貌，形成了各自的鲜明特点和天然优势。美丽乡村建设需因村制宜，杜绝千村一面。美丽乡村建设，既要留住乡村的"形"，全力恢复乡村的历史质感、保护乡村原有风貌，更要注重留住乡村的"魂"，留住乡村的非物质文化传统。一方面，有形的乡土文化要留住，使农村更像农村，避免建设性破坏。保护好每一座祠堂、每一棵古木，使乡愁有寄托之所。另一方面，乡村文化要传承，体现当地历史、文化和精神。

三、乡村振兴的目标要求和基本内涵

（一）乡村振兴战略的总体要求

1. 指导思想

全面贯彻党的十九大精神，以习近平新时代中国特色社会主义思想为指导，加强党对"三农"工作的领导，坚持稳中求进工作总基调，牢固树立新发展理念，落实高质量发展的要求，紧紧围绕统筹推进"五位一体"总体布局和协调推进"四个全面"战略布局，坚持把解决好"三农"问题作为全党工作重中之重，坚持农业、农村优先发展，按照产业兴旺、生态宜居、乡风文明、治理有效、生活富裕的总要求，建立健全城乡融合发展体制机制和政策体系，统筹推进农村经济建设、政治建设、文化建设、社会建设、生态文明建设和党的建设，加快推进乡村治理体系和治理能力现代化，加快推进农业、农村现代化，走中国特色社会主义乡村振兴道路，让农业成为有奔头的产业，让农民成为有吸引力的职业，让农村成为安居乐业的美丽家园。

2. 目标任务

按照党的十九大提出的决胜全面建成小康社会、分两个阶段实现第二个百年奋斗目标的战略安排，实施乡村振兴战略的目标任务是：到2020年，乡村振兴取得重要进展，制度框架和政策体系基本形成。农业综合生产能力稳步提升，农业供给体系质量明显提高，农村一、二、三产业融合发展水平进一步提升；农民增收渠道进一步拓宽，城乡居民生活水平差距持续缩小；现行标准下农村贫困人口实现脱贫，贫困县全部摘帽，解决区域性整体贫困；农村基础设施建设深入推进，农村人居环境明显改善，美丽宜居乡村建设扎实推进；城乡基本公共服务均等化水平进一步提高，城乡融合发展体制机制初步建立；农村对人才吸引力逐步增强；农村生态环境明显好转，农业生态服务能力进一步提高；以党组织为核心的农村基层组织建设进一步加强，乡村治理体系进一步完善；党的农村工作领导体制机制进一步健全；各地区各部门推进乡村振兴的思路与举措得以确立。

到 2035 年，乡村振兴取得决定性进展，农业、农村现代化基本实现。农业结构得到根本性改善，农民就业质量显著提高，相对贫困进一步缓解，共同富裕迈出坚实步伐；城乡基本公共服务均等化基本实现，城乡融合发展体制机制更加完善；乡风文明达到新高度，乡村治理体系更加完善；农村生态环境根本好转，美丽宜居乡村基本实现。到 2050 年，乡村全面振兴，农业强、农村美、农民富全面实现。

（二）乡村振兴的基本内涵

乡村振兴的内涵十分丰富，既包括经济、社会和文化振兴，又包括治理体系创新和生态文明进步，是一个全面振兴的综合概念。

1. 乡村振兴，产业兴旺是重点

只有农村产业振兴了，才有可能创造出就业机会和岗位，为农民增收和农村富裕拓展持续稳定的渠道。加快振兴农村产业，必须坚持质量兴农、绿色兴农，要在确保国家粮食安全的前提下，加快农业供给侧结构性改革，构建现代农业产业体系、生产体系、经营体系，发展多种形式适度规模经营，培育新型农业经营主体，健全农业社会化服务体系，实现小农户和现代农业发展有机衔接，全面推进农业现代化的进程。要充分挖掘和拓展农业的多维功能，促进农业产业链条延伸和农业与二、三产业尤其是文化旅游产业的深度融合，大力发展农产品加工和农村新兴服务业，为农民持续稳定增收提供更加坚实的农村产业支撑。

2. 乡村振兴，生态宜居是关键

良好的生态环境是农村最大优势和宝贵财富。其内容涵盖村容整洁，村内水、电、路等基础设施完善，以保护自然、顺应自然、敬畏自然的生态文明理念纠正单纯以人工生态系统替代自然生态系统的错误做法等。提倡生态宜居就要保留乡土气息、保存乡村风貌、保护乡村生态系统、治理乡村环境污染，实现人与自然和谐共生，让乡村人居环境绿起来、美起来。必须尊重自然、顺应自然，加强对农村资源环境的保护，大力改善水、电、路、气、房、讯等基础设施，统筹山水林田湖草保护建设，保护好绿水青山和清新清净的田园风光，推动乡村自然资本快速增值，实现百姓富、生态美的统一。

3. 乡村振兴，乡风文明是保障

建设乡风文明既是乡村建设的重要内容，也是中国社会文明建设的重要基础；乡风文明不仅反映农民对美好生活的需要，也是构建和谐社会和实现强国梦的重要条件。乡风文明建设既包括促进农村文化教育、医疗卫生等事业发展，改善农村基本公共服务，又包括大力弘扬社会主义核心价值观，传承遵规守约、尊老爱幼、邻里互助、诚实守信等乡村良好习俗，努力实现乡村传统文化与现代文明的融合；还包括充分借鉴国内外乡村文明的优秀成果，实现乡风文明与时俱进。必须坚持物质文明和精神文明一起抓，促进农村文化教育、医疗卫生等事业发展，推动移风易俗、文明进步，弘扬农耕文明和优良传统，提升农民精神风貌，培育文明乡风、良好家风、淳朴民风，不断提高乡村社会文明程度。

4. 乡村振兴，治理有效是基础

必须把夯实基层基础作为固本之策，建立健全党委领导、政府负责、社会协同、公众参与、法治保障的现代乡村社会治理体系，坚持自治、法治、德治相结合，加强基层民主和法治建设，弘扬社会正气、惩治违法行为，建设平安乡村。进一步密切党群、干群关系，有效协调农户利益与集体利益、短期利益与长期利益，确保乡村社会充满活力、和谐有序。

5. 乡村振兴，生活富裕是根本

要坚持人人尽责、人人享有，按照抓重点、补短板、强弱项的要求，围绕农民群众最关心、最直接、最现实的利益问题，一件事情接着一件事情办，一年接着一年干，让农民有持续稳定的收入，经济宽裕，生活便利，把乡村建设成为幸福美丽新家园。

四、农业农村现代化建设

（一）农业农村现代化的主要特征

党的十九大报告首次提出了农业农村现代化，主要包括农业现代化、农村现代化、农民现代化、城乡融合发展等几方面内容。它不仅涵盖现代农业发展，还包括农村人居环境整治、社会治理情况、乡风文明程度和农民生活水平等方方面面的内容。农业农村现代化是我们党根据我国的基本国情、世界发展趋势，并结合改革开放以来农业农村发展中的经验所做出的重要举措，是实现中国式现代化的必由之路。

1. 以坚持世界第一人口大国自立自强为根本要求

我国疆域辽阔，人口众多，这虽然使我们走向共同富裕的道路面临更多挑战，但是也为我们在过去几十年里的快速发展提供了人力资源和地理资源。人力资源是我国在世界市场竞争中的巨大优势，要想实现农业农村现代化，就不能放弃这个优势。当今世界最稀缺的资源就是市场，随着世界形势的变化，我们必须坚持高水平自立自强的目标，为发挥好市场优势做好保障，使经济发展能够获得持续的动力，从内外两个方面来促进农业农村现代化，扩大内需，增强对世界资源的吸引力，为农业农村现代化奠定基础。

2. 以不断完善农村土地制度为根基

土地是人类赖以生存的基础，改革开放以来，我国就一直在改革和完善农村土地制度。1978年，我国在小岗村大包干等农业生产责任制基础上形成了家庭联产承包责任制，有效增加了粮食的供给，促进了经济高速发展。截至2021年，乡村人口占全国人口的36.11%，乡村的状况关系着整个国家的状况。我们党一直以来都很重视农村工作，推进农业农村现代化也要以完善的农村土地制度为根基，完善的农村土地制度可以解放农村生产力，促进农民增收，为建设和谐社会提供物质基础，为促进农业农村现代化提供强有力的支撑。

3. 以确保国家粮食安全为根本前提

确保国家粮食安全是农业农村现代化的基础，因为不管什么时候，解决吃饭问题始终

是头等大事，不管农业农村如何发展，保障粮食供给和安全是第一要务，是实现百年奋斗目标的重要保障。从需求的角度来看，吃饭问题是最基本的需求；从供给的角度来看，我国对粮食的需求量非常大。保障国家粮食安全对于维护经济社会稳定和应对国际挑战非常重要，因为粮食问题影响的是全国人民，所以要实现农业农村现代化，必须以确保国家粮食安全为根本前提。

4. 以千方百计保护农民利益为中心

中国共产党的根本宗旨是全心全意为人民服务；在党的二十大报告中，习近平总书记指出"江山就是人民，人民就是江山"。农民是农业农村现代化的中心，也是实现共同富裕的重点，推进农业农村现代化归根结底是为了农民、农村的发展，为了广大农民群众的利益。社会主义的本质并不是两极分化，所以中国式现代化和西方的现代化的最大不同之处就在于，西方是为了少数资产阶级的利益，而中国是为了实现共同富裕。推进农业农村现代化必须以农民利益为中心，为农民谋幸福、谋福利，提高农民的生活水平，使所有人都能享受到现代化成果。

5. 以实现城乡一体化与共同富裕为核心目标

党的二十大报告指出，全面建设社会主义现代化国家，最艰巨最繁重的任务仍然在农村。在过去几十年，我国高速发展，成为世界第二大经济体，但是高速发展也带来了一些困扰，大量的资源要素流向城市，城市与乡村之间的差距变大，城乡之间的要素流动也受到了阻碍，这与社会主义的本质，即解放生产力，发展生产力，消灭剥削，消除两极分化，最终达到共同富裕并不相符。共同富裕是全体人民的期望，也彰显了党的初心和使命，城乡一体化与共同富裕的本质和实现逻辑是相同的，所以需要推进农业农村现代化，坚持农业农村优先发展，坚持城乡融合，畅通城乡要素流动。

6. 以人与自然和谐共生可持续发展为理念

党的二十大报告指出，必须牢固树立和践行"绿水青山就是金山银山"的理念，站在人与自然和谐共生的高度谋划发展。这不仅是对过去经验的深刻总结，也是对未来高质量发展的要求。要想实现农业农村现代化，必须以人与自然和谐相处为前提，必须顺应自然、保护自然。良好的生态环境和丰富的资源是发展必备的基本条件，也是推进农业农村现代化的重要优势。加快推进农业农村现代化，必须处理好人与自然和谐共生的关系，解决生产方式转变的问题，实现可持续发展。

（二）农业农村现代化的内涵及对区域协调的基本要求

区域差异及协调发展是影响中国农业农村现代化建设的关键问题，未来急需基于地域类型、产业类型、发展阶段和动力来源，有针对性地开展深入分析和探究，形成不同的差异化发展路径。

1. 农业农村现代化的内涵特征

中国是一个历史悠久的农业国家，长期延续且作为传统部分存在的乡村如何实现向现代化的转型，构成了中国现代化的历史起点和前提条件。随着农业生产的现代化、深加工水平不断提高，农产品正逐步从以前的终端消费品转变为精深加工的原材料及中间投入品，农业与其他产业的联系日趋紧密。然而村庄空心化、土地荒废和环境污染等"乡村病"依然普遍存在，各省份之间农村现代化水平差异巨大。尽管农业在国民经济中的份额有所下降，但其对社会经济发展依然具有重要贡献。农业现代化是农村现代化的基础和前途，农村现代化是农业现代化的依托，农民现代化是农业农村现代化的核心，"农业强、农村美、农民富"既是乡村振兴的标志，也是农业农村现代化的重要目标。

2. 农业农村现代化的动力机制

农业农村现代化的实现需要集结多方有效资源力量，推进多元主体的合作。

一是财政扶持路径。地方资源禀赋较差的地区，其相关资本、设备、人才和管理多由外部输入，仅生态补偿不能解决发展和公平问题。开展农业—环境综合整治，通过新技术推广、农业补贴刺激等促进农村经济的发展，同时采取撤并服务机构、迁村并点等策略增强社会性基础设施建设的针对性。

二是留乡兼业路径。根据农村实际情况加快农业基础设施建设，积极发展各类合作互助组织，通过县域经济发展为当地农户找到相对理想的就业机会。

三是城镇化路径。乡村发展受到城市规划的控制，就地城镇化成为主导方向，包括建成区扩张、乡村工商业发展、外来人口带动等城镇化模式。建设农产品平价直销店支持农民与消费者对接，能够更好满足消费者的偏好。

四是乡村旅游路径。随着城市居民收入提高与闲暇增多，向往自然和纯净乡村环境的消费需求增长，乡村旅游成为乡村发展的重要动力。传统特色的节日大多是旅游的重要触发点，为潜在经济活动提供平台和机会。

五是乡贤等带动路径。现代化建设进程中乡村的高素质人才大量流失，农民工返乡创业与乡贤带动会给乡村带来资本、知识和企业家精神，尤其是那些高收入的在职专业群体，为多功能农业形式提供市场机会，并能活化乡村住宅市场。也有寻求低生活成本、绿色开敞空间和亲密社区的城市市民迁入。

3. 农业农村现代化的基本要求

随着农民对美好生活向往需求的日益增长，农业农村现代化的内容形态更趋多元，既包括物质，也包括精神、能力及权利、文化等，不仅需关注自然环境、家庭资本、制度等传统因素，而且要关注科技革命、产业变革、文化传承创新等带来的影响，但这些都必须以区域协调发展为载体。一要经济总量与结构的协调。要根据产业在经济发展中所发挥的功能，合理利用本地自然资源，合理开发和利用国内外先进技术。二要经济布局与关系的协调。劳动力、资金、市场、运输、技术和智力构成网络联系的产业集群，要实现产业空间上合理分布，形成区域的空间结构。要充分考虑市场需求和区际经济联系，合理选择产业投资区域。三要区域发展时序协调。现代化作为一个动态过程，不同发展阶段、不同时代背景，影响因素会有所不同，可以简单划分为前期、中期和后期等不同时期，最终实现区域在发展时序上的协调。四要不同发展类型协调。不同类型地区具有不同的共性优势和劣势指标，具有不同的促进因素和制约因素。要合理确定阶段性发展目标，针对性地制定具体措施，重视对低水平发展地区政策、资金和人才等方面的倾斜。

（三）数字经济背景下中国式农业农村现代化的新特征

农业现代化是农村现代化的坚实基础，农村现代化是建设农业强国的内在要求和必要条件。中国式农业农村现代化既有各国现代化的共同特征，更有基于自己国情的鲜明特色。数字经济的方兴未艾以及与实体经济的深度融合，在为中国式农业农村现代化提供发展契机的同时，也衍生了新趋向。数字技术不仅改变了传统农业的生产和经营方式，升级了农业产业体系，带动了农村公共服务多元供给，提升了农村基层治理效率，而且派生了中国式农业农村现代化的新特征。

1. 农业生产表现出明显的多元化、智能化和安全化特点

与传统的农业生产方式相比，数字经济背景下的农业生产呈现出多元化、智能化和安全化的特征。在数字经济背景下，由于人工智能、物联网、大数据等新技术的驱动，消费者和生产者之间的边界逐渐模糊，市场两端的信息匹配度得到极大提升，农业生产活动更加注重消费者的多样化、生态化和高质量需求和体验，多元化食物供给体系日渐成熟，创新在生产领域的重要性与日俱增。与此同时，信息成为新的生产要素，首先，通过与土地、资本、劳动力等传统生产要素融合，提升要素配置效率，降低了要素配置成本，提升了要素配置精度，实现了农业生产要素从复杂化、多变化向专业化、标准化转变。例如，农业物联网的建立能够帮助农户完成智能施肥、精准洒水、土壤智能检测等智慧农业操作，在降低农业生产成本的同时实现标准化管理。其次，通过与农业加工、流通、管理、服务和消费各环节的技术融合，完成对传统农业全产业链的变革，实现精准化作业流程，在有效节约人力成本的同时，催生从田野到餐桌的全产业链智能化服务形态，以智能化加强农产品质量安全监管，全面提升农产品质量安全水平。

2. 农业经营体系呈现集约化、高效化和稳定化并举的新局面

数字经济带来的信息共享与技术变革，不仅实现了对传统农业经营体系的要素重组和现代化改造，而且改变了农业的经营方式，提升了农业经营能力。数字经济背景下的新型农业经营体系并不是数字化手段的简单叠加，而是通过数字技术的引入建立起新型数字农业经营体系，以现代信息技术的应用以及现代化思维方式的建立，系统提升家庭农场、农民合作社等新型农业经营主体的决策分析能力和经营知识水平。以农业社会化服务体系的健全实现小农户与现代农业的有机衔接，保障农业经营体系高效运转，农业提质增效，具有集约化、高效化和稳定化的特征。一是数字技术进入土地流转市场，能够降低土地流转的交易成本，增强土地要素的集聚程度，提高土地要素配置效率，有利于实现农业适度规模经营，促进农业经营方式由粗放式向集约化、智能化转变，提高农业经营效益和农民职

业吸引力。二是数字技术便于加强农田水利建设和中低产田改造,促进高质量高标准农田建设,提升粮食产能,增强农业生产的稳定性和抗风险性。三是可以通过网络平台健全农业全产业链社会化服务体系,推动农业社会化服务智能化转型,以此服务好、带动好小规模农户与现代农业的有效对接。

3. 农业产业体系以高端化、绿色化和服务化适应中国式现代化新要求

伴随着数字化浪潮的全面至深推进,以人工智能、大数据为代表的现代化信息技术丰富了乡村经济形态,使得农村的供给能力突破原有的第一产业生产边界,推动农村一、二、三产业融合发展,实现了农业产业体系向高端化、绿色化和服务化转变。首先,数字技术通过加快农业信息交流和传播,推动农业技术研发和推广,实现农业科技与农业生产深度融合,促进农业发展动能从"要素驱动"向"创新驱动"转变,开发和创新"农业+"产品,拓展并发挥农业附加生态价值及文化休闲价值,围绕乡村旅游开展民宿经济、休闲农业、特色文化体验等新兴业态,同时发展定制农业、创意农业、养生农业等新产业,以新产业、新业态优化农业结构与区域布局。其次,数字技术与农业领域的深度融合,将促进农业产业链各环节的专业化分工和领域细分,推动乡村产业全产业链升级,以产业链向服务端延伸带动农业产业链延长和价值链提升,助力产业链和创新链融合,推动农业资源利用绿色化转型,并最终形成特色鲜明、优势突出、资源集聚的现代化农业产业体系。

4. 农村基础设施和公共服务供给展现出专业化和均等化相结合的新特征

随着数字经济的全面纵深发展,数字科技的迭代式演进为农村基础设施和公共服务的跨越式升级提供了契机。数字化在扩大农村基础设施和公共服务普及的同时,也能够拓展其供给渠道。

一方面,在村民的基本生活方面,大数据通过对农村居民生活数据的精准识别和深入分析,旨在以较低的成本为村民养老、医疗、就业等基本公共需求提供专业化供给方案,并且经过更深层次的数据挖掘,展现不同群体或个体的行为特征,如农村老年群体、留守儿童群体等,提炼一致性规律和特质,从而精准预测公共服务需求。另一方面,社会发展突飞猛进,促使农村居民对公共服务的需求更加丰富和专业,数字经济在引导农民生活方式转变的同时,也拓宽了农村公共产品的供给主体和服务边界。随着村民对文化、教育、娱乐等公共服务要求的逐渐提高,将吸引多元主体共同参与农村公共产品市场的开发和应用,以公共服务供给的价值链提升来促进资源重组,而数字技术则以交易成本的降低以及供需匹配精度的提高进一步推动了这一格局的形成,最终优化了农村基础设施和公共服务的供给,推动城乡基础设施一体化与公共服务均等化,让农民就地过上现代文明生活,实现城乡协调发展。

5. 农村居民思想观念和生活质量逐步向城市化和现代化演变

长期以来我国农村居民思想观念落后、生活质量与城市差距明显等问题已成为制约农村现代化发展的重要因素。数字经济背景下,伴随着信息资源无限链接塑出的数字化、

智能化环境，越来越多的农村居民依靠新技术进行生产和生活，并逐步建立起农村地区的数字生态和共享网络，再进一步完成与城市的信息对接，促进城乡要素平等交换、双向自由流动，丰富农村居民文化生活形态，打破农村思想固化的藩篱，提升思想观念的内涵和外延。

首先，农民可以利用城乡互联共享的各类开放性资源进行社会化学习，满足个性化需求，改变固有的生产、就业、消费观念，实现数字价值创造的本地化积累。其次，农村居民可以利用数字网络及时获取线上应聘、农产品销售、智慧医疗等与城市无缝对接的市场信息，突破农村本地的资源限制，推动城市服务更多下乡，促进城乡公共资源合理配置，并逐渐缩小城乡生活水平差异。再次，现代化信息技术的引入能够加强农村生态文明建设和农村人居环境的整治，推动农村资源开发模式和生产生活方式从高耗能、粗放型向生态化、低碳化、绿色化转变，打造和谐有序的乡村人文环境，实现人与自然和谐相处。

6. 农村基层治理的规范化和协同化趋势增强

互联网、大数据、电子政务等数字科技的跨越式发展可以充分挖掘和收集基层丰富、零散的实时数据资源，推动了信息化与农村治理体系的深度融合，以治理模式和治理手段的全面拓展推进农村治理效率的全方位提升。数字化信息以跨时空传递和低成本优势给予了乡村内外部主体公平享有信息资源的机会。

首先，在乡村内部治理层面，5G 技术的广泛应用和移动互联网的大范围普及，为农村居民提供了与干部互动和交流的契机，农民群众的自我认同感得到提升。在人口普查、环境治理、纠纷处理等村级事务管理当中的参与度和话语权不断增强。同时，乡村居民可以借助网上政务服务平台提出诉求，激励其更加积极主动、便捷地参与到乡村治理中去。其次，在乡村和政府之间的层级治理层面，大数据平台的介入能够帮助政府实现快速和大规模的远程数据采集和分析，从而可以实现跨地域信息的集中管理和及时响应，第一时间监测乡村中可能存在的问题，并作出预防或及时进行解决，有效地提升政府监管能力，大幅度降低基层治理监管成本，提高乡村治理的速度和效率。再次，在乡村的外部治理层面，数字技术为乡村治理的市场化接轨提供了技术支持，有利于推动乡村治理法治化、规范化。此外，数据资源的共享能够推动乡村之间形成协同治理模式，尤其涉及流域治理、环境治理等边界模糊且外部性明显又极易产生矛盾的领域，高效协同治理则是必然。

（四）数字经济背景下中国式农业农村现代化的拓展路径

进入现代化新征程，需要全面落实农业农村优先发展，深化农业供给侧结构性改革，推进农业强国和质量兴农战略。数字经济的有序演进带来了农业生产方式和经营方式的深刻变革，降低了农业生产面临的自然风险和经济风险，并通过新一代信息技术和数字技术丰富了农村公共服务供给主体，促进了农村生活质量和基层治理能力的全面提升，为推进中国式农业农村现代化发展注入了强劲动力。

1. 加强农村数字基础设施建设，拓展农村生活的现代化

"农村基本具备现代生活条件"是中国式农业农村现代化的根本目标，也是推进乡村振兴过程中坚持农民主体地位的基本要求。以农村基础设施建设为着力点，充分发挥数字经济对农业农村的引领和带动作用，努力缩小城乡收入差距，不断提高农村公共服务质量，促进城乡基本公共服务均等化，实现乡村由表及里、形神兼备的全面提升是中国式农业农村现代化的具体体现。

第一，加快农村数字基础设施建设，从农村地区的全局视角出发，系统布局基于数字技术的物联网感知、云计算、移动互联网等新型基础设施，提升农村地区的网络覆盖率，有效缩小城乡之间、地区之间的"数字鸿沟"。第二，以城乡公共资源均衡配置为指导，统筹规划，加大农村地区数字化赋能平台建设，实现农村基础设施的全方位智能化管理，全面推进农村地区"智慧教育""智慧医疗""智慧养老"等建设和应用，不断提升平台的承载能力和服务水平，实现农村地区公共服务的全领域数字化转型，促进优质资源更多地向农村地区流动，破除城乡二元结构，实现城乡公共服务均等化。第三，借助信息网络提升农村居民的综合素养和思维方式，引导农民向现代化生活方式转变，拓宽农民就业创业机会，激发农村创新创业活动，拓展农民增收致富渠道，促进农民消费升级，让农民就地过上现代文明生活。

2. 聚焦农业数字化转型，拓展农村产业的现代化

中国式农业农村现代化是共同富裕的现代化。以农业供给侧结构性改革为发力点，把握数字经济发展趋势，聚焦农业数字化转型，以现代信息技术和手段推进农业全产业链现代化是中国式农业农村现代化的重要引擎。

第一，建立现代化产业体系。对传统农业进行产业链全链条的数字化改造，实现产业链各环节之间的有效衔接。结合农村各地区资源禀赋条件，适当调整农村产业布局，依托农业农村特色资源，发展特色产业，借助互联网平台实现特色产业与大数据、人工智能深度融合，围绕农村资源形成一批集乡村旅游、休闲农业、智慧康养为一体的新产业新业态，形成产业链完整、特色突出、优势互补的农村产业体系。

第二，建立数字化生产体系。首先，加快面向农业生产的智能化机械设备以及新基建的研发投入力度，为农业现代化发展提供技术支撑。其次，加大农业科技研发投入，为数字农业科技研发成果的推广和应用搭建平台，推动农业科技成果在生产领域的转化应用，促进产业链创新链两链融合。

第三，健全双层经营体系。首先结合各地区地理特征，强化集体所有制根基，建立符合当地实际发展需要的集体数字农场，改变我国农业发展过程中普遍存在的碎片化经营现状，降低单个农户的经营风险，以形式多样的土地适度规模经营产生的集约化、组织化和高质量现代经营模式推动农业的现代化。其次，培养一批具备数字技术与农业现代化发展要求的新型农业经营主体，实施"互联网+小农户"计划，鼓励小农户向现代生产经营方

式转变。同时，通过网络平台为农业生产、经营、消费提供社会化服务，以农业社会化服务的网络化推动经营体系朝着多元化、专业化和组织化方向发展。

3. 打造数字人才队伍建设，拓展农村人的现代化

中国式农业农村现代化的关键是农村人的现代化。坚持以人为本原则，以农民数字素养的提升，推动农村人口结构和劳动力素质的现代化是中国式农业农村现代化的根本体现。

第一，依托信息技术，实现由传统农民向现代农民的转变。首先，利用信息平台，双管齐下，多渠道加大农民继续教育和数字农业技能培训，综合提升农民的科学文化素养和数字素养。一是有关部门要围绕农业数字化生产的基本需求，指派技术人员下乡对农民进行专业指导，提高农民数字化"新农具"应用水平和管理能力。二是结合农村居民文化程度普遍低下的事实，开发具有地方特色的、通俗易懂的、适于当地农村居民的文化课程，具备一定的文化水平是掌握数字技术的前提。其次，聚焦数字经济引发的市场变化，以贯彻数字化新理念为宗旨，针对农村地区开发适合农民生产生活的集网上办事、电商物流、平台运营、直播带货等技术模块为一体的综合性通俗版软件，有利于农民尽快掌握数字技术并开展生产生活。再次，合理利用信息网络引导农民从传统生活方式向科学、文明、健康生活方式的转变，实现以数字经济推动农民生活方式的现代化。

第二，利用先进技术为农业农村现代化储备人才。首先，当地政府要积极与农业大学和具有涉农专业的高校开展合作，着重培养一批既懂农业知识，又懂数字技术的新农人，真正热爱农业，善于经营和管理，愿意扎根农村，为农业农村现代化储备一定的人才基础。其次，加大对村党组织书记和新型农业经营主体带头人的数字技能培训。依托当地高校、企业、科研院所，注重农村地区领导干部的数字素养提升，指派专业技术人员针对领导干部，定期举办培训，着力打造一批具有领导农业强国建设能力和中国式农业农村现代化建设能力的数字化基层管理人才。

4. 夯实基层治理数字化转型，拓展农村治理的现代化

农村治理现代化是国家治理现代化的基石，是中国式现代化的重要组成部分，也是我国当前全面深化改革的一个主要目标。

第一，借助数字技术驱动农村治理从传统治理向现代治理转型。首先，通过现代信息技术，加大宣传效果，转变乡村治理理念，提升农民对农村治理数字化转型的认可。其次，扩大数字技术在农村基层的融合应用，建立集"智慧服务""智慧党建""智慧社区"等模块为一体的农村基层治理平台，实现对农村治理内容的全覆盖，提升治理效能。再次，通过数字技术实现基层政府的数字化转型。建立以基层政府的服务平台和监督平台等为内容的政府治理平台，一方面能够打破村与村之间的沟通壁垒，形成乡村之间的数据联通，降低政府调集资源的成本，达成政府间协同治理新局面；另一方面便于快速进行数据采集和分析，并及时响应，从而实现精准治理。

第二，借助互联网平台完善党组织领导的自治、法治、德治相结合的乡村治理体系，

打造农村多元治理监督格局。现代信息技术的运用不仅为村民提供了交流和表达意见的渠道，激发了农民参与基层自治的积极性，也为乡村法治规则规范的制定和执行提供了技术支持，拓宽了乡村法治规则的供给方式，有利于农村基层治理法治化道路的推进，也有益于村务政务的及时监督和处理，进一步开拓了乡村德治的弹性空间。

第四节　乡村振兴模式及策略

一、中国特色乡村振兴理论与发展模式

习近平总书记指出："从中华民族伟大复兴战略全局看，民族要复兴，乡村必振兴。"党的二十大报告提出要"全面推进乡村振兴"，并作出了新的战略部署。实施乡村振兴战略，推进农业农村现代化，是全面建设社会主义现代化国家、实现中华民族伟大复兴的重要内容和底线任务，是中国式现代化的重要组成部分。

（一）中国式现代化与乡村振兴道路的理论逻辑

作为现代文明的核心特征，现代化是一种从不发达到发达的世界历史现象，是人类文明形态的演变过程，也是政治、经济、文化、社会、科技、生态等综合发展战略的目标和路径。中国式现代化与乡村振兴的理论逻辑，集中在以下理论认识和发展规律的把握：一是全面推进乡村振兴、实现农业农村现代化是中国式现代化的题中之义。二是实现人口规模巨大的现代化最关键是体现普惠性，意味着全体人民要共享现代化成果，以乡村共同富裕推进中国式现代化。三是实现全体人民共同富裕的现代化最关键的是持续增加居民收入，意味着要在高质量发展中促进共同富裕，以高质量乡村振兴推进中国式现代化。四是实现物质文明和精神文明相协调的现代化最关键在于促进物的全面丰富和人的全面发展，意味着在现代化建设中物质文明建设和精神文明建设都搞好、国家物质力量和精神力量都增强、全国各族人民物质生活和精神生活都改善，以乡村振兴带动乡风文明促进中国式现代化。五是实现人与自然和谐共生的现代化最关键的是绿色发展，以乡村振兴实现人与自然和谐共生推进和拓展中国式现代化。

（二）中国式现代化乡村振兴道路的进展与挑战

中国式现代化的乡村振兴道路，是以农业高质高效发展推进农业现代化、以乡村宜居宜业建设为中心推进农村现代化、以农民富裕富足为目标推进农民现代化等"三个现代化"的发展目标、进程及成效、实现路径及时代意义等要素组合呈现的乡村发展形态。

1. 以农业高质高效发展推进农业现代化的进展与挑战

我国农业现代化既要符合世界农业发展的一般规律，也要体现出自身的本质特征：一是农村土地农民集体所有，决定了推进中国特色农业现代化建设，必须实行以家庭承包经营为基础、统分结合的双层经营体制，始终沿着社会主义道路、共同富裕方向前进。二是人口众多，解决好14亿人口的吃饭问题，始终是最根本的民生问题，是关系国家发展与安全大局的头等大事，必须主要依靠国内生产保障粮食等重要农产品供给。三是农业资源相对稀缺，必须注重提高农业基础设施水平，从而提高资源配置和利用效率。四是我国"大

国小农"的基本国情农情，决定了促进小农户与现代农业有机衔接成为农业现代化的首要任务，农业现代化离不开小农户的现代化。五是我国地域广阔是农业现代化模式差异性的决定性因素，由此决定了我国的农业现代化建设，不可能按照一个模式去运行，需要积极探索适合各地区实际情况的实现农业现代化的路子。

新时代十年，我国农业现代化建设为开启全面建设社会主义现代化国家新征程奠定了坚实基础：一是农业综合生产能力进一步夯实，粮食等重要农产品保障水平稳步提升；二是农业供给侧结构性改革深入推进，农业质量和综合效益明显提升；三是农业创新体系加快构建，科技装备水平整体提升；四是新型经营主体发展壮大，农业多种形式适度规模经营水平不断提升；五是乡村富民产业加快发展，产业融合发展水平明显提升；六是农业绿色发展扎实推进，农业生产环境和干净整洁、村美人和的农村生活环境提升；七是农村改革和制度创新不断推进，要素活力、发展动力进一步提升；八是打赢脱贫攻坚战，城乡区域协调发展水平持续提升。

但是从全国看，农业发展基础差、底子薄、发展滞后的状况没有根本改变。突出体现在：一是农业设施装备距离先进仍有差距，在机播和经济作物的机械化方面还有较大提升空间。二是农业科技支撑力度仍显不足。三是农业经营管理面临诸多挑战。四是在建立现代农业产业体系、生产体系和经营体系方面，不仅是"种植、养殖、加工"，还有休闲旅游、文体体验、健康养老、电子商务等新产业新业态，实现一、二、三产业融合发展，存在许多短板弱项。

2. 以乡村宜居宜业建设为中心推进农村现代化的进展与挑战

没有农业农村现代化，中国式现代化是不可能取得成功的，这就决定中国式现代化既要推进工业化、信息化、城镇化，也要同步推进农业农村现代化，努力构建工农互促、城乡互补、全面融合、共同繁荣的新型工农城乡关系。从理论研究和国内外实践看，农村现代化的基本要素至少包括：一是基本生活设施现代化，农村与城市在水电气、道路、通讯等基本生活设施水平基本相当。二是基本公共服务健全，基本实现县域内城乡公共服务一体化。三是物质生活水平较高，农民与市民收入大体相当。四是生态环境宜居，农村生态环境保护和人居环境整治取得明显效果。五是治理体系完善，以党的基层组织为核心的农村组织体系进一步健全，真正实现自治、法治、德治，乡村社会和谐有序，农民获得感、幸福感、安全感更强。

党的十九大首次提出农村现代化。至今取得的进展集中体现在：一是农村基础设施更加完善，生产生活更加便捷。二是农村人居环境持续改善，乡村更加美丽宜居。三是农村基本公共服务不断完善，民生保障更加有力。目前，农村现代化面临的主要挑战：一是农村基础设施水平与农民美好生活需要还不匹配；二是与城市相比，部分农村公共服务的便利性、可及性还有比较大差距，品质化程度提高空间还比较大；三是不少乡村还不同程度存在"垃圾围村、污水横流"现象，村容村貌提升仍有较大空间；四是传承和弘扬好乡土文化还存在不少短板弱项，体现在居住形态单一、生活习惯过度城市化、文化传统的乡土特色淡化等；五是在不同区域发展很不平衡，特别是在深化村民自治实践、推动乡村法治建设、提升乡村德治水平、建设平安乡村等方面还需要大力加强。

3. 以农民富裕富足为目标推进农民现代化的进展与挑战

实现农民现代化是"以人民为中心"发展理念的具体体现，是实现乡村振兴核心目标的关键，是中国式现代化的重要内容。实现农民现代化内涵主要包括：第一，走向共同富裕是中国特色农民现代化的首要任务。第二，提升现代生活质量是中国特色农民现代化的重要内容。第三，实现人的全面发展是中国特色农民现代化的应有之义。按照农民的现代化是指传统农民转化为现代农民的理解，农民现代化至少包括三个方面：一是文化素质较高；二是现代观念较强；三是生活方式健康。

当前农民现代化的进展主要体现在：一是农民收入水平快速提升。2021年城镇居民人均可支配收入47412元，比2012年增长96.5%；农村居民人均可支配收入18931元，比2012年增长125.7%。2013年至2021年，农村居民年人均收入增速比城镇居民高1.7个百分点。2021年城乡居民人均可支配收入之比为2.50（农村居民收入=1），比2012年下降0.38，城乡居民收入相对差距持续缩小。二是高素质农民加快培育。三是农村实用人才队伍进一步壮大。

推进农民现代化主要面临以下挑战：一是"大国小农"是我国的基本国情农情。根据第三次农业普查数据，我国小农户数量占到农业经营主体98%以上，小农户从业人员占农业从业人员90%，小农户经营耕地面积占总耕地面积的70%，全国有2.3亿户农户，户均经营规模7.8亩。二是农民现代化呈现多样性。三是农民现代化的过程，就是改变农民、提高农民、减少农民的过程，具有长期性、复杂性、艰巨性。即使我国城市化率达到70%，在农村居住的人口仍然有四五亿人。

（三）推进中国式现代化乡村振兴道路的发展方向

中国式现代化乡村振兴道路的发展方向，就是要以习近平总书记关于"三农"工作的重要论述为指引，有力、有序、有效加快推进农业农村农民现代化进程。

1. 以农业高质高效发展加快农业现代化

一是切实保障粮食等重要农产品安全；二是深化农业供给侧结构性改革；三是强化现代农业的科技支撑；四是优化现代乡村产业体系；五是畅通城乡要素双向流动；六是推进农业高水平对外开放。

2. 大力实施乡村建设行动

加快推进农村现代化一是科学推进乡村规划建设；二是持续提升乡村宜居水平；三是推进县乡村公共服务一体化；四是加强乡村人才队伍建设。

3. 综合施策加快推进农民现代化

集中体现为实施"着力提升"，就是着力提升农民思想政治素质、农民科学文化素质、农民创业创新素质、农民文明文化素质、农民受教育程度、农民身心健康素质、农民经营管理素质、农民法治素质、农民生活水平。

二、乡村振兴下数字乡村建设

（一）数字乡村与乡村振兴的内在逻辑

在我国实施乡村振兴战略的现实背景下，数字乡村建设被置于非常重要的位置。实施数字乡村建设战略是新时代我国立足"三农"问题而提出的农业农村实现数字化与智能化的总体布局，这不仅是乡村振兴的关键方向，而且是高质量赋能乡村振兴的重要策略。当前我国推动数字乡村的建设可为乡村的全面振兴提供新契机，进而科学把握乡村振兴与数字乡村的内在逻辑就显得尤为重要，这有助于推动高质量地建设乡村与加速乡村的全面振兴。

1. 数字乡村建设是乡村振兴的内在要求

习近平总书记在2020年的中央农村工作会议上明确指出"民族要复兴，乡村必振兴"，并要求"举全党全社会之力推动乡村振兴"。乡村振兴战略是新时代我国为了弥补农业农村建设过程中存在短板的重大战略，而数字乡村建设是我国基于实施乡村振兴战略的现实背景，将乡村空间作为重要载体，通过有效运用数字技术，构建出数字化的服务平台，持续创新乡村发展的新机制，从而能为乡村的全面振兴创造新动能与新契机。

我国的社会经济发展过程中存在着不平衡现象，而"三农"问题是解决这种不平衡的重点与难点。当前我国实施乡村振兴的战略正是为了加快解决"三农"问题、加速推动乡村高质量发展及加快适应我国社会主要矛盾变化而作出的一种战略部署。我国实施乡村振兴战略的总体目标是推动我国实现农业农村的现代化，然而，加快推动乡村的高质量发展就必须借助新动力与新引擎，促进乡村地区进一步解放和发展生产力。基于此，数字乡村建设恰恰契合了我国推动乡村全面振兴的发展趋势。新一代数字技术的持续发展与不断更新，加快推动优质资源不断向乡村下沉，进而可补齐农业农村发展过程中的短板，持续优化乡村发展的整体结构，最终能够为乡村的全面振兴创造新动能。根据第49次《中国互联网络发展状况统计报告》，截至2021年12月，我国农村地区的网民规模是2.84亿，互联网普及率是57.6%，这充分说明新一代数字技术正在农村地区广泛应用，数字技术与乡村居民的工作生活日益紧密。当前以"数字+乡村"为核心的数字乡村建设正为乡村发展提供新动力，进而有力证明数字乡村建设是乡村全面振兴的内在要求。

2. 数字乡村建设可为乡村振兴赋能与提速

基于新一代数字技术的数字化、智能化等特征，数字乡村的建设恰恰能够有效发挥这种数字化、智能化特征，有效释放出数字技术创新的扩散效应，加快推动农业农村的高质量发展。信息的溢出效应及数字技术的普惠效应，可充分地释放出数字红利，有助于农业农村逐步实现数字化、现代化发展，有助于不断提升农民的生活水平，进而加速推动高质量地实现乡村的全面振兴。新一代数字技术能够突破时空的局限，逐步实现城乡地区的互通互联与资源共享，由此能够创新性提供"互联网＋便民服务""互联网＋医疗服务"等多种便捷服务。实践证明，数字乡村的建设能够提高农村居民的生活水平、优化乡村地区的居住环境，显著助推乡村地区的生活富裕与生态宜居。例如，新一代数字技术有效运用到农业生产的各环节，有助于加快构建现代化的农业产业体系与经营体系，进而能够提升农业生产的效率，持续释放数字技术在农业生产中的经济效应，助推实现农业的现代化进程。再如，数字治理技术能够为基层政府提供有效的治理方式，持续优化乡村地区的治理体系，进而不断提高乡村治理的效能，不断促进乡村地区实现治理体系的现代化。

（二）推动数字乡村建设的重要意义

1. 数字乡村建设是推动乡村振兴的新引擎

乡村振兴战略是解决我国"三农"问题的重要措施，在全面实现脱贫攻坚目标之后，要继续巩固扶贫成果。在信息化时代，乡村振兴面临着互联网、大数据、人工智能和实体经济深度融合的经济环境。建设数字乡村是加快推进乡村振兴进程的重要内容，可以提升农业农村发展的质量，推进农村数字基础设施的完善。在乡村数字化的进程中，将数字技术嵌入到乡村经济社会发展的方方面面，引导农村经济社会发展模式的重构。基于生产智能化的特性，数字农村空间可以有效解决当前农村劳动力短缺、防灾减灾机制缺失等问题，引领农业与农村企业联动，为土地、资本及劳动力等传统要素带来新的活力。

2. 数字乡村建设是实现农业农村现代化的重要举措

现有的研究表明，信息化和数字化具有极强的普惠性，与农村现代化的发展呈正相关关系。由此可见，建设数字乡村可以有效发挥数字经济在农业农村现代化发展中的聚合效应，促进农业生产经营体系的转型升级，促进农业生产向着信息化、智能化逐步迈进。通过对大数据的挖掘和运用，提升农业经营效率与效益，同时挖掘不同类型农村地区的独特优势，促进农村一、二、三产业的深度融合。农业生产、农村生活及农村生态环境等方面产生的数据资源极其丰富，如果可以加以整合、分析及利用，会大幅提升乡村治理水平，促进农村居住环境的改善，打造美丽家园，推进农业农村现代化的进一步发展。

3. 数字乡村建设是加快构建新发展格局的重要保障

在复杂的国际国内环境中，我国以推动高质量发展为主题，以深化供给侧结构性改革为主线，以改革创新为根本动力，加快构建新发展格局。为实现这一目标，需要重点加快发展数字经济和智能制造等新产业，打通生产、流通、运输和消费之间的各个环节。但是，由于城乡二元经济结构和农村地区自身生产力低下，农村地区商品双向流动不畅、消费品市场缺乏和商品流通体系发展缓慢等问题长期存在。建设数字乡村，可以加快提供与城市无异的网络质量和速度，大幅缩小城乡之间的供给差距，全面支持农村生产生活和环境保护的转型。此外，通过数字乡村建设，可以大规模调动社会资本，投资农村重点项目，盘活农村集体资产，扩大国民经济流通格局和体系，通过城乡联动使内部经济流通，实现高质量的国民经济循环。

4. 数字乡村建设是建设数字中国的基础性工程

新时代，数字乡村建设要立足于农村发展的真实情况，将数字乡村作为建设数字中国的基础性工程。相较于智慧城市建设的发展，我国乡村数字化的过程明显滞后，数字中国建设中"最后一公里"的问题并未得到妥善解决，城乡之间的数字经济商业应用模式出现较大的差异，不能同步发展。继城市之后，农村地区的经济和社会应用场景成为数字技术进一步渗透的必然选择。因此，要大力推进数字乡村建设，充分发挥数字技术的普惠性，推动知识、人才、资金和技术等向农村地区聚集，缩小城乡资源差距，加快城乡生产要素和资源配置的流动与融合发展，激发农业农村发展新活力。

（三）国外数字乡村建设的一般规律

新一代数字技术正加速驱动经济高质量发展，已经成为各个国家高度关注的焦点。尤其是伴随着全球数字化进程的不断加快，数据资源正在为农业决策、生产经营等提供日益重要的科学依据，并且数字化正在加速实现农业的现代化进程。发达国家在农村经济发展中实施数字经济战略的实践较早，诸如美国实施的人工智能化精准农业模式、日本推动的集约化精耕智慧农业模式都提升了各自国家的农业生产效率，实现了农村现代化发展。

1. 重视农村基础设施建设

数字乡村建设与发展的前提是推动基础设施实现数字化与网络化，而实现宽带与电脑能够入户是其基本的特征。可见，实现数字乡村建设的关键是持续完善基础设施。当前伴随着第四次工业革命，数字技术在世界各国家蓬勃兴起与快速发展，进而使得数字化与网络化成为社会发展的主要特征。实践证明，世界各国家在发展数字经济的过程中基本上都是将推动基础设施的建设作为重要基础。

2. 重视农业数据资源构建

科学决策的重要依据来源于对数据资源的精准分析，进而依靠数据进行决策已经成为一种趋势。由此，农业生产实现科学决策的必要条件是掌握农业数据资源。迹象表明，多数发达国家都比较重视开展关于农业信息化发展及决策的基础研究，以期加快构建出完善的农业数据库，从而能够为农业生产经营、政府宏观调控等科学决策奠定坚实的数据支撑。

3. 重视数字技术的有效运用

农业实现现代化的重要标志是生产的信息化，并且当前农业生产向数字化与网络化方向发展的趋势越来越明显。实践表明，数字乡村建设的关键推动力是信息技术的广泛运用。一旦信息技术能够与农业生产实现深度融合与发展，将推动实现农业生产的规模化与标准化，加速推动现代农业的发展步伐。目前，以网络化与数字化为主要特征的智慧农业正在加快发展，并且日本、美国等国家正陆续搭建无人农场，实现农业生产的高效运转。

4. 重视并持续推动农业绿色发展

数字乡村建设的重要目标是推动实现绿色发展，而能够保障农业生产实现绿色发展的重要因素是数字化建设。多数发达国家都比较重视"绿色可持续发展"的理念，加快推进农业数字化的改造与发展。例如，世界各国家中澳大利亚推动农业实现绿色化的发展速度最快，同时构建了农业生产的决策支持系统，以保证实现农业生产的绿色与高效。

5.重视城乡融合发展之路

种种实践经验表明，城乡融合快速发展的重要助推器是高度重视并且不断加快数字化的建设与发展。当前随着新一代数字技术的广泛推广与深入运用，有必要不断地加快推动城乡地区的融合发展，同时这也是数字乡村建设与发展的必然趋势与重要方向。数字技术能够在很大程度上推动城乡地区间资金流、人才流等的快速流动以及转化。当前欧美等发达国家正借助数字技术加快推动城乡地区的融合发展，不断加速促进乡村产业的重构与建设，以期统筹城乡地区的融合发展。

（四）数字技术赋能乡村振兴的现存问题

数字技术凭借其独特的优势能够助力乡村振兴，然而当前数字技术助力乡村振兴的发展却面临着比较多的现实困境，已对其效能的充分发挥产生了较大的影响。

1.数字化基础设施建设较薄弱

从实际情况来看，当前农村地区建设的现代通信、计算机网络、物联网等方面所需要的相关基础设施还是相对有限，尤其是基础设施的建设速度相对滞后，数据资源的整合与共享显得不足，这恰与加快数字建设的迫切需要极不相应，已经在很大程度上影响数字技术在乡村振兴建设中作用的充分发挥。

2.建设资金的投入来源相对较单一

我国在数字乡村建设的过程中，乡村振兴所需建设资金的投入非常重要。但是，我国在数字乡村建设过程中明显存在着资金缺乏的问题，主要是因为建设资金仅仅依靠政府拨款还是显得相对有限，再加上我国的乡村地区较多并且较为分散。特别是数字乡村建设的投入周期相对较长，而且设备、技术等方面的投入都需要大量的建设资金，导致大量的民间资本投资者认为数字乡村建设的相关建设工程都很难在短时间内看到建设成效，并且建设成本也比较高。由此，数字乡村建设过程中如何有效地化解资金的缺口也是关键问题。

3.数字技术专业人才的供给相对不足

人才是支撑我国社会经济快速发展的第一资源。从现实情况来看，农村地区当前拥有的支撑数字乡村建设的信息技术人才匮乏，导致数字资源的应用范围受到较大的限制。与此同时，由于受到农村地区经济发展水平、生活条件等多种因素的影响，包括数字技术专业人才在内的农村发展所需的各类人才很少愿意到农村地区或者返回家乡发展。近年来，我国实施驻村第一书记等政策积极引导大学生深入基层、服务农村地区的发展，在一定程度上缓解了农村地区信息技术人才匮乏的困境，但是总体情况并没有得到很大改善。

4.数字乡村治理体系尚未完全建立

当前我国正在加速推动数字乡村的建设,并且农村地区治理的数字化转型已经取得了一定的建设成效,但是农村地区数字化的治理体系仍然没有完全构建,比如农村地区的大数据共享尚未完全实现,导致数据信息的传输渠道不够通畅。此外,当前基层相关部门在数字乡村建设标准、使用权限界定等方面仍然不够清晰,使得建设过程中存在着一定的发展困境。另外,与数字乡村建设相关的法律法规仍然不够完善,使得农村地区的数字治理制度体系存在着一定的缺失,亟需加快完善与健全。

(五)乡村振兴战略下数字乡村建设的优化路径

1.依托数字化工作平台,完善数字乡村建设的公共服务功能

首先,要突出农民的主体地位。加快提升农民的数字素养,打造数字农民。利用远程教育、网络社交平台等资源,搭建农民数字技能培训体系,通过系统地学习和培训,使农民可以更加快速地掌握农业生产所需要的数字技能,将数字技术运用到农业生产和日常生活中去,真正成为数字经济时代的受益者。其次,要准确把握效率与公平的关系,保障农村弱势群体的数字权益。乡村数字化建设要充分考虑农村留守老人的需求,一方面保留线下服务渠道,提高线下服务的质量和效率,另一方面在设计开发各类政务 App 和政务平台时增加"老年模式",提升老年人的使用感受,体现政府服务的人性化关怀。最后,加强流动人员的数字化服务,建立村务互动平台,如村务微信群、公众号等,为在外务工的村民提供交流反馈的平台,鼓励这些在外的村民积极地参与村庄公共事务的管理,使外出劳务的村民不再游离于乡村管理的边缘,为乡村发展建言献策。

2.推进"互联网+"模式,助力乡村振兴高质量发展

首先,要加强农村地区的数字基础设施建设。目前农村地区互联网普及率仅为57.6%,要进一步加强互联网、5G 技术在农村的覆盖率,推动人工智能在农村农业生产中的创新应用,让农村地区成为新基建的重要部分。同时,还要对农村地区现有的数字基础设施进行升级,推动城乡之间数字资源的流动共享,均衡城乡之间的资源配置,加快打造农村智慧物流服务系统。其次,要大力推动农村公共信息服务的数字化建设。当前,"互联网+"模式在农村地区尚未完全推广,与农村居民关心的医疗、教育和产业等问题的结合度不高。因此政府应该继续大力推广农村公共信息服务的数字化应用,整合城乡数字资源,打造城乡一体的公共信息服务平台,让农村居民能够享受与城镇居民均等的数字服务。最后,在乡村数字化的过程中,要考虑到不同地区农村经济发展状况的不同,结合地方产业和公共信息服务的特色,在保证公共信息服务满足农民需求的前提下,对"互联网+"的商业模式进行创新,构建符合各地农业生产特色的农村信息服务体系,可以对农村居民的生产生活进行专业的指导。同时,要注重对各地信息服务平台的维护和改进,加强服务意识,避免"僵尸"平台的出现,激发农村居民参与的积极性。

3. 强化数字赋能，构建乡村数字化治理体系现代化

首先，要加强政府的主导作用。一方面要不断提升基层管理人员的数字治理能力，提高基层治理的政务服务水平；另一方面要充分发挥农村数字平台的数据采集功能，通过大数据的收集与分析，了解农村居民的实际需求和期待，解决数字乡村建设中与农村居民需求相悖的问题，提升农村居民的满意度，打造一个真正值得农民信赖的政府。

其次，要加强对数字治理技术的政策支持。一是保障数字乡村建设的财政投入，设置用于数字乡村建设的专项经费，合理规划中央、省、市及县的筹资比例，明确筹资责任分工。二是进一步完善现有的政务信息平台、政务 App 等，降低民众的使用门槛，缩减民众参与的流程。三是完善数字乡村建设相关的法律和制度，明确居民信息的收集、储存、分析和使用等流程的工作规范，保障居民的信息安全，让居民可以心无旁骛地投身于乡村数字化建设。

最后，要发挥市场机制的专业作用。合理划分政府与市场之间的界限，发挥市场在资源配置中的决定性作用。政府并不是万能的机构，尤其是偏远地区的政府，往往会面临着巨大的财政压力和人才缺失的窘境，因此必要时可以引用社会资本助力，让专业机构去做专业的事情。政府在加大购买服务力度时，可以委托有资质的平台企业提供专业的技术，协助政府进行数字政务平台和软件的开发和维护。同时，要加强数字平台的常态化监管，防止政府被资本的逐利性所腐蚀，以此来确保数字信息的安全性与可靠性。

党的二十大对推进乡村振兴工作作出了科学的规划和详细的部署，农业农村的发展迈上了新的征程。数字乡村作为乡村振兴的战略方向，正在迎来巨大机遇。随着数字乡村建设工作的进一步推进，乡村的发展注入了新的活力，是乡村改变落后面貌、跟上时代潮流的重要途径。因此，要继续发掘数字化乡村的潜能，全面推动和实现乡村振兴，为实现农村的现代化而努力奋斗。

三、城乡融合背景下的乡村振兴模式

习近平总书记在党的二十大报告中指出："全面建设社会主义现代化国家，最艰巨最繁重的任务仍然在农村。坚持农业农村优先发展，坚持城乡融合发展，畅通城乡要素流动。"这意味着，实施乡村振兴战略，要着力破解城乡发展不平衡的现状，以城乡融合发展实现乡村振兴。

（一）促进城乡要素双向自由流动

当前，城乡之间发展不平衡的突出表现，就是城乡经济社会发展不平衡、城乡居民收入不平衡、城乡基础设施和公共服务不平衡。要充分发挥工业支持和反哺农业、城市辐射和带动农村的作用，促进城乡要素双向流动，激活农村生产要素，加快形成工农互促、城乡互补、协调发展、共同繁荣的新型工农城乡关系，从而形成农业增效、农民增收、农村发展的新气象。城乡融合发展面临的一个突出短板，就是农业现代化不足、农业发展不充分和农产品质量不高，要通过城乡要素双向自由流动，促使城市优质资源进入农村，不断

提供乡村发展所需要的资本、技术、人才和信息等要素，从而为农业现代化提供更广阔的市场，不断提高重新配置农业生产要素的效率。一方面，要让农村更多的劳动力和自然资源等要素注入城市，支持城市建设，增强其以城带乡功能；另一方面，要让城市的资本、信息、人才和技术等要素进入农村，提升乡村供给品质，为乡村发展注入新动能，推动乡村资源与城市对接。

（二）统筹城乡产业联动协调发展

实现城乡产业融合，既要为乡村产业发展创新模式，又要为城市高质量发展搭建平台，不断增强以城带乡能力，让城乡在各自发展的基础上，畅通要素流通渠道，创新社会服务共享等体制机制，逐渐形成一、二、三产业协调发展。近些年来，我国农业虽然获得了较大发展，但是农业功能单一，产业结构层次较低，发展滞后且动力不足，农业结构性矛盾突出，农业现代化进程滞后，城乡产业发展水平差距较大，城乡产业分工合作程度偏低，城乡产业联动协调发展程度处于低水平，农村产业关联度低等问题较为突出。为此，要激发乡村自身发展活力，重构农业的延长产业链、拓宽价值链、完善利益链。同时，要以政策扶持为外动力，加快农业供给侧结构性改革，完善农村现代产业体系，优化城乡产业布局，培育乡村新产业、新业态、新模式，补齐农业短板，促进城乡产业融合发展，实现产业兴旺。

（三）提升公共服务资源配置效率

当前，不仅要满足城乡居民对基本公共服务的需求，还要满足城乡居民对个性化、专业化和时尚化的更高层次需求。面对公共服务配置效率不高的问题，我们要以共享发展为原则，以服务平台为载体，着力提升公共服务资源配置效率，建立城乡公共服务供给体系，满足多层次和多样化的社会供给与社会需求相匹配，提高基本公共服务能力与共享水平，不断促进城镇与乡村在教育、文化体育、医疗卫生等领域实现融合发展，切实增进人民社会福祉。当前，面对公共服务配置效率不高的问题，我们要完善城乡基本公共服务体系，强化政府对城乡基本公共服务的均衡配置责任，以公共服务的普惠共享为目标，借助基本公共服务大数据平台，实现公共服务领域信息资源的整合与共享，不断扩大基本公共服务覆盖的广度与深度。同时，要以打造"一门式办理""一站式服务"平台为突破口，提升基层治理的精细化水平，切实做好城乡公共服务规划与政策统筹衔接工作，建立公共服务多元化供给机制，推动社会领域资源配置向农村倾斜，促进城乡在教育、文化体育、医疗卫生等领域实现融合发展，逐步提高乡村公共服务水平，从而让农民公平地享受到多样化的基本公共服务。

四、乡村旅游助推乡村振兴模式

（一）发展乡村旅游的重要性

1.有效激发农村产业活力

发展乡村旅游可以有效地激发农村产业的活力。旅游业是振兴乡村产业的一个重要途径。乡村旅游可以为农村产业的转型和发展提供新的思路，可以充分发挥其附加价值，推动三产的融合，激发农村产业潜能，进一步延展农村产业链，实现农业现代化。发展乡村旅游、休闲农业，是实现农村土地资源有效利用、农民增收的有效手段。

2. 提高农民收入

发展乡村旅游不仅可以带动农民致富，提高农民的收入，让农民实现在家门口就业，而且可以促进当地村民的精神文化建设。在巩固脱贫攻坚成果的同时实现村民的小康梦，这既是我国实施乡村振兴战略的起因，也是归宿。由于文化程度、地域等因素的制约，农村接收信息的速度较慢，但是随着旅游景点的建成，农村发展逐步现代化，信息差距也在不断缩小。

3. 人才回流激活农村经济

随着餐饮、民宿等产业的发展，人才回流，投身于村庄的建设工作，使农村的经济得到了飞速发展。发展乡村旅游，不仅可以吸引人才到农村进行创业，为村庄的发展注入新鲜血液，还可以促进地方文化的传承，推动乡村教育高质量发展。此外，发展乡村旅游还可以促进当地的生态建设，通过农村人居环境整治，极大地改善农村环境，村民也意识到发展乡村旅游带来的经济和生态效益，自觉地进行清洁和生态环境的维护，使生态系统得到健康持续的发展。

（二）乡村旅游助推乡村振兴发展中存在的问题

1. 旅游发展的思想认识不足

近年来，乡村旅游在一定程度上改善了农村的经济状况，对乡村振兴作出了突出的贡献。但即便如此，乡村旅游在助推乡村振兴发展中仍旧存在诸多问题。首先，在思想观念的认识上存在着严重的缺陷，制约着农村旅游经济的发展。相关政府部门没有对乡村旅游的内涵进行深入剖析，在实际发展过程中，除了要重视乡村的生态环境和美丽乡村旅游建设，还要重视乡村的服务工作，要把旅游生态建设与消费者的心理感受相结合。同时，要明确乡村旅游的发展思路，把旅游景观与地方特色文化有机结合，深化农村旅游开发的思路。

2. 基础设施建设与规划不完善

由于缺乏现代化的信息系统，基础设施建设落后，一些偏远地区旅游业难以持续发展。同时，农村居住环境过于简陋，医疗设施不够标准，生活质量较差，都会让游客产生不好的印象，也十分不利于乡村旅游业的稳定持续发展。另外，当前农村旅游发展中也面临着缺少统一的规划、发展目标不明确、发展主题不突出等问题。在旅游开发规划时，部分地区为了短期的经济利益，没有将旅游发展与本地特色相结合，而是盲目借鉴其他地方的旅游规划模式，导致规划与地方发展的需求不符，不仅造成了资源的浪费，同时也可能破坏了原有的乡村风貌。比如，将具有特色的围屋推倒，建设为楼房发展民宿；将乡村的小道改造成笔直的道路并种植等间距的植物；在池塘、小溪周围建设清一色的围栏等。这样的乡村旅游开发工作既没有特色，又对原有的生态环境造成了严重的破坏，与发展生态乡村旅游的需求不符，也不利于乡村旅游的健康持续发展。

（三）发展乡村旅游助力乡村振兴的策略

1. 合理规划乡村旅游产业

以乡村旅游文化为载体，促进地方经济发展，扩大消费群体，提升消费体验。大力发展乡村旅游文化，科学规划乡村旅游，结合当地的实际情况进行相应的基础设施建设，有利于乡村旅游和乡村经济发展的同时，也能够助推乡村振兴战略的实施。政府部门必须肩负起发展旅游业的重大职责，对乡村旅游的规划观念进行改革，通过合理分析区域特色，挖掘出自身优势，进行准确的自我定位，为后续旅游业的创新和发展提供依据。同时，必须对乡村特色文化、美食等加以保护，也可作为旅游推广手段加以宣传。但是，在向游客推广时要结合当地特色，打造一种双向宣传模式，比如，建造休闲度假区或者农场等创新内容，让游客有更多的年代代入感。在乡村产业规划过程中，必须保持农村地区特有的建筑风貌，可以将闲置的老屋打造为民宿，将原始的溪水开发为安全的游玩项目等能引起顾客兴趣的特色内容。此外，在旅游开发时，要充分挖掘农村的文化资源，以最简便、最经济、最有效的方法，使更多的游客了解当地的文化特征，最大程度地发挥精神旅游的价值。在实施乡村旅游发展战略时，科学、合理的规划不仅能提高旅游效益，而且能将旅游资源的价值最大化。

2. 做好旅游产业的运营工作

随着旅游业的发展，越来越多的消费者更加注重自身的消费体验。乡村旅游业在发展过程中，要加强基础设施的建设，强化服务意识，完善经营管理体系，以推动乡村旅游业健康发展。在保护原有村落的文化特征和价值观的基础上，做好基础设施的建设，提升服务水平，吸引更多的游客。在边远地区，可以修建公路便于游客出行，促进乡村旅游业的转型与升级。在经营和管理中，要发挥乡村的资源优势，挖掘当地的生态、文化和历史资源，建立具有地方特色的文化品牌，形成多方位的品牌体系。同时，还可以开发具有鲜明特色的形象标识，突出乡村的特色，提升乡村旅游的知名度，实现乡村旅游的品牌价值。此外，可以利用现代科技手段进行信息化的经营和管理，在网络平台发表相关旅游景点的文章、视频来进行乡村特色的宣传推广，让更多的人认识到当地乡村旅游的特色，宣传发展乡村品牌，使农村的农业经济与旅游经济结合起来。

山峦巍峨，碧波荡漾，这个风景如画的村庄是云南文山州的龙树脚村。凭借独特的自然美景和人文风情，龙树脚村吸引大量游客慕名而来。龙树脚村有83户400人，推进乡村振兴，村里发挥资源优势，探索农旅融合发展新路子。在上海对口帮扶项目支持下，村里建成了观光步道、文化广场、精品民宿等设施，成了旅游"打卡村"。像这样的旅游村寨，在文山州已经有30多个。当地加快打造田园综合体，启动9个乡村振兴示范乡镇、71个精品示范村和303个美丽村庄建设；计划推出喀斯特山水之旅、探秘古村之旅、康养之旅等6条乡村旅游精品线路。

综上所述，在实施乡村振兴战略过程中要坚持生态保护、合理开发和因地制宜的原则，把旅游业与经济、文化和生态环境相结合。发展乡村旅游，改善乡村旅游环境，丰富乡村旅游产品。发展乡村旅游是实现乡村经济效益、社会效益、生态效益最大化的有效途径，是实现乡村全面振兴的重大举措。

五、资源型城市乡村振兴模式

党的十九届五中全会总结了我国关于建成小康社会的相关成就，认为发展农村经济应该构建以城带乡、以工补农等新型城乡关系。虽然我国很多农村地区在经济发展方面都取得了出色的阶段性成果，但并未真正实现乡村振兴的战略布局，需在后续时间里高度重视。我国部分农村地区的现代化发展进程较为缓慢，没有真正实现农业产业化、农村现代化创新发展的战略目标，导致农业农村发展存在一定的局限性。部分农村甚至完全放弃了农业，开始经营旅游业等第三产业，一定程度上脱离了乡村振兴的目的。我国部分农村地区在经济发展方面还处于初级阶段，没有形成较为显著的规模效益。特别是农村经济的供应链体系较为单薄，无法将各类发展资源串联起来，导致农村经济发展过程中各类资源利用效率不高、资源匮乏等问题突出，难以保证农村经济体系稳固发展。

（一）农村经济发展困境

1. 经济发展速度较慢

我国大部分农村地区的经济发展与城市差距较大，在新时代背景下这一差距持续扩大。若不加以重视，会导致农村经济困境更加突出，难以跟上城市的发展步伐，进一步拉大城乡经济差距。

2. 经济要素相对单一

农村地区的经济要素比较单一，主要集中在第一产业。农村地区第一产业占比过高，经济收益不明显，导致区域经济难以高速发展。目前，我国很多农村地区虽然已开始丰富区域经济要素，融入第二产业和第三产业，但取得的效果有限，需在后续时间里专项提升。

3. 区域经济的发展需得到金融资源的支持

相较于城市，农村地区在金融资源方面存在显著欠缺。城市企业容易获得银行贷款，但处于农村的乡镇企业因缺少抵押物很难顺利获得银行贷款。若乡镇企业发展不畅，很难反哺农村经济体系，最终会形成恶性循环。

（二）乡村振兴背景下农村经济发展的新模式

乡村振兴背景下，农村经济发展模式主要集中在两个方向，即农业生产技术的创新提升以及产业融合发展。前者可以显著提高农村农业的现代化水平，推动农业体系创新发展，促使农业经济进入新的发展阶段；后者通过一、二、三产业融合发展，撬动农村经济体系，丰富农村经济的内在元素，扩大农村经济的发展规模。

1. 农业生产技术创新

我国很多农村地区的农业发展层次较低，农业生产效率不高，这是限制农村经济发展的重要原因之一。部分农村地区的农业生产停留于传统手工模式，现代化生产设备融入不到位，需积极推动农业生产技术创新，提升农业生产效率，给农民带来更大收益。在生产技术创新方面，应做好生产技术设备的创新升级工作，在实现农业生产现代化的基础上，提升农业生产层次。同时，农业生产技术创新要丰富种植产品类型，提升品质。当前农业生产过程中，传统农产品的经济价值不高，农村地区可以考虑转变农产品种植类型，结合实际情况，开展精品农业、绿色农业等项目，提高农产品附加值，给农民带来更大收益。

2. 第一、第二产业融合发展模式

农村经济发展过程中，应全面贯彻产业融合的相关理念，提高不同产业之间的交融水平，提高经济发展成效。第一产业和第二产业的关联性较强，将第一产业生产的产品进入第二产业领域进行加工，可以显著提高产品的附加值，带来更大经济收益。相关人员需分析农村地区第一产业的发展情况，明确特色产业或优势产业的发展现状，拓展第二产业，提高第一产业与第二产业的融合水平，构建两大产业的融合发展模式。

3. 第一、第三产业融合发展模式

农村经济发展过程中，可以采用第一产业和第三产业融合发展的模式。第三产业具有较强的经济带动作用，可以挖掘农村的经济发展潜力，提高农村地区的经济活力。大部分农村地区拥有丰富的民俗文化和美丽的自然风光，优秀的旅游资源使得农村地区发展旅游产业具有较强的可行性。农村地区要提高第一产业和第三产业的联动水平，通过第三产业有效带动第一产业的发展。农村地区可以依托第一产业开展体验旅游项目，使游客切身体验农耕文化，提高第一产业的发展层次。例如，唐山市某农村开设了农业体验旅游项目，融入当地农耕民俗文化，进一步提高第一产业与第三产业的融合水平，给农村地区带来更大经济收益。

（三）乡村振兴背景下农村经济发展的保障措施

乡村振兴背景下，农村经济发展迎来了新的机遇。农村地区需充分关注乡村振兴战略的具体实施效果与农村经济体系发展面临的困境，提出有针对性的改善措施，确保农村经济的发展质量。

1. 推动农业产业化与现代化发展

乡村振兴背景下，我国农村地区应加快现代农业产业体系的建设步伐，形成现代化产业链模块，实现农村农业创新发展。

第一，农业产业化发展。农村地区应全面调研地方农业发展情况，逐步完成区域农业资源的整合工作，实现农业发展区域一体化。扶持部分地方农业企业，推动企业逐步成为地方农业龙头企业，切实发挥辐射与带动作用，提高区域农业生产的专业化水平。在农业龙头企业经营过程中，应积极与区域农户、农业合作社等主体合作，从而完善区域农业产业化的建设布局。

第二，农业现代化发展。农业现代化发展主要通过优化农业生产模式，积极融入多种现代化农业生产技术，有效提高农业生产效率。在此过程中，地方政府应充分关注现代化技术对区域农业发展的影响，提高农业技术扶持水平，引入先进的农业生产技术。同时，派遣专门的技术人员前往农村地区讲解与推广技术，深入到农业生产种植活动中，切实解决农民使用新技术过程中出现的问题，优化农业现代化发展布局，推动农村农业体系进入新时代。

2. 优化农村地区产业布局

乡村振兴背景下，我国农村经济发展应积极实现内部产业优化调整，结合地方实际情况优化产业布局，改变农村经济发展态势，从而使乡村振兴战略落到实处。第一，推动农业经济转型发展。农村地区最重要的经济模式是农业经济，应重视农业经济转型发展，切实增进产业发展深度。在具体开展农业转型工作的过程中，农村地区可以全面贯彻绿色农业、精品农业等多种模式，改变农业农村发展格局，提高农业技术层次，增强农业产业竞争力。第二，促进多产业融合发展。农村经济发展过程中，要全面贯彻产业融合的发展路径。在产业融合的过程中，要挖掘区域特色农业和优势农业，创新拓展全产业链融合思路，强化三大产业之间的联系。农村地区要结合区域资源情况，寻求产业融合的有效点，丰富产业类型，提高乡村经济价值。

3. 加快农村地区基础设施建设

乡村振兴战略实施过程中，需要做好农村地区基础设施建设工作，给农村经济体系发展提供强有力的保障。第一，完善农村地区的基础设施。农村地区的基础设施薄弱，地方政府应重视基础设施建设，增强基础设施的丰富性。一方面，农村地区需做好电力、道路等基础设施的建设工作，提高农村交通的便利性，发挥各类配套基础设施的作用。另一方面，要做好电子商务相关基础设施例如物流、网络等的建设工作。现阶段，电子商务经济模式在农村地区取得了显著成效，加快了农村生产要素的流通速度，使农村可以与外部市场更好地交互。第二，拓宽农村地区的资金渠道。农村地区的基础设施建设进程较慢，主要原因是农村地区资金较为匮乏。一方面，政府部门应提高财政资金投入水平，解决农村基础设施建设资金不足的困境。监管每一笔财政资金的流向，提高资金利用效率，避免出现资金浪费的情况。另一方面，政府部门要积极开展PPP项目，推动社会机构和民间资本积极参与到农村基础设施建设中，有效解决资金困境问题。与此同时，要做好多主体的利益纠纷协调工作，保证农村基础设施建设工作顺利进行，确保在后续农村经济发展中取得较好的效果。

4. 改善农村经济发展的内外环境

农村经济发展过程中，要做好内外环境的优化与调整工作，为农村经济发展提供有利环境，促进农村经济长远发展。

第一，土地流转环境。农村经济发展过程中，应制定开放性土地政策，使土地作为重要的生产要素实现良好的流通。地方政府可以建设相对完善的土地流转制度体系，为农村经济走向规模化与现代化提供重要路径。及时关注农民群体在土地流转过程中的利益分配情况，避免土地流转侵害农民群体的合法利益。与此同时，政府部门要保证农民群体在土地流转中的自愿性，提高土地流转过程的合法性与规范性，改善农村土地流转的环境，为农村经济发展提供强有力的支撑。

第二，金融环境。农村经济发展过程中需得到金融的支持，在农村金融市场发展层次较低的情况下，要加大金融环境的拓展力度。一方面，政府部门应通过政策引导商业银行将业务铺展到农村地区，给农村经营主体提供更多的金融支持。依托普惠金融、精准扶贫以及产业扶贫等多个项目，提高银行机构的参与度，优化农村的金融环境。另一方面，在提供金融产品的过程中，应结合农村地区的实际情况进行优化调整，使得农村金融产品更具特色，在农村地区发挥更大的作用。

第三，人才环境。农村经济发展离不开高素质人才的支撑，高素质人才能够提高农村经济体的活力。地方政府可以实施具有吸引力的人才政策，提高农村地区高素质人才的比例。一方面，培养本土人才，寻找本土能人，建立一支新型职业农民队伍，为农业发展提供充足的人力保障。另一方面，引导扶持原籍大学生、优秀外出务工人员回乡创业，改善家乡面貌。同时，制定一系列人才激励机制，形成完善的人才储备与发展体系。

（四）党建引领乡村振兴模式实践——云南省文山壮族苗族自治州

为助力乡村振兴拓宽群众增收渠道，云南省文山壮族苗族自治州坚持以党建引领，探索多种"造血"式发展模式促农增收。

"党建+合作社+农户"模式"搭台子"。坚持以党建引领乡村振兴发展，充分发挥基层党组织战斗堡垒和基层党员先锋模范作用，结合村"两委"换届，通过选优配强一批有能力、有担当、有魄力的村"两委"班子，把有创业意向、有经济实力、有经营头脑的农村党员和群众聚集起来，通过抱团发展、异地联建等方式，推进专业合作社基层党组织建设，将党旗插到"田间地头""养殖大棚"一线，发挥合作社辐射带动作用，为群众增收致富提供平台，鼓起农民的"钱袋子"。截至目前，该县共成立农民合作社党支部27个，覆盖合作社39个、社员4000余人，带动非社员农户2190余户。

"组织+劳务中介+农户"模式"架梯子"。建立县、乡、村、组四级劳务服务组织，发动新选派的驻村工作队员、"双报到"在职党员深入村（社区）、组，开展"地毯式"务工情况大排查，精准对接劳务服务公司，收集反馈招聘信息和岗位，架起企业与农村劳动力之间的"桥梁"。目前，全州组织"线上""线下"招聘会2322场，发布用工岗位83.8万个，累计实现农村劳动力转移就业120.1万人。

"党员+农户+集体"模式"结对子"。建立乡（镇）、村党员与建档立卡贫困户结对帮扶机制，鼓励致富带头党员以"一带一、一带多"的方式，带动贫困户发展产业增加收入。引导鼓励建档立卡贫困户通过村集体经济收益有条件量化、就业（务工）帮带、技术帮带、订单收购、土地流转等方式与农民合作社、示范基地、农业龙头企业结成"对子"，建立稳固利益联结机制，实现新型经营主体带动有产业发展条件和意愿的贫困户全覆盖。截至目前，该县合作社带动22932名群众入社，安置就业18590人，年可创产值6.28亿元。

"人才+直播+产品"模式"闯路子"。为培育好"人才"这个乡村振兴的"关键力量"，不断丰富乡土人才队伍建设载体，探索成立直播人才孵化基地，为广大"草根"主播提供直播场地、直播设备，以及直播带货的本地农特产品，形成"人才+产品"的直播效应，为群众农特产品"上网""上直播间"找销路。

六、新形势下乡村振兴策略

社会主义国家不断发展，始终以共同富裕为最终目标。我国作为农业大国，农村人口比重大，土地辽阔，农村集体经济的发展关乎市场经济发展，当下我国国民经济虽然发展迅猛，但仍不足以填平城乡经济差异大的鸿沟。统筹城乡经济、促进乡村振兴战略下的农村经济发展是长期的战略任务。促进城乡公平、城乡结合是我国实现振兴发展和社会主义道路的必然要求。

（一）乡村振兴战略与集体经济发展

1. 乡村振兴的内涵

农业农村问题已经成为关系国计民生的根本问题，自提出乡村振兴战略之日起，我国乡村经济迎来新的生机。但离实现全面小康的目标仍有一段距离，乡村振兴的主要任务是进行农村推动发展战略，是全面性、系统性的任务目标，不仅要发展经济，还要关注农村村民的生活水平，从文化教育、生态文明建设等方面进行发展。

2. 农村集体经济建设的内涵

农村集体经济，即农村集体所有制经济，这是我们社会主义国家所特有的经济体制，这种经济体制的特点表现在生产资料归集体所有，劳动成果和收入也统一归集体所有。改革开放所带来的新成效为农村集体经济创造了新机遇。工业化的发展为农村集体经济奠定了基础，但迎来新发展机遇的同时，农村集体经济面临着许多阻碍和挑战。

（二）农村集体经济发展

1. 意义

首先，发展集体经济有利于完善稳定家庭联产承包责任制，使农业发展充满后劲，促进农村生产力的壮大发展。集体更好的发展，能更好地增加农民对土地的投入，包括物质和时间。引导农民使用科技兴农，从而激发农业发展潜力，使农业迈上新的发展征程。其次，集体经济不断壮大，有助于更好地增强农村中基层党组织建设的创造力、凝聚力、协调战斗力。农村党支部必须意识到发挥好领导作用的重要性，不断壮大集体经济的核心作用，有了必要的精神支柱和物质基础，才可能发挥最大作用。再次，有利于密切联系党群关系,维持农村社会稳定、安定民心,更好地发展集体经济。最后,有利于加强农村精神文明建设、物质文明基础的建设完备。集体经济成为建设精神文明的物质基础,才能更有效地引导农村村民树立集体主义的观念并建立共同理想,改善农村的文化建设条件,大力发展教育,普及科学文化,提高村民的文化素质,实现公共文化建设事业的大力发展,有效地摒除陈规陋习,取其精华、去其糟粕,树立健康文明新风尚。

2. 作用

促进共同富裕。农村集体经济的重要性体现在多种所有制经济发展中所处的地位,大力推动农村集体经济的发展能够有效实现共同富裕的目标,促进城乡结合公平性,防止社会贫富差距过于悬殊。家庭联产承包责任制是当前我国农村地区主要实行的经济制度,以家庭为单位实行家庭联产承包责任制,但这样的农村经济发展和土地改革并不能成为中国未来发展的主流方向,而是逐渐变成经济的私有制,这显然违背了社会主义国家发展的道路。作为当下农村集体经济发展的主流,家庭联产承包责任制是社会发展的必要条件所决定的,随着社会的不断发展,传统的小农经济已不再适应现代化农业生产的要求。以发达国家作为参考,农业种植方面已经达到了机械化与智能化的有机结合。

中国作为农业大国,在农业现代技术上仍然落后于发达国家,主要原因是数千年来传承的以家庭为单位的小农经济无法使用机械化生产的方式进行种植。所以促使农村种植业早日实现全面机械化进程,是促进现代农业发展生产的首要任务。在这一条件下,必须实现农村集体经济的改革与发展。在我国农村实行的政治制度中,最主要的制度就是农村基层民主自治制度。村委会虽然不是政府机关,但作为农村村民自治组织,实际是最能关切基层人民组织切身利益的组织机构。村委会日益关注农村集体经济的有效发展,深入贯彻落实国家制定的领导方针,但在治理地方经济与人民问题时仍存在一些限制因素。我国农民的教育水平普遍低下,不能清晰认识到民主的概念,导致我国现阶段的基层政权和自治还存在一些问题。农村集体经济的发展是加速农村基层政权改革的主要动力,大力倡导集体经济发展,更要集体作为行使权利的主体,表达意愿,推动农村民主集中政权改革创新进程。

(三)促进农村集体经济发展的重要举措

1. 政府政策支持与宣发力度

在发展农村集体经济的进程中,政府的宣发工作和政策支持会起到强有力的作用。政府选择下发政策性支持文件,统一管理农村地区的集体经济发展,派遣领导人员深入基层管理,统筹规划发展工作有序进行。同时,要注重有关农村集体经济发展的宣传推广,进行详细的政策宣传讲解,力求每一个农民都能参与到经济发展的规划落实中,激发村民的积极性,创造集体经济发展的良好环境。另外,基于农村集体经济生产中农民作为主要个体,应深入讲解关于集体经济的政策与知识,让农民了解政策带来的优势与益处,调动农民关于生产方面的潜力,大力发展集体经济。

2. 创新性集体经济发展模式

集体经济的创新发展迫在眉睫，现阶段在我国积极发展的环境中已经取得了明显成效，但主体发展模式仅限于少数几种，包括资源开发型、资产租赁型、服务创收型、休闲农业型等。传统意义上的发展模式已经不能满足我国高速运行的经济需求，农村集体经济需要在基层管理人员的带领下，根据当地实际情况和有关市场需求，总体科学规划发展方向，开发新环境下的新发展模式，确定发展项目的种类和发展模式。利用现代化高科技信息技术的发展，利用新媒体新平台经营宣传推广，实现互联网农业的发展模式，将自身优势发挥到最大，不断扩大市场竞争力。

3. 通过其他优势产业带动发展

重视本地优势产业的发展，着重发展农村集体经济的同时，利用优势产业的发展势头带动本地集体经济发展，依靠优势宣传推广，长短互补，以乡村振兴为集体经济发展工作为出发点，积极找对策定思路，切实落实政策实施。强化集体产业，农园山林都将成为可持续发展阶段集体经济发展中的可用资源。强化招标，合理利用着手开发山林承包事宜，大力发展优势产业，强化电商培训。随着经济时代的进步，新媒体行业逐渐觉醒发展，依靠新媒体平台开展电商培训，推动本地农副产品发展，强化城市同农村结合的渠道，实现城乡结合，更好地发展本地农产品的推广销售，提高经济效益的同时，促进集体经济的发展。注重招商引资，开发当地旅游资源，山林旅游、湖泊建设都将成为集体经济建设的重要资源，开发餐饮娱乐、休闲住宿结合的旅游业，有效带动当地经济效益的提升，为集体经济建设提供渠道和物质基础。

综上所述，在乡村振兴战略发展的大环境下，农村集体经济的建设趋于平缓，注重副业发展和政策调整能够有效为集体经济发展提供动能，采取适合的路径大力发展农村经济，能够为我国经济总体发展提供良好的经济效益。

七、金融助力实现乡村振兴策略

（一）金融助力乡村振兴过程中存在的问题

1. 农户正规金融借贷需求强度低

历史遗留问题使得我国传统农户主要活动于以地缘、亲缘、血缘关系为基础建立起来的人际交往空间中，农户主要以家庭为基本组织单位从事分散经营的生产活动。传统农户本身收入水平不高，基础资金有限，抗风险能力较差，农户在从事经济活动时较为保守，始终遵循"安全第一"的原则谨慎试错。

首先，农业的弱质微利性很难吸引传统农户将大量资金投资于农业生产，由于缺乏经验，农户对新型涉农产业普遍存在较为严重的观望态度，金融意识薄弱，主动通过贷款获取资金投资于新型涉农经营的动力不足。其次，居住在农村地区特别是较为贫困地区的人口受教育程度普遍不高，在知晓国家方针政策有关信息方面缺乏一定的时效性，部分村民对关乎切身利益的脱贫攻坚战略、乡村振兴战略缺乏及时必要的了解，部分人群对正规金融借贷产品缺乏基本的认识，不了解如何从正规金融机构获取贷款。而且对传统农户而言，接受体制内的正规金融机构提供的金融产品与金融服务时需要付出比较高的交易成本，所以当农户出现资金困难时，其更倾向于通过民间的非正式金融渠道获取所需的小额资金。民间借贷在很大程度上满足了农户基本的生产生活对资金的需求，却在一定程度上阻碍了正规银行业金融机构在农村地区正常发挥作用，也对农村地区金融环境的稳定造成一定的负面影响。

2. 农村地区信用体系建设不完善

其一，农村地区信用知识普及不到位，尚未建立起健全的失信惩戒制度。民间金融交易双方仅以口头协议或私下协商的方式达成交易，大部分情况下资金借入方在借入资金时不必向资金出借方提供有效的抵质押担保物，双方以信任为基础建立联系，资金出借后的跟踪、管理缺乏法律约束、制度保障。存在侥幸心理的农户借而不还恶意违约的情况时有发生，在一定程度上加剧了农村地区金融环境的不稳定。其二，农村地区尚未建立完善的信用评价机制与统一的信用信息共享平台，各金融机构之间缺乏有效的沟通与合作。农户在多个金融机构进行借贷时，各金融机构都会对农户进行信用等级评估，在贷款调查环节中各金融机构也需要重复评估农户的资产负债情况，重复预估农户的偿债能力。这不仅影响了贷款发放的效率，而且增加了发放贷款的成本。

3. 农村地区金融供给不足

在二元经济体制的影响下，城乡金融资源差距大。从金融机构分布来看，证券公司、保险公司、金融租赁公司等金融机构分布在城市地区的服务网点众多，农村地区特别是较为贫困地区金融配套基础设施不完善，业务范围广、服务能力强的大型商业银行未在农村地区实现物理网点的广泛覆盖。仅有一两个农村信用社和邮政储蓄银行在乡镇中心设立服务网点，但其服务半径较小，服务范围有限。从金融产品和服务的种类来看，可供城市人口选择的股票类、债券类、基金类、期货类、期权类、远期类、互换类等金融产品和服务众多，而农村地区金融机构为农户提供的金融产品与服务十分有限，缺少证券、基金、期货等新型投融资产品，农户所能够接受到的大都仅为银行所提供的存款、贷款、汇款类基础性服务。保险公司在农村地区的业务开展较为保守，农村地区的险种设计较为单一，产品设计缺乏符合当地民情的特色险种，很难从根本上满足农户发展特色农业的需要。

4. 新型涉农企业融资渠道

单一成熟的传统产业直接融资渠道和间接融资渠道多种多样。而对新型涉农企业而言，主板市场发行上市的"门槛"太高，且能够进入二板市场的涉农企业极少；新型涉农企业刚刚起步，也很难达到债券市场最小发行额的要求；涉农企业不符合风险投资目标市场的定位……一系列制约因素迫使急需资金的涉农企业将融资的希望寄托在银行业金融机构身上。但是，目前大多数国有商业银行仍将国有企业作为主要贷款对象，为国有经济服务的理念根深蒂固。农村地区信用体系建设不完善，金融机构对农村地区的服务对象进行信用评估较为困难，大型商业银行与农户之间存在着较为严重的信息不对称问题。

为尽可能地处理好银行经营中的"安全性""流动性""盈利性"三性原则之间的关系，以追求经济效益为目标的大型商业银行大都不愿将资金借给涉农经营主体，对涉农民营中小企业存在所有制歧视，涉农企业"融资难、融资贵、融资慢"的现象屡见不鲜。现阶段农商行是为农村地区提供资金支持的主要银行业金融机构，在打赢"脱贫攻坚战"中发挥排头兵、主力军的作用。但农商行在经营管理过程中，普遍存在权力上收、抗风险能力低、资本金不足等问题，难以独立支撑乡村振兴目标的实现。现存的小额扶贫贷款种类较少且创新性不足，普遍存在额度低、期限短等问题，在很大程度上未能有效满足农业产业对资金的周期性需求，未达到可持续发展的要求。

（二）金融助力乡村振兴的对策

1. 强化农村地区金融教育普及，转变农户传统的借贷观念

首先，多措并举加强农村地区金融教育体系建设。在小学、初中、高中阶段大力推进金融知识进校园等活动的开展，鼓励农村孩子了解金融基础知识，知晓金融安全风险防范知识，以浸润式的校园宣传教育潜移默化地提高农村地区整个家庭的金融素养，集中力量改造农户精神面貌。强化高校金融专业知识技能培训和思政教育，在课程安排上对农村金融相关知识重点传播，在课堂教育中引导学生在有关探索金融助力乡村振兴路径方面进行深入思考。政府也应积极出台相应激励政策，鼓励金融专业学生主动深入农村、服务基层，为乡村振兴贡献力量。

除此之外，当地政府要加大政策宣传资金投入，通过开展别开生面的活动宣传与农户息息相关的金融政策，提高政策知晓率。鼓励当地银行业金融机构通过举办座谈会的形式面对面地向农户宣传其存贷款产品，增加农户对各银行存贷款产品的了解，打消农户"以借钱为耻"的错误观念，以此拉近农户与正规银行业金融机构之间的距离。转变农户传统的资金借贷观念，引导农户向正规金融机构进行储蓄，帮助农户养成科学的储蓄习惯，增强农户主动借贷意识，提升农户运用借贷资金实现自我发展的能力。打压"高利贷"等不合法的借贷行为，稳定农村金融市场环境。

2. 加强农村信用环境建设，逐步消除信息不对称问题

一是建立健全灵活的农户信用信息评价机制。鼓励各村自发组建信用评议小组，充分发挥农村地区村级干部、乡镇信贷信息采集员"人熟""地熟""情况熟"的优势，对各村涉农经营主体和农户进行初步的信用评价，然后再由金融机构进行进一步的审查评价。

二是搭建统一的信用信息共享交易平台，推动实现各金融机构之间的金融信用信息商品化，金融信用信息遵循市场化原则在各金融机构之间进行交易，以此保证信息的真实性、可靠性。依托大数据、互联网等信息化手段，充分聚合工商行政部门、税收部门、市场监管部门、司法部门等多方力量汇集整合农村地区居民信用信息，不断完善农村地区的信用信息数据库，降低金融机构与农户之间的信息不对称。农村信用信息的流动有利于降低金融机构服务成本，提高各金融机构服务乡村振兴的效率。农村金融信用信息商品化后的交易，有利于增加各金融机构之间交流合作的机会，促进金融领域的革新。

三是建立健全守信褒奖和失信惩处机制。通过移动端信息推送、乡村公告处张榜等新兴与传统信息公开途径定期公布各农村地区"信用黑白名单"，简化"信用白名单"中农户的金融服务流程，降低服务门槛，畅通金融服务。加大对恶意违约、金融欺诈等人群的曝光度，让其无处藏身，严厉打击失信违约行为，提高失信违约成本。积极开展"信用村""信用镇"的评定工作，强化各地区农户的金融诚实守信意识，营造良好的金融信用环境。

3. 拓宽农村地区抵质押物范围，适度降低授信标准

推进农村地区大力发展产业链、供应链金融，支持以产品订单、库存仓单、农村承包土地经营权、建设用地使用权等为抵质押担保物的贷款业务，不断拓宽农村地区抵质押担保范围。推广农村土地流转收益，保证贷款、集体林权、大型农机具抵押贷款等农村产权融资业务，不断丰富乡村振兴战略的金融产品。

我国金融机构可以借鉴日本"造村运动"中的农协，农协在为乡村发展提供资金帮扶时，不一味地要求农户提供贷款的抵质押担保物。农户向金融机构申请贷款，金融机构要用发展的眼光对涉农经营主体进行授信，不再仅关注该农户是否拥有抵质押担保物。倘若该农户以往的金融信用状况良好，本次贷款的违约风险极低，该农户希望将本次所贷资金投向于符合市场需要、发展前景良好的涉农经营，且其将来的还款来源充足，金融机构就可以适度降低对此类客户的授信门槛，为其提供贷款的"绿色通道"。地方政府要在农村金融体制改革中正确定位，寻求与金融机构合作的风险平衡点，建立政府主导的信贷风险分担机制，为拓宽"三农"领域资金供给来源、提高农业生产效率、改善农民收入状况、促进农村经济发展保驾护航，为区域内涉农产业信贷融资增信分险，有效降低农村金融市场系统性风险发生的可能性，提高区域内涉农企业顺利实现融资的可能性。

4. 构建多层次农村金融市场体系，丰富农村金融产品

构建多元开放的农村金融市场，需要各金融机构共同出力尽责，通过提供差异化的金融服务助力实现脱贫攻坚及乡村振兴的有效衔接。

第一，作为"银行的银行"，央行要有效发挥再贷款、再贴现等货币政策工具的作用，积极给予涉农商业银行和县域法人金融机构存款准备金率优惠，增加其在涉农领域积极开展服务的动力，提高其持续服务乡村振兴的能力。

第二，银行业金融机构需及时转变观念，跟随政策引领下沉金融服务，组织引导金融资源向农村地区倾斜，积极创新特色金融专项贷款产品，加大对基层农村地区的涉农专项贷款投放力度，推动乡村地区特色产业发展，解决政策性扶贫贷款额度低、期限短的问题，助力推进家庭农场建设，提高农业生产集约化、现代化程度，助推现代新型农业发展，依托各地区资源优势，盘活农村现有资源，为"乡村旅游""田野采摘"项目提供充足资金

支持。通过发展普惠小微金融业务降低涉农企业融资成本，有效解决涉农企业"融资难、融资贵"的难题。

第三，保险机构定期安排人员下乡宣传保险知识，加大农作物保险宣传力度，提高粮食作物投保率，切实保障国家粮食安全。主动调拨优秀保险业务人员参与驻村帮扶工作，依托互联网大数据技术，充分搜集农户信息，精准分析农村各地区客户的保险需求特点，及时抓住农户的保险需求，按照乡村振兴需求因地制宜为各地区农户开发设计保险产品，为乡村特色产业量身定制保险产品，拓宽农村地区险种体系。充分利用"保险＋期货"产品提高农户抵御风险的能力，助力巩固拓展脱贫攻坚成果与乡村振兴有效衔接，减轻政府帮扶压力。同时，鼓励小额贷款公司、农村资金互助社等准金融机构进入农村市场，引导新型经济合作组织加入助力乡村振兴的阵营中。

5. 加强各机构之间的交流合作，提高农村地区金融服务质量

在现行金融体制下，没有任何一个金融机构能够轻轻松松仅凭一己之力承担实现乡村振兴的时代重任。为此，要充分发挥政府部门在巩固脱贫攻坚成果实现乡村振兴方面的政策引领作用，加强各金融主体之间的交流与合作，促进各金融机构实现功能互补与优势放大。加大力度建设新型农村金融机构，让低收入者与小微企业也能享受到所需的金融服务，促进农村微型金融向更繁荣的状态发展。

第一，积极探索大型商业银行与微型金融机构新的合作模式，深入开展批发贷款，满足微型金融机构对优势特色涉农产业全产业链的信贷资金供给。第二，允许现存的非金融机构微型金融通过改造，升级为合法的金融机构，允许其通过吸储、借贷甚至资本市场融资来扩大规模并参与市场竞争，在竞争中倒逼现存金融机构改革升级，提升其为农业、农村、农民服务的效率。第三，鼓励国有商业银行通过改造或设立微型金融部等形式，降低服务门槛，回归农村金融市场，为低收入者和微型企业提供便捷的微型金融服务，提高农村地区金融长尾客户的金融获得感。此外，大型商业银行要协助保险公司加大"三农"保险的宣传力度，建立银保合作的长效机制，为农民理赔提供便捷服务。

6. 积极培育农村资本市场，拓宽涉农企业融资来源

一是积极落实对新型涉农企业的上市培育工作，引导具备条件的地方龙头企业通过主板、中小板、科创板上市，新三板挂牌等方式进行融资。建立健全新型涉农企业上市奖励机制，对已经上市和想要上市的涉农企业给予一定的资金支持，为准备上市的涉农企业开通"绿色通道"，简化符合条件的企业的上市流程，助力其快速上市。在确保市场环境安全的前提下，加快资本市场发展进程，时机成熟时有必要构建农业股权交易市场，增加传统涉农企业参与股权交易市场融资机会，帮助传统产业冲破以往的股权融资困境。二是在风险可控的前提下，适度降低发展前景良好的涉农企业发债参与债券市场融资的准入门槛，支持接近证券发行标准且发展前景良好的涉农企业通过发行公司债券、企业债券等方式举债筹集资金。三是充分调动民间多元化主体力量，拓宽金融资金供给来源，鼓励引导希望

获得商业回报的投资者以及希望实现慈善目的的投资者勇担社会责任，化解农业企业"融资难"的困境，为实现乡村振兴战略添砖加瓦。

八、乡村振兴背景下农业经济信息化发展

在乡村振兴背景下，农业经济管理信息化成为重中之重。农业发展是否能够获得理想收益，直接关系到农村地区的发展建设水平以及农民的生活质量。为此，在乡村振兴背景下的农业经济管理信息化当中，需要完善农业结构，尝试新的科技成果。在农业信息共享的保证下，推动我国农业的现代化发展，丰富农业经济发展渠道，保障农业经济管理信息化的可持续发展。

（一）农业经济管理信息化的价值

1. 为乡村振兴注入动力

改革开放以后，我国城市改头换面，城市人口的收入与生活质量得到了大幅度提升，但是农村地区的发展始终没有和城市持平，一些偏远农村地区甚至出现了发展停顿、交通落后、自然资源匮乏等问题，给农业经济的稳定发展造成了重大影响，导致我国农村地区的农业发展水平还有着较大的进步空间，农民的收入水平迟迟得不到提高。虽然我国针对农村地区的农业发展和经济发展问题出台了一系列措施，但是由于各种内部、外部因素的影响，导致这些措施没有取得理想的成果，可能无法从根本上提高农村地区农业经济的发展水平。然而，农业经济的信息化代表了农业经济的发展与转型，信息化技术能够对农业经济进行转型升级，是一种传统模式的革新，给农村地区的农业经济注入了全新的发展动力。

2. 促进农业经济发展

我国是农业大国，发展为农业强国成为未来发展的新方向，随着乡村振兴政策的提出，农村地区的经济开始逐渐复苏，但是限制农村农业经济发展的因素却是多种多样。例如，农村地区的自然环境、地理位置不均衡，导致农业经济可能会在不同农村地区体现出不同的发展水平。同时，我国目前大部分农村地区存在着经济基础薄弱、人口数量较多等问题，这些问题阻碍了农业经济的可持续发展。然而当农业经济引入信息化技术以后，充分实现了自然资源的有效利用，改善了农村地区土地资源紧缺的问题，信息化技术带来的优势，还体现在帮助农民在农业生产中省去更多的劳动力，解决农业发展问题，提升土地资源产量和生产效率。

3. 优化农业产业结构

在农业经济信息化发展下，传统的农业发展模式会被淘汰，使农村地区在农业发展上转变为现代化方式。过往农业发展中，对人力和资源的依赖是非常大的，无论是养殖业还是种植业，每个行业都需要大量人力劳动，不仅无法提高产量，还会造成大量的人力资源浪费，对农村劳动质量来说是非常不利的。农业经济信息化，能从根本上减少农业发展的资源投入和人力投入，优化种植、养殖效果，提升生产率与生产质量，实现农产品生产结

构的升级。在信息化技术应用后,农村地区产业链逐渐得到完善,生产水平能够迅速提升,彻底改变农村地区落后贫困的面貌。

(二)农业经济管理信息化中存在的问题

1. 基础设施不完善

在农业经济管理的信息化发展过程当中,基础设施是必然支撑,所以针对基础设施问题必须要做出一定的改善,例如计算机设备、网络技术等等。然而在现阶段,我国很多农村地区存在基础设施建设不完善、基础设施投入资金不足等问题,甚至有些偏远地区农村并没有加强农业信息化建设,导致很多农民无法感受先进技术带给农业发展和生活上的便利,甚至对信息化技术无法产生一个良好的认知。同时,由于我国一些农村地区信息发展不够通畅,农民难以第一时间了解到农业经济的实际发展情况以及最新的农业发展政策,再加上缺乏对农业经济管理信息化的认知,最终导致无法跟得上时代发展的步伐,存在非常明显的滞后性问题。

2. 农业信息化延时性问题

当前,农业经济管理信息化发展中信息落后现象较为严重,很多农村地区没有及时精准获取农业信息,降低了农业信息的作用价值。例如,某地区农业部门在获知农产品短缺的情况后,把农产品发送到短缺地区,但是在农产品发送以后发现该地区农产品短缺问题已经得到了解决,最终导致了资源浪费。结合我国农业的实际发展状况来看,虽然机械化农业种植已经在多个城市得到了推广和应用,但是在一些偏远地区,仍然以传统种植方式为主,农民的体力劳动依然十分繁重,同时生产效率和生产质量难以提高,无形中增加了很多生产成本。在农产品销售过程中,很多农户选择传统销售方式,缺乏对电子商务的认知,最终导致收入情况不乐观。

3. 成本投入不足

农村经济管理当中存在最为明显的一个问题,就是专业型人才较少,很多年轻力量不愿意进入到农村地区工作,绝大多数的大学生毕业以后留在城市发展成为首选,进而导致农村地区的经济信息化水平、现代化水平不高,农民对信息化与互联网技术的理解过于表面,可能会对农业经济管理信息化工作的开展造成很多阻碍。同时政府可能很难顾及全范围的农村地区,某些地区的农业经济管理信息化存在明显的资金投入不足、缺少现代化设备、缺少互联网技术等问题,导致整个农村地区的农业管理信息化水平较低,农业资源无法被充分开发。

4. 农民综合素质参差不齐

改革开放后的短短几十年当中,我国农业经济在不断完善,国家为农业经济发展制定了多种政策,以此解决农业产业结构中存在的问题,以及偏远农村地区产业结构单一,制约当地农业经济转型等问题。值得注意的是,我国农田水利建设起步时间较晚,很多农村地区与其相关的基础设施并不完善,会直接影响农业产业结构的优化。在乡村振兴战略背景下，虽然农业产业结构得到了优化，但是产业结构可能还有待完善。同时，在乡村振兴过程当中，农民起着关键的主导作用，农民的综合素质直接影响了农村发展进程的推进，因此必须要打造具备高知识素养、高现代化水平的农民队伍，保护农村地区的自然生态环境，为农业的发展提供坚实基础。当前，大多数农村地区的农民文化程度较低，无法掌握最先进的农业发展技术，影响了我国农业现代化的转型。再加上农村地区的环境问题比较严重，出现了资源枯竭问题，导致农民的生活条件难以提升，进而制约了当地农业经济发展。

（三）乡村振兴背景下农业经济管理信息化的发展策略

1. 强化农民的信息化素养

乡村振兴战略背景下，农民是乡村振兴的关键因素，更是农业经济管理信息化的主要内容，因此农业经济管理信息化的发展，就必须要以农民为首要发展策略，改变农民传统、落后的意识，才能促进农业发展。为使农民信息化意识得到强化，要加强宣传，当地政府要积极应用乡村宣传栏，来提醒农民相关的信息化内容，并在宣传栏中写出农业信息化的重点、要点，强化农民的认知，让农民认识到信息技术对改变农业生产、丰富日常生活所能起到的积极帮助，逐渐形成良好的信息化意识。乡村振兴背景下的农业经济管理是不能忽视农民的实际情况的，要想让农民对信息化技术进一步了解并产生积极性，具备农业发展的十足信心，就必须要让农民了解信息技术的真正价值作用，从浅显易懂到不断增大难度，全方位帮助农民了解与农业经济信息化管理相关的知识，并为后续的信息化技术应用奠定基础。此外，当地政府可以在农村地区建设能够丰富农民文化知识水平的设施，例如图书馆、报刊室等等，并在设施中增加与农业经济信息化技术相关的书籍报刊，让农民能够在闲暇时间不断提高自身的认知水平，促进我国农业经济管理信息化的进一步发展。

2. 完善农业经济管理信息化的基础配套设施

我国农业经济管理信息化发展中，基础设施不完善问题是比较明显的，这些问题直接对农业经济信息化质量造成了巨大影响。我国农业现代化相比西方国家起步较晚，对人力的依赖程度较大，还存在大规模农机生产水平不足等问题。数据显示，2022年1至6月，我国农业机械进口金额超过了40000万美元，相比2021年同期增长9215.7万美元，同比增长28%。

同时，西方国家的农业经济管理的信息化水平较高，有很多值得借鉴与学习的地方。在借鉴技术的同时，必须要注重实际情况，结合我国不同地区的实际发展水平，选择性、针对性地推广、引进先进技术。例如，在我国的一些平原地带，可以直接应用大型农业机械，农业生产朝着规模化、集约化方向转变；而一些丘陵地区，要尽可能选择轻巧、便捷的农业机械。只有科学设备、技术，才能提升我国农村地区的资源应用效率，实现不同地区农业生产质量和效率的提升。此外，在农业发展的灌溉、播种、病虫害防治等方面，西方国家的经验仍然可以积极借鉴，并结合我国现有技术以及农村地区实际情况，形成一套自动化的农业经济信息化系统，对各项设备做好全方位把控，从根本上减少农民投入的劳动力，促进农业经济的现代化发展水平。

3. 强化政府的指引作用

要想促进农业经济管理信息化的发展，政府作为引导者，必须要起到积极的推动作用。农业经济管理信息化只有在政府的全面支持下，才能进一步完善和落实，推动乡村振兴战略，为我国农村地区的可持续发展创造新的发展机遇，因此在实际工作中，当地政府要发挥自身的领导作用和带头作用，对当地农业经济进行一定的干预，适当引导农业经济朝着正确先进的方向发展，进而体现农业经济信息化发展水平。其中需要注意的是我国农业结构上存在着一些还没有解决的问题。如果仅是凭借我国的农业发展优势来进行产业链升级是非常不科学的，这时需要政府加强宏观调控，以调控的科学性体现农业信息化的普及才是我国农业经济管理信息化发展的有效方法。

此外，资金的投入也是促进农业经济管理信息化的重中之重。例如2020年，我国针对农业信息化建设财政投入总额超过了340亿元，全国县级农业农村信息化管理服务机构覆盖率为78.0%。在未来，政府应该继续加强对农业经济管理信息化发展的投入，并通过机制的完善，推动乡村振兴的数字化资金投入，提升资金的应用效率，把资金用在乡村振兴的重点、要点和关键转折点上，进而实现农业经济管理信息化的建设。此外，政府在农业经济管理信息化方面要加大专项投入，可以是财政投入，也可以是政策投入，财政投入方面可以吸取社会资金来完成农业经济管理信息化建设。对于当地农业部门与商务部门的协调也是农业经济管理信息化建设中必不可少的一项因素，能够使农业经济管理信息化发展受到多方的支持，促进农业经济管理信息化朝着更好的道路发展。

4. 引进先进的农业经济管理人才

乡村振兴背景下，对人才的需求与日俱增，特别是在农业经济管理信息化当中，若是缺少了相关专业人才，就代表农业经济管理信息化中的各项细节无法得到完善，原岗位的信息化管理人员也只能按部就班地按照过往经验来开展农业经济管理信息化工作。虽然凭借经验也可以完成一些基础任务，但是由于经验可能存在滞后性，应用到不合适的方面一定会产生不良影响，甚至阻碍农业经济管理信息化的发展。因此，在农业经济管理信息化发展过程中，引进先进的农业经济管理人才，加大对人才的培养力度是非常关键的。通过培训、教育、考核等方式，实现对人才队伍和人才结构的优化。同时，为了解决农村地区农业经济信息化管理人才短缺的问题，我国高校可以通过扩招等方式，加强对农业经济管理人才的培养，培养出具备先进实践水平和理论水平的专业性人才。

结合农业经济信息化发展的实际情况来看，对人才的需求不断扩大。针对这一问题，当地政府和高校应当加强对农业经济管理人才的培养力度，加强信息化提升水平，为农村地区的发展输送更多专业人才，支援农村地区经济管理信息化的可持续发展。值得注意的是，为了吸引更多的人才前往农村工作，要加大对人才的吸引力度，提升福利待遇，注重对人才专业技能的强化培养和心理引导，让他们树立起正确的职业理念，自愿投入到乡村振兴事业当中，为我国的农业经济管理计划发展注入源源不断的动力。

5. 改变传统销售模式

农村地区若是想彻底转变传统的农业经济管理方法，加强信息化建设、建立健全基础设施是必不可少的，需要引进更先进、更完善的信息化管理体系，应用市场竞争的方式，形成全面的农业信息指导。同时，政府要加大基础设施建设的资金投入力度，在区域内扩展农业经济信息化管理范围，重视信息化意识的培养，让农村地区的经济管理与信息化建设更加匹配，让信息化技术最大限度地发挥出实际作用。对于农业经济管理信息化来说，只有改变传统的农业销售模式，才能够保障农业经济信息化发展的持续进行。首先，需要应用信息技术打造资源共享平台，让农民们能够在平台中实现资源共享，不断提高经济收入。另外，当地政府要进一步完善销售机制，让农民所生产出的农产品都能够有对应的销售渠道。随着电子商务的不断发展，已经有很多农民通过直播、带货、网店销售等方式实现了增收，取得了良好的效果，为农村发展带来了新的活力，同时还促进了物流业、制造业等多个行业的发展。最后，应用信息化平台还能促进农业经济管理信息化的发展速度，让农民第一时间获取信息，与时俱进。

综上所述，乡村振兴战略背景下，农业经济管理信息化发展建设有了新的契机，在未来的农业生产中，农业经济管理信息化是主要趋势，更是对传统模式的一种革新。为此，需要进一步完善基础设施建设、加大人才引进力度、强化政府指导作用，通过多种方式推动乡村振兴战略的进一步实施，实现农业经济管理信息化的可持续发展。

第五节　乡村振兴战略规划与决策

一、国土空间规划体系下的乡村振兴规划

农村由于条件限制，民众的经济收入来源稀少，环境相对闭塞，不能很好地打开经济脉路，不能吸引高级的建设人才，建设队伍相对落后。面对种种困难，乡村振兴工作者应不惧艰难，想方设法推进乡村经济文明建设。就地取材，整合资源，寻查短板，合理规划，改善乡村人民整体生活条件，带动乡村经济发展，让乡村人民真正拥有获得感、幸福感，跟上新时代飞速前进的步伐。

（一）乡村体系规划概述

在县域发展阶段，应建立一套科学完善的农村发展规划，并将其作为区域土地专项规划的重点进行深入研究。乡村规划是一种新的结构体系。从全局上看，它可以为村庄指明正确的发展方向，实现资源的合理配置，促进内部机构的协调运作，创造具有地方特色的新型农村经济。具体而言，乡村规划也是地区建设的重要参考依据，可为其提供多种发展方案，发挥着重要的引领作用。新时代的经济建设中，乡村体系规划已成为国土空间规划的重要组成部分，具体表现在：首先，乡村体系更符合当前社会的城乡用地、环境保护等相关政策需求，我国人口数量多，空间用途广泛，在居民生活、工业生产、园林建设发展方面，都是必不可少的资源；其次，乡村体系规划实现"多规合一"，统筹融入国土空间规划，对于打造一体化的新型城镇，制定统一标准的空间规划图有重要的作用。

（二）国土空间规划体系下乡村振兴的规划原则

1. 可持续性发展原则

"绿水青山就是金山银山"，乡村振兴不能以牺牲优美的乡村环境为代价。旅游、风力发电、水利发电等乡村复兴项目应符合土地和空间规划体系下的乡村复兴可持续发展规划原则。环境保护是农村振兴过程中不可避免的问题，往往是农村振兴效果能否达到预期的关键，也是发现、理解和解决农村振兴问题的基础。可持续发展原则要求农村复兴的规划战略在空间上是可转换的，在时间上是可持续的。随着农村振兴的步伐，相关基础设施和建设项目应具有空间灵活性，以支持农村振兴后续规划的进一步发展。环境保护效果的衡量以农村生态系统的完整性为基础。在乡村复兴过程中，乡村体系的完整性将受到建筑、旅游和环境改造污染的影响。乡村振兴工作者应结合乡村环境的现实特点和乡村振兴工作的现实需要，积极主动地发现乡村振兴过程中的环境问题，针对不同乡村的特点提出更具针对性的振兴规划建议和意见，确保乡村振兴规划办法满足国土空间规划体系建设要求的同时，更符合乡村振兴规划工作的可持续性发展原则。

2. 坚持特色优先，凸显文化传承

建造有中国特色的社会主义新农村，发展规划要注重本土特色，彰显地区文化底蕴。目前在乡村规划中，很多地区都在推广乡村旅游，千篇一律地选用农家饭庄以及采摘等项目。这些规划毫无新意，时间久了，让人产生视觉疲劳，无法激起游客二次消费的欲望，在某些方面反而制约旅游业的发展。因此，各地区要深入挖掘自身的地方特色，可通过乡村作品（如画画、陶艺、剪纸等），提升游客学习和体验的乐趣，引起更多人的关注，建立传统的地方文化体系。

3. 因地制宜发展原则

"没有金刚钻，不揽瓷器活儿"，乡村振兴规划的实际策略与办法应与乡村自身的环境、资源以及风俗文化特点相契合，在满足乡村经济发展一般要求的前提下，乡村振兴工作者应结合乡村特有的资源合理、科学合理地制定乡村振兴规划策略，本着因地制宜发展原则，将乡村振兴工作"个性化"起来，"针对化"起来，"独特化"起来。乡村振兴规划涉及乡村生产建设过程的方方面面，无论是人口变迁、地理位置特点，还是乡村人口流动趋势和环境变化趋势、文化内涵表现特点，均在一定程度上影响乡村振兴规划的实质性内容。

在国土空间规划体系的要求下，乡村振兴规划工作者应以更科学的眼光、更务实的态度和更灵活的规划手段，避免"千村一面"。在深入贯彻因地制宜的乡村振兴规划原则的基础上，乡村振兴规划工作者应采用更有效的方法为乡村提供更多的就业岗位和就业机会，为乡村产品的输出和劳动力的输出提供更多的途径，为乡村振兴提供更具针对性的意见和建议，让乡村资源"走出去"，使发展资源"迈进来"，利用合理有效的手段将乡村与乡村周围的可为乡村振兴提供发展建设资源的区域连接起来，从而提高乡村振兴规划的整体性，使因地制宜原则在更广范围、更高维度发挥积极有效的作用。

（三）乡村振兴面临的挑战

1. 乡村振兴的专业人才较为紧缺

由于城乡发展不平衡，乡村人才纷纷投入城市建设中，导致乡村振兴缺乏人才支撑，如何补充农业生产型、技术型、经营型人才成为目前乡村振兴的关键。在未来乡村规划过程中，应该思考如何建立良好的人才资源体系，通过不同产业类型的发展，吸引更多人才自愿加入乡村振兴队伍中来。如何通过政策引导，平衡和保护好新进人口和原住人口的权利和利益，优化乡村振兴主体结构，实现乡村振兴。

2. 规划缺乏全域视角，内容聚焦于建设空间

从现阶段的乡村规划发展方向来看，可从整体发展和基础建设两方面来进行分析。其中整体发展主要分为实施位置、分布点以及整体规模和最终目标等。要确保基础设施的完备，水电供给系统要满足需求。村庄基础建设则包括居民生活的基础住宅以及公用设施等分布状况、土地使用规划、相关性能指标等。村庄规划的主要工作为建设区域内的空间规划，从全局角度出发，合理布局。而对其他非建设用地的管理力度严重不足，工作局限性

较大，导致一部分土地资源被浪费。

3. 未能体现地方特色文化元素

在农村规划设计过程中，还应充分结合实际设计情况，整合一套科学合理的农村规划设计理念。目前，我国农村文化振兴地区的规划建设缺乏一定的理论科学性，缺乏对地方自然资源文化禀赋的系统、全面的分析，这使得在充分保持当地村庄独特的自然生态风貌、丰富当地村庄独特的历史文化传统元素的基础上，无法开展当地相应的农村规划建设活动。在这种情况下，它将直接和严重地影响我们实施绿色村庄规划的目标。此外，在我国传统农村规划管理模式的影响下，不仅无法为特色农村文化建设的可持续、科学发展提供有效保障，而且会给农村文化建设的全面发展造成巨大障碍，无法深入全面发展乡村振兴。

（四）国土空间规划体系下乡村振兴的规划模式

1. 乡村振兴规划精细化

乡村振兴的现实需求和我国经济发展的现实要求决定了乡村振兴工作不能"单线程"，应"多线程"，在促使单一乡村振兴规划工作精细化的同时，应促使各乡村联合起来，在资源上共享，在发展上共谋，在空间上共合，在振兴上共进。在开展乡村振兴工作时，乡村振兴工作者应全面了解我国国土空间规划体系的一般建设要求，并在此基础上深入贯彻乡村振兴规划的一般原则，将乡村群众的生活需求、发展要求和发展期待与乡村振兴规划办法结合起来，在空间上联合不同乡村，在特点上结合不同乡村，在振兴规划上统筹不同乡村。

乡村振兴应走"以点带面"的道路，先促使单一乡村振兴规划精细化。为此，相关工作者应积极考察、分析、总结美丽乡村建设、美丽村庄建设、美丽田园建设、美丽庭院建设的一般要求，并将此要求细致化，进而规范化、合理化。从此角度分析，精细化的乡村振兴规划策略可有效调动乡村群众的积极性，进而促使乡村振兴工作更具目标感和方向感。但必须要注意的是，乡村振兴精细化规划与多乡村联合振兴规划应"齐头并进""双管齐下""兵未动，草先行"，乡村振兴工作要有全局意识，更要有"未雨绸缪"的规划意识。"备预不虞，为国常道"，更是乡村振兴规划基本思想的重要内容，在满足国土空间规划体系的一般要求下，分析总结不同乡村的特点，为乡村振兴规划提供独特的内容和形式，同时在空间上将不同乡村的振兴规划策略联合起来，是乡村振兴规划实现功能上精准适配、空间上精准定位和文化内涵上精准发扬的关键一步。

2. 开展村庄土地整理

一是建设用地整理。按照发展中心村、保护特色村、整治空心村的要求，建设规模适度、设施完善、生活便利、产业发展、生态环境保护、管理有序的新农村社区，合理引导农民入驻集镇和中心村，优化土地利用结构布局，提高土地节约集约利用水平。在城市规划建设范围内，鼓励农民有偿腾出住房基地，实施农村居民点社区建设，稳步推进城乡一体化发展。通过调整优化村庄建设用地，形成功能结构协调有序、空间布局合理的农村居民点体系，全面提升农村整体面貌。

二是农用地整理。结合永久基本农田建设、高标准农田建设、中低产田改造、农田水利建设、坡改梯水土保持工程建设等进行，完善农田水利设施，改善农业生产条件。在明确永久基本农田保护地块的基础上，结合当地自然经济社会条件、新农村建设和土地整治项目，划定永久基本农田整备区。并制定措施，对永久基本农田整备区内零星分散的永久基本农田和耕地实施整治，引导区内建设用地等其他土地逐步退出，建成具有良好水利和水土保持设施、集中连片的耕地集中分布区域。

三是生态用地整治。按照生态文明建设要求，实施山水林田湖综合整治，加强生态环境保护和修复，大力建设生态国土。开展土地整治时，要切实加强对禁止开发区、重点生态保护区、生态环境敏感区和脆弱区等区域的保护，促进生态安全屏障建设。

3. 因地制宜进行村庄规划编制

新时期的经济创新与发展，要全面做好空间规划，带动地方经济稳定发展。及时发现经济振兴中的各种弊端，在上级规划的指导下，坚持走可持续发展道路。及时回避存在的矛盾，明确发展方向，建立科学规范的编撰体系，为我国农村经济的发展指明正确的道路。可以选择一些基础条件相对优质的乡村作为经营试点，深入剖析其经济发展现状，在现有政策引导下，做好全面规划，在试点地区展开民意调查，及时找出潜在问题。明确发展目标，在最终设计理念的指导下，做好全局掌控，提升产业经济，维护生态平衡，合理利用土地资源，保护地方文化，维持乡村本土风貌。在不破坏现有耕地和林地的基础上，维护地区基础设备，做好相关防范措施，为地区经济建设奠定牢固的基础。坚持走可持续发展的环保道路，不断提升当地居民的生活水平，带动乡村本土经济的振兴，为今后的乡村经济振兴建立一套完善标准的规范体系。

4. 做好环境保护，做好卫生治理工作

农村居民的受教育程度不高，多数人不知道环境保护的重要性，虽然没有太过分的不利于环境的行为，但有时也会出现因无知而违反环境保护的错误。农村居民还没有完全实现新能源代火煮饭，有些农户依然上山砍柴作为火源，而现在山区大部分已退耕还林，不允许毁坏树木。这说明，村民并没有从思想上认识到爱护树木、保护环境的重要性，还有就是经济基础不够，没有富余的能力去使用新能源，也不堪耗费财力。所以针对这一问题，政府不单要做教育工作，让村民认识到问题的严重性，还应该了解民众的生计问题，着手解决。不随手扔垃圾，不使用药物在河水里捕鱼，不在树林里用火，这些都应该引起村民的重视。遇到破坏环境的行为应采取合适的方法去阻止，要成为每一位村民谨行的责任。

二、新时期乡村振兴规划路径及发展

改革开放以来，我国在各领域取得举世瞩目的成就，国民生活水平显著提高。在新时代背景下，乡村产业振兴建设关乎民族未来，关系到民生福祉、国家前途。面对当前发展过程中存在的问题，相关人员要树立全新的发展理念，为新时期乡村产业振兴提供保障。

（一）新时期乡村产业振兴概述

1. 产业振兴的基本内涵

产业振兴的概念基于社会主义建设的时代背景。2009年9月22日至23日，温家宝总理主持召开了三次新兴战略性产业发展座谈会，约请47名中科院院士和工程院院士，大学和科研院所教授、专家，企业和行业协会负责人，就新能源、节能环保、电动汽车、新材料、新医药、生物育种和信息产业7个产业的发展提出意见和建议。在随后公布的会议公告中，该七大产业被表述为战略性新兴产业。同年11月23日召开首都科技界大会，温家宝总理发表了题为《让科技引领中国可持续发展》的讲话，再次对七大产业作出更为具体的解释，对海洋、空间和地球深部资源的利用问题提出了独到深刻的见解。

产业振兴是乡村振兴的物质基础，是乡村振兴的关键。党的十九大报告提出实施乡村振兴战略，要坚持农业农村优先发展，按照产业兴旺、生态宜居、乡风文明、治理有效、生活富裕的总要求，建立健全城乡融合发展体制机制和政策体系，加快推进农业农村现代化。产业振兴包括夯实农业生产能力基础，加快农业转型升级，提高农产品质量，建立现代农业经营体系，强化农业科技支撑，完善农业支持保护制度，推动农村产业深度融合，完善紧密型利益联结机制，激发农村创新产业活力。实现产业振兴的路径是以农业农村资源为依托，以农民为主体，以一、二、三产业融合发展为路径，建立地域特色鲜明、创新创业活跃、业态类型丰富、利益联结紧密的产业体系。

2. 乡村产业振兴的基本内涵

乡村产业振兴是指以产业发展为导向，以实现乡村产业振兴为目标的实践过程。产业是乡村振兴的核心载体，产业振兴是加快推进农业农村现代化的根本。2018年2月4日中共中央、国务院发布题为《关于实施乡村振兴战略的意见》的中央一号文件，实施乡村振兴战略是党的十九大报告作出的重大战略决策，并庄严写入党章，为新时代农业农村改革发展指明了方向、明确了重点。乡村产业振兴不仅是经济的振兴，也是生态的振兴、社会的振兴，文化、教育、科技、生活的振兴。

3. 新时期乡村产业振兴的基本意义

在新时代乡村产业振兴背景下，其内涵更为细致、丰富和多元。在满足农民基本生活的基础上，精神层面的追求在新时代乡村产业振兴过程中越来越突出。让乡村成为生态宜居的美丽家园，让居民望得见山、看得见水、记得住乡愁的目标已经逐步实现。我国是一个农业大国，实施乡村产业振兴战略，一方面是回归并超越乡土中国的表现，另一方面可从根本上解决"三农"问题，解决我国农业不发达、农村不兴旺、农民不富裕的问题。从基本契合新时期美丽乡村建设的要求、贴合美丽中国建设的要求到迎合人民对美好生活的向往，新时期乡村产业振兴正在创新中发展，对于振兴中华、实现中华民族伟大复兴中国梦具有重要的意义。

（二）新时期乡村产业振兴面临的现实困境

乡村振兴以农村经济发展为基础，乡村产业振兴排在五大振兴目标之首。改革开放以来，中央十分重视"三农"问题，连续多年发布了中央一号文件并出台了一系列惠农政策，但未对乡村进行根本性变革，使我国乡村重新走上了以家庭为经营单位的低端农业老路，乡村产业发展十分滞后。

1. 乡村产业发展缺乏相关资源

乡村产业发展是一项复杂的系统工程，不仅涉及技术、资金、人才、信息、市场、渠道、法律、法规等，而且乡村产业项目投资较大、见效较慢、周期较长，投资回收期一般需要五年左右。长期以来，我国受城乡二元结构的影响，城乡发展严重失衡。2021年我国农村居民人均可支配收入为18931元，城镇居民人均可支配收入为47412元。从实地调研情况来看，我国村民与村干部大多文化程度较低，意识理念较落后，专业素养不高，缺乏相应的战略眼光。目前乡村缺乏技术、资金、人才、信息、市场、渠道等相关资源，使我国乡村产业发展受到了较大制约。

国家政策的制定要满足大范围、总体性和规范性的要求，在实践中做到总体把握和深刻解读。随着乡村产业振兴的规模逐渐扩大，对象、方式逐渐多样化，产业发展过程中涉及的利益关系日益复杂，产业发展制度约束力不断减弱。部分产业游离于国家政策规范的本质内涵和内在要求之外，违背农民意愿、危害农民利益的土地流转问题不断凸显，成为当前农村产业振兴中亟待解决的问题。当前，乡村产业振兴发展中存在实践偏差的主要原因是对国家政策的认识度不够，核心内涵理解不清，没有从整体上把握乡村振兴政策的长远意义，造成实践中的发展方式呈现多样化。这种多样化的实质内涵只有部分是在乡村产业振兴机制框架下的细化和分化，但很大一部分都是游离于政策核心内涵之外的拓展和外延，与政策的原有内涵存在较大差别。从整体上看，促进产业振兴缺乏相关资源、日益偏离发展主轨道、政策制定总体模糊，为产生实践偏差提供了空间。

2. 乡村产业资源发展规划滞后

近年来，创建乡村产业的问题逐渐显露，建而不规的现象层出不穷。自党中央提出乡村产业振兴以来，各部门积极响应上级部门号召，但只以当前的乡村发展为目标，忽视了乡村建设的持续性。从农村产业发展层面来看，不注重规划导致产业的发展方向出现偏差，农村产业整体架构不合理。其一，有总体规划，但没有细致规划，致使乡村产业振兴的延续性不足。总体规划布局体现在"五位一体"上，力求在产业振兴的过程中，在各方面全面发展，进而实现乡村产业振兴。但是在乡村产业振兴的建设过程中，只在表面上对某一地区有规划，不能从实际出发，切实开展相关工作。在建设过程中，部分地区仍存在纸上谈兵现象，既不申报项目，也不争取资金，只考虑如何创建，没有真正走上乡村产业振兴建设的道路。其二，针对性不够，定位不清晰，未能依托乡村的资源、历史、文化等展开科学规划设计。在乡村产业振兴过程中，各方面的规划工作均十分重要，应避免出现定位不清晰的问题。每个乡村的实际情况不同，有的乡村资源丰富，有的乡村历史悠久，有的乡村文化底蕴丰富，针对不同的乡村，各级部门并没有认真分析每个乡村的独特之处，从而出现了产业振兴"空"建设的现象。

3. 乡村产业发展机制不完善

在乡村产业振兴的建设过程中，领导班子的工作不到位、不创新导致乡村产业振兴出现建设经验不足等问题，具体表现为以下几点。

其一，封闭式搞建设。2012年以来，习近平总书记系列讲话一直强调不能关起门来搞建设，要吸收一切文明成果，努力建设有世界眼光的马克思主义学习政党。国家如此，乡村建设更应如此。国家是发展的，时代也是发展的，封闭式的形式不适合时代发展潮流，封闭式的建设必然会失败。在乡村产业振兴建设过程中，如果领导班子只凭自己的主观想象，而不是从实际出发对本地区进行优化构思，不借鉴成功模板大肆搞建设，将会成为新时期乡村产业振兴的失败案例，导致乡村经济发展滞后。

其二，照抄照搬式搞建设。在美丽乡村建设过程中，如果不考虑乡村实际情况，完全效仿新农村建设以来的成功案例，没有具体分析乡村产业振兴中的问题，将会大大削弱建设效果，造成资源浪费。近年来，照抄照搬式搞建设问题层出不穷，很多地方在基础设施规划设计上照抄照搬，对农村原有的建筑推倒重来，大搞拆建，使乡村产业失去了原有的风情，丢失了美丽乡村的区域特色，从而导致乡村建设偏离轨道。照抄照搬的主要原因是设计人员纸上谈兵，没有进行乡村调研，不了解乡村内部的实际情况，只是单纯从整体农村脉络的角度出发，研究乡村产业普遍遇到的问题，然后照抄照搬乡村产业建设的成功案例，造成自欺欺人的建设现象。

其三，缺少创新式搞建设。党的十九大报告指出，创新是引领发展的第一动力，是建设现代化经济体系的战略支撑，创新始终是一个国家、一个民族发展的重要力量，也是推进人类社会进步的重要力量。在乡村产业振兴过程中，很多地方不能因地制宜，缺少创新，导致乡村建设出现"空洞化"现象。部分地区一味追求"高大上"的乡村建筑，大力修建亭子、公园、广场等，忽视了乡村污水治理、废弃物利用等问题，造成建设过程中资金滥用、建设偏离乡村重点等问题。

（三）新时期乡村产业振兴的优化路径

新时代背景下，乡村产业振兴的优化路径可以从整合乡村产业发展资源、制定乡村产业发展规划和完善乡村产业发展机制三个方面展开探索。

1. 整合乡村产业发展资源

乡村产业发展与时俱进，随着新时代建设的发展理念不断进步。在新时期乡村产业发展过程中，遇到问题在所难免，关键在于是否能够找准问题，并注重长远发展，及时采取科学合理的措施。新时期乡村产业发展资源规划布局缺乏前瞻性，没有用长远发展的眼光规划乡村，从而引发一系列乡村产业建设难的问题。相关人员应立足于现有的经济、文化、生态等条件，统筹规划，抓住重点，突破难点，确保乡村产业振兴具有持续性、长久性。在乡村产业振兴过程中，完善城乡配套设施，加强各县乡历史文化收录工作，切实保护好、开发好、利用好乡村优秀的人文地貌特色，可以为深入发掘乡村文化与推广乡村特色产品、特色品牌提供有力支撑。相关人员应以客观的视角观察乡村规划的利与弊，在实践中不断寻找乡村发展的适宜路径，在目标范围内更好地发展。

2. 制定乡村产业发展规划

新时期乡村产业振兴应坚持整体性思维，把握产业振兴的协调发展。当前，在振兴产业的同时要大力解决忽略生态建设或牺牲生态环境、集中仓促式搞发展、忽略产业发展规划等问题，注重整体性，推动美丽乡村建设协调发展。各区县应推进乡村产业发展，制订乡村产业振兴发展规划，确保乡村产业振兴工作有方向、有目标、有计划、有步骤。乡村干部和村民要凝心聚力撸起袖子加油干，为乡村产业振兴贡献力量。针对有整体规划，但没有细致规划的问题，各部门应全方位调研分析，抓住重点，找准定位。在乡村产业振兴过程中，应把握发展的协调性，以实现建设美丽乡村为总目标，促进产业建设。管理部门需抓好产业振兴的长效管理工作，加强领导，深入贯彻以人民为中心的发展思想。针对仓促式搞发展，忽略乡村产业振兴发展的管理民主问题，各级负责部门应站在整体的角度思考问题，把握大局，踏实创建，稳定步伐，切实做到一步一个脚印扎实向前推进。

3. 完善乡村产业发展机制

完善乡村产业发展机制是一个长期过程，对相关工作顺利开展具有重要的引领作用。在乡村产业振兴过程中，不能只局限于现阶段新农村规划的目标，应具有长远的眼光，站在新时代发展的阶梯上考虑未来农村建设发展目标，确保乡村产业振兴的持久性。各区县应尽快制订乡村产业振兴实施细则，明确规定乡村产业发展的意义、原则、方式、模式、流程、负面清单、组织领导、绩效考核标准、保障措施等。根据乡村产业发展涉及的技术、资金、人才、信息、市场、渠道、土地、法规以及税费等，出台乡村产业发展的优惠政策，发挥我国的体制优势，建立社会资源整合机制，以"农、工、商、贸、旅"相结合的方式发展乡村产业。建立乡村产业发展融资机制，为乡村产业发展提供融资渠道。

新时期乡村产业振兴在美丽中国建设中具有举足轻重的作用。在乡村产业建设过程中，应紧跟时代发展步伐，扎根于基层，立足于实践，找准问题，解决问题，注重全面发展，坚持前瞻性思维、整体性思维、开放性思维等，为实现新时代乡村产业振兴的最终目标奠定基础。随着新时代的发展与时俱进、改革创新，站在时代的前沿为新时期乡村产业振兴寻求更优化的发展路径。以保障农民的根本利益为宗旨，保证乡村产业振兴发展的科学性，为实现新时期乡村产业振兴的跨越式发展提供科学依据。

三、乡村振兴背景下村庄规划编制

乡村振兴大环境下所推进的村庄规划应做好全面精细的部署，在问题导向和目标导向下高效地服务农业和农村的发展。所实施的规划和编制务必要在分析各个村庄现实差异以及具体目标等的条件下进行，为相关工作的稳定与高效提供切实的保障。就当前的基本情况来看，推进乡村振兴与脱贫攻坚协调发展有着更为突出的现实价值。由于农村与城市有着根本的差异，因此相应的规划务必要基于现实的情况进行。未来所推进的村庄规划应高度重视物质空间的改善以及农村经济的提升，以切实地保障基础发展要素的稳固。

（一）振兴背景村庄规划的要求

1. 稳步提高经济发展

通过具体的规划能够高效地推进村庄农业现代化产业体系的构建，且有助于稳定高效地推进乡村振兴。如此一来，不仅能构建起高标准的农田，农业经济的发展也得到了切实保障和维护。

2. 加强生态环境保护

作为国土空间规划中的最小空间单元，村庄是进行生态环境维护的重要基础，尤其是其中涉及的内部生态系统，加强针对性的保护无疑有助于生态保护空间格局的科学化构建。

3. 统筹耕地和永久基本农田保护

对于农业经济的发展来说，农田质量问题有着极为重要的影响作用。只有解决好农田质量问题，后续的农业现代化发展才能得到切实保障，而农业更为科学的发展布局也能得以更快构建。

4. 突显村庄文化特色

特色保护类村庄在承载村庄特色文化方面有着极为重要的作用，特色文化对于发掘村庄资源和因地制宜地进行发展来说，所呈现出的价值无疑是极为突出的，因此构建村庄文化特色必要高度重视。

5. 完善数据库建立

加强村庄规划相关数据标准的制定，为村庄普查和规划等工作的稳步推进提供有利条件。完善数据库的建立，不仅能够高效地推进村庄规划的数字化管理，而且还有助于村庄管理工作机制的规范化运行。

6. 更新村庄分类

通过对村庄类型的精准识别和明确村庄振兴的模式，推进村庄的科学化发展。就当前的基本情况来看，尽管村庄类型有着精细的划分，但是相关的划分标准并不规范，并不利于现实性的科学规划。鉴于此，应加强相关分类原则的探究，为农业全面升级高效发展提供切实的保障。

（二）当前村庄规划编制中的主要问题

通过对我国乡村规划编制方法以及相关成果的研究，可以发现所用的编制方法以及技术并不规范，且现实性价值不强，因此也就难以达到较为理想的应用效果。

1. 村民参与不积极

作为村庄规划的主要实施者，村民并未体现出积极参与的主动性。具体表现在如下几个方面：所进行的规划与村民的关系不大，且没有使村民充分地参与前期的设计，通过县级机构形成的规划与现实的情况并不相符。相关的规划主要涉及土地和房屋以及一些基础设施，这些都与村民有着直接的利益关系，但是因村民在语言表达方面的不足，难以干预具体的规划设计。一般来看，只要村庄的直接领导批准以后即可不与村民商量进行具体的规划，显然这并不符合村民的真实诉求。

2. 懂乡村规划的专业人才少

对于所开展的城乡规划来说，相关的从业人员很多并不了解农村的现实情况，这样也就难以高效地推进相关工作。特别是对于村庄的固有传统以及现实的情况并不了解，这样就极易出现一些不良的情况，加上理论与实践的结合并不稳固，这样就难以高质量地推进相关工作。

3. 乡村规划技术方法不成熟

就当前的基本情况来看，所实行的规划编制体系仍旧是自上而下的模式，所用的编制方法也是套用城市的模式，显然这样的方法并不科学。

4. 规划内容针对性不强

乡村规划的工作内容极为复杂且涉及的细节往往比较多，因此尽管看上去比较充分，但是细节方面存在着诸多疏漏，特别是对规划现状的真实情况调研不够充分。就拿安徽怀远县某行政村所进行的乡村规划来说，相关的编制性文字足有35824字，图纸也有33张，不可谓不详尽充分。但是其中的最大问题在于，相关的规划并没有问题意识，很多内容都是空中楼阁，因此也就难以为现实性的工作提供切实的指导。即便大多数村委能够积极地参与其中，但是面对这样空泛的编制，其也很难有效地落实下去。显然，这样的一种情况就暴露出了规划编制的最大弊病——脱离实际、纸上谈兵。另外，当前所进行的乡村规划也不注重目标的精细设计，每个环节的处理都比较随便，根本没有相对明确的指导，这样也就难以高效地落实既定的规划。

5. 村民主体在规划决策中缺位

就当前的规划和设计来说，虽然国家相关的法律法规有着较为明确的要求，但是具体到现实情况却有着很多的问题。主要在于，大多数的基层乡镇财政上不能为具体的规划提供相应的支持，因此其也就很难主动地参与到相关的规划和设计工作中。这样一来，相关的工作就由县级相关部门代替，并由其进行具体的规划和设计。县级相关部门对村庄的具体情况并不了解，因此村民在相关工作中的主体地位必定会受到削弱，县级部门更为注重效率，因此其往往会跳过所谓的程序进行相关工作，这就造成了上级规划部门全权包办的一种现实情况。

拿2019年3月20日召开的2019年度美丽乡村规划编制征求意见会来说，所涉及的相关部门主要有县农村环境整治办、农业农村局、发改委和住建局以及规划局等，同时也涉及乡镇分管负责人和村支书等相关人员。从这些参会的部门当中，可以发现直接负责村庄具体工作的只有村支书一人。需要注意的是，尽管除村支书以外的所有部门对村庄规划相关的政策和规范比较熟悉，但是由于其对村庄的具体情况并不了解，因此也就难以使其切实地为村庄的现实所需提供相应的指导。与此同时，相关的部门未能将乡村规划与城市规划区别开来，且在乡村规划方面并没有突出的研究成果，这样也就难以为现实性工作的部署提供相应的参考和指导。不仅如此，城乡规划专业教育中对乡村规划的关注较少，尤其是理论相关的知识，这样就难以为现实性的实践提供相应的支持。

直到2008年，随着《中华人民共和国城乡规划法》的出台，城乡一体化发展、城乡融合发展理念才逐步进入到公众的视野当中，并成为国家的一种战略选择。然而，城市乡村的共同发展却是直到2013年才被提出和实践。就当前村庄规划的具体情况来看，要想稳定高效地推进相关的处理，就应顺应国家的形势发展，通过乡村振兴促进新型城镇化规划的有效落实，在工业反哺农业和城乡协同发展的条件下促进新农村的科学化建设。具体推进相关工作的过程中，需要注意的是，不仅要关注上位规划的传导，而且还要与村庄的现实情况保持协调，通过严谨精细地调研高效地推动村庄的建设和发展。对于乡村规划来说，要想使其稳定高效地推进，就应做好自主性部署和设计，充分地体现出特色，既要对城市规划的优秀经验加以借鉴，也要做好自我模式的探索和创新，这样才能高效地推进相关工作。

（三）更新规划理念

1. 改革规划方法

在乡村振兴背景下村庄规划编制工作的开展需要对传统的规划方法加以改善，要根据现有的最新政策，利用专业的技术以及软件处理相关的事务，例如通过无人机航测技术的应用等，实现内业外业的有效融合，能够提高规划的质量。

2. 建立乡村规划制度

在村庄规划编制阶段，需要根据实际情况将乡村规划制度逐步完善，按照制度规划的标准要求进行规划控制，对胡乱规划的问题要引起重视，要严格根据规范制度的标准以及国家的要求进行规划，确保规划内容具备科学性以及合理性。

3. 做好人才培养

在村庄规划编制工作开展阶段，工作人员水平的高低与工作质量有着直接的关系，因此必须要做好人才的培养，严格按照科学规划、全面统筹、部门协作、专家领衔的原则开展培训工作，这样才能够提高工作人员的专业水平以及专业技能，使其能够在规划编制中发挥出自己的作用价值提高规划方案质量。

4. 推进农业农村现代化

在乡村振兴背景下，村庄规划编制工作的开展需要立足于实际，按照农村现代化的建设标准要求，在掌握农业农情以及乡村地域特色的基础上，保留原始的特征，构建出更为科学有效的编制方法，从而才能够达到乡村振兴背景下村庄规划编制的工作要求。

5. 充分发挥村民的主体作用

在乡村振兴背景下，村庄规划编制工作的开展需要充分发挥村民的主体作用，在规划编制的时候要考虑到村民的实际需求。要按照地形地势构建出更为科学有效的规划方案，并且规划方案要具备科学性，能够在满足村民要求的同时达到乡村振兴背景的发展要求。

6. 确保规划成果能用管用好用

在村庄规划编制工作开展阶段，需要考虑到规划的成果，应具备实用性以及科学性。必要时还需要深入到村庄现场考察，实地做好规划成果方案可行性的分析。

7. 准确定位规划目标，结合实际、因地制宜编制规划内容

由于村庄规划编制是一项系统性的工作，在规划阶段需要做好目标的确定，按照实际要求以及因地制宜的原则，对规划的内容进行科学分析，只有从多方面入手才能够满足乡村振兴发展需求。

8. 规划成果应纳入村规民约，并做好后期保障工作

对于村庄规划来说，还应重点做好村庄未来社会治理以及秩序维持等工作部署，村民共同参与的村规民约也应落实到以上的工作中去。就拿垃圾处理和污水排放等关乎村庄现实性发展的问题来说，都应通过精细地规划具体落实，为高效地规划和设计提供切实的保障。另外，还应做好村庄宅基地规模的控制，以免影响到整个村庄的总体布局。

9. 精简规划内容

首先，所涉及的规划成果应简明扼要。对于村庄规划来说，尽管所涉及的内容较多，但是相关的内容应尽量简洁和能够体现出问题的明确性，在具体落实上也应更为准确。规划中涉及的公共设施主要有村部和学校，相关工作应做好精细科学的设计，以切实保障规划工作的科学与规范。对于住宅区的设计来说，应在分析住房现状以及人口规模的前提下进行，以保障相关规划工作的科学与高效。另外还应注意的是，养殖与加工区域应与住宅区分离，这样才能切实地保障生态环境的稳定和安全。

其次，明确近期建设内容。近期所推进的规划务必要在行动规划的指导下有序展开，且应在分析村庄具体现实情况的条件下进行。具体来说，应做好项目库的完善以及投资规模等的精细设计，从而为具体项目的高效落实提供切实保障。与此同时，还应做好生态的修复和农田的整治等符合乡村振兴总体要求的各项工作，且应做好人居环境的整治以及区域历史文化的保护，这样才能更为高效地推进整个乡村规划，最终所达到的效果也会更为理想。

最后，深入规划重点内容。对于村庄规划来说，应在有所侧重的条件下进行相关的工作，换言之就是要在明确重点的条件下进行各项部署。就拿公共服务设施来说，务必要确保其位置和规模的适宜。道路和排水等基础设施建设，也应做好有效协调和统一布置，在

总体规划的指导下高效地推进工作。

综合以上分析，在乡村振兴背景下做好村庄规划编制的工作对实现乡村振兴有着很重要的帮助。因此必须要结合实际做好相关规划编制方案的优化，并且将新理念新方法融入到各项工作中来，这样才能够提高村庄规划编制的水平，满足乡村振兴发展的需求。

第二章 乡村振兴与农村基层党建

第一节　农村基层党建引领乡村振兴

一、夯实党建基础实现乡村振兴

为了实现农村大发展，加快农业农村现代化，让农民更富裕，让农村更美丽，党的十九大提出了乡村振兴战略，为农业农村发展的全面腾飞指明了方向。"产业兴旺、生态宜居、乡村文明、治理有效、生活富裕"是乡村振兴的战略目标，全面加快农业的现代化、推进可持续发展，就是为了提高农村人民群众的收入及生活水平，让农村群众生活得更自信、更美好，让农村成为安居乐业的美丽家园，同全国人民一起奔向小康，实现共同富裕这一中国特色社会主义的伟大目标。在实施乡村振兴战略的各项工作中必须坚持党的领导和正确引领，确保党在农村工作中统揽协调，形成有力的政治保障。将夯实党建的基础工作与乡村振兴战略的具体工作有机结合，针对农村地区的现状和在发展过程中遇到的实际困难，比如，产业结构调整、基础设施建设、农村土地问题、法治治理、环境优化等现实问题，充分挖掘广大农村和农民群众的内生动力和巨大潜力，激发农民活力，全面推进乡村振兴战略，共同迈向富裕之路。

（一）党建引领乡村振兴

1. 党的领导是有力的政治保障，是乡村振兴战略成功的关键

实现乡村振兴战略、决胜全面建成小康社会、让全民共同富裕是我党制定的中国特色社会主义的伟大振兴目标。伟大目标的实现离不开党的绝对领导，离不开党的正确指引，党是领导的核心，是实现全面振兴的重要保障，强化党的绝对领导，强化组织引领，夯实党建基础，确保发挥党的统揽协调作用，通过从严治党，基层党建用理论武装头脑，充分把握乡村振兴战略成功的关键，以实事求是、科学严谨的实干精神保障乡村振兴战略的顺利实施。

2. 基层党员干部是推进乡村振兴工作的决定因素

面对乡村振兴大业，党员干部充当领头羊，尽职尽责，稳步推进乡村各项事业发展。实现乡村振兴的目标伟大而艰巨，农村发展相对还较为落后，包括经济结构调整、交通设施建设、文化教育普及、居住环境改善、法治治理提高等方面与发达城镇相比还有相当大的距离，基层党组织面对的挑战是严峻的，但是基层党组织作为乡村振兴的中坚力量，是做好工作的决定因素，他们懂得乡村发展的规律，他们懂得农民最需要什么，他们深入广大农民中间，带头示范，通过不断夯实党建基础，积极发挥基层党建政治优势，发挥党组织的凝聚力和核心作用，在工作中获得广大农民群众的认同，齐心协力一起推进乡村振兴。

3. 党建工作是基础，实干是硬道理

乡村振兴战略的具体实施靠的是基层党组织坚决贯彻执行。针对乡村相对薄弱的经济

基础和建设现状，面对繁杂的具体工作，党组织通过组织协调，做好突击的先锋，发挥战斗堡垒作用，在实干中发现问题，努力解决农业农村发展中遇到的根本问题，到基层去，深入农村第一线，真抓实干，发现问题及时解决，不怕吃苦不怕烦琐，时刻以广大农民群众的利益为中心，致力于落实好乡村文明、产业发展、法治治理、农民富裕等乡村振兴大事，解决实际问题，做到真正为农民办实事，体现党建的战斗力，为乡村振兴发展贡献力量。

4. 密切联系群众，保障乡村振兴战略顺利实施

推进乡村振兴战略实现的过程中，基层党组织是党和人民群众联系的纽带桥梁。推进实现伟大振兴战略，离不开广大农民群众的积极参与，基层党建通过密切联系群众，将党的乡村振兴政策宣传到每位群众心中，引导教育群众坚定对党的信心，让他们对党的工作有深刻的理解，乐于跟党一起走；通过联系群众吸收勤劳能干、政治素质过硬的优秀人才充实到基层党组织中，改善组织队伍结构，保障党和人民群众一条心，共同攻克振兴之路上的困难，保障乡村振兴的顺利实现；通过党建把基层党组织与农民群众凝聚在一起，利用群众力量，发挥基层党建功能，合理协调、配置资源，整合农村土地、技术、人才和地区特色资源，发展适合当地农村的产业，提高经济发展动力；通过密切联系群众，认识问题真相，切实解决如特色产业、人口素质教育、留守人群呵护、生活环境改善、生活水平提高等关系到人民群众切身利益的问题。同时也及时为上级组织的决策提供真实可靠的基层信息依据，从而夯实党的执政基础，增强党的凝聚力。

（二）当前乡村振兴发展中党建工作存在的问题

1. 缺乏政治大局观，政治领悟力还有待提高

基层党组织中的党员干部，普遍政策理论水平不高，文化素质较低，吸收新事物、应用新技术的能力不足，对在乡村振兴战略实施过程中党在实际工作中的核心作用和绝对领导地位领悟不足，对党的政策方针学习不够。还有的对党建工作不重视，思想不坚定，缺乏政治大局观，很容易受到不良因素侵蚀，对党建工作的复杂性认识不够，工作流于形式，不能充分发挥基层党组织战斗堡垒作用，基层党建工作的作用大打折扣。

2. 服务群众意识不足，不能充分发挥党建的凝聚作用

实现乡村振兴战略离不开农民群众的积极参与，群众是生产力创造的主体，基层党建工作应该时刻联系群众，为群众利益服务，但是在实际工作中，个别党员干部党性觉悟较差，理想信念缺失，服务群众的意识不足，与农民群众脱节，自私自利，只管自己前途利益，怕吃亏思想严重，更没有充当好党的政策的宣传者和执行者，没有让农民群众积极参与到党建工作中来，更不能及时解决乡村农民实际的、切实关心的问题，造成基层党建在农民群众中失去凝聚力。

3. 能力不够，削弱了党建基础的战斗力

凸显基层党建的战斗力，选好带头人是关键，但在实际工作中，非常缺乏党性坚定、作风过硬，有领导力、执行力的党员干部人才，部分基层党员干部工作能力不足，业务素

质低,统筹协调能力差,接受新鲜事物和技能的观念落后,损害了广大农民群众的切身利益。

4. 基层党建队伍素质结构有待提升和优化

基层党建队伍中干部党员结构不合理,年龄普遍偏大,平时缺乏政治理论学习,领会政策水平较低,政治素质及文化程度不高,获取新知识、新信息能力更是欠缺,造成基层党建整体力量薄弱,干部党员的党性观念下降。基层党组织的吸引力下降,战斗力不足,这个也是因为农村地区经济条件较差、个人收入不高,造成个别干部党员缺乏干劲,失去向上的动力造成的。基层党建亟待补充新鲜血液,提升整个队伍结构、素质,多方吸收政治素质高、协调统筹能力强、年富力强的人才充实到干部队伍中。

(三)夯实党建基础助力乡村振兴

1. 树立信念,坚定党的领导,将党建工作融入到乡村振兴战略中

树立党的绝对领导的坚定信念,坚持党引领方向,将党建工作融入到落实乡村振兴的战略操作流程中。乡村振兴战略意义深远,作用巨大,而实际工作非常复杂,必须依靠党的统一指挥和引领,由党来统揽全局,协调统筹各方,党才是凝聚乡村振兴的核心力量,只有将党建工作融入到乡村振兴战略的实际工作中,才能保障乡村振兴战略目标的实现。

2. 加强理论学习,完善教育培训

实现乡村振兴战略是一项艰巨而伟大的工程,需要基层党组织与时俱进,不断学习政治理论,提高政治素养和觉悟,加强自身作风建设,更好地发挥党建的核心引领作用,通过不断对党员干部进行政治理论的培训,使他们坚定党性,在实际工作中保持正确的方向;在党建工作中还要积极应用多种现代媒体加强宣传教育,扩大理论自信和文化自信,坚定贯彻党的政策的决心和信心,并落实到基层一线的实际工作中,增进工作实效,促进乡村振兴战略的顺利实施。

3. 加强党组织建设,强化政治和精神文明,充分发挥带头人作用

树立党领导的坚强信念,统一思想,信心坚定,全面提高党员的素质,是落实好党建工作的关键。在基层党建工作中,因为面对的是农村地区,其产业规模较小,资源相对缺乏,治理不健全,群众不理解,各项发展均相对滞后,党员干部要充分认识到开展乡村振兴工作的难点,充分发挥基层党组织带头人作用,通过带头人引领,落实推动党建工作体系融入到乡村振兴战略中,保障党的政策真正落实,保障正确的方向指引。

4. 时刻以服务人民群众为中心,不断提升服务能力

基层党建工作要将服务人民群众利益的意识放在首位,切实关注农村人群的民生问题,及时解决他们最需要的,时刻维护和实现农民的利益,党员干部要以服务人民群众为中心,通过不断提高自身服务水平,发扬不怕吃苦的精神,密切联系群众,及时发现基层问题、解决问题,从而获得群众广泛支持,团结带领群众实现农村产业兴旺、生态宜居,带动农民群众振兴家乡,最快实现共同富裕。

5. 激发工作能力，助力乡村振兴战略

基层党建发挥协调组织的作用，将能干、实干、敢干的党员干部充实到基层，并通过建立实施奖励激励机制和考核制度，激发一线干部队伍的干劲，保持基层党建的活力和战斗力，在充分了解本地产业发展特点、环境资源、农民切实需求等情况后，通过协调组织力量，科学规划，统筹安排，集中财力物力，盘活和统一整合配置资源，积极推动农村可持续高效发展。

6. 不断自我更新，保持党建队伍活力

基层党组织要经常通过理论学习，改进工作方式，紧跟时代步伐，不断学习新知识、新技能、新方法，学习应用新科技、互联网大数据、智能化、"互联网+农业"等现代化方法，提高基层党建工作效率，并将新技能运用到振兴乡村工作的实践中，加快实现农业农村现代化。通过引进、挖掘、培养党建工作带头人，储备一批政治素质高、能力强的后备人才，及时更新调换一批基层组织领导，补足党建队伍的短板，创新党建理念，将一些遵规守纪，能干事、想干事、敢干事、有能力、高素质的地区带头人和先进分子吸收到队伍中，发挥组织优势，保持干部队伍的活力，带动农民群众共同致富。

二、农村基层党建引领乡村治理

农村的经济建设是社会热点问题，同时也在很大程度上决定着乡村振兴的战略实践成果以及共同富裕的发展进程，而乡村振兴不仅体现在农业产业以及生态建设等各个方面，更要求基层从党建工作出发，对不良的党建问题进行规范性调整，加大党建治理与创优的实践力度，真正营造良好的党建风气。只有这样才能确保基层党员形成良好的服务意识，为乡村振兴工作提供优质服务，做出应有的贡献。

（一）乡村振兴视域下农村基层党建引领乡村治理的意义

1. 借助基层党建有效化解社会矛盾

在乡村振兴战略背景下，农村基层党建面临的问题十分严峻。随着人们的生活品质日渐提升，在物质、精神方面的需求和整体追求也在显著增加，但是因为不同地区在经济建设方面具有一定的差异性，致使城乡之间所存在的发展矛盾日渐显著和突出。这样的不平衡现象将严重影响共同富裕战略目标的顺利落实。而有效落实基层党建工作，能够更好地适应乡村振兴的发展，解决当前城乡发展差距大的社会矛盾。

2. 基于基层党建优化农村经济建设

乡村振兴是带动农村经济实现有效建设的重要指导思想。在该战略方针指导下，科学落实基层党建工作，能够优化当地经济环境，也能够促进国家整体的经济面貌实现有效改善和优化，全面提高国家经济综合水平以及在国际范围领域的综合影响力。积极贯彻乡村振兴的战略理念，全面实施基层党建工作要务，能够进一步履行新时期我们党所提出的一体化的战略发展纲要，通过思想、技术、人才等多元扶持和支撑，有效改变农村当前的经

济面貌和发展形态,从而为广大农民群众提供优质的生活条件,让农村和城市之间真正在经济方面达到一定的平衡。

3. 利用基层党建解决农业问题

农业是国之根本,是支撑国家经济建设的核心支柱。在乡村振兴的思想导向下,国家越发关注农业问题。在基层党建工作范围内,针对以往"三农"发展建设过程中所存在的问题和短板进行深入分析,然后借鉴经验、吸取教训,合理地总结与归纳优秀的"三农"发展战略方针,以保证所构建的农业体系更加规范,同时也能够全面提高农业在经济领域的综合水平。在党建领域,遵循"五位一体""四个全面"的指导方针,全面落实机械化、现代化的农业发展战略目标,充分发挥党建所具有的现实问题解决助力作用。

(二)乡村振兴视域下农村基层党建引领乡村治理面临的挑战

在基层部门党建工作实践领域所呈现的局限性因素具有一定的多样性,不利于乡村振兴的有效落地。

首先,在党组织整体素质建设方面相对来讲比较薄弱,与新时期的乡村振兴工作要求之间具有一定的偏差。部分党员干部虽然资历丰富,但是因为年龄较大,在思想和工作思路方面缺乏一定的创新性,所呈现的职能动力也日渐薄弱。还有部分党员干部缺乏一定的法律意识,利用自身的职务之便贪污受贿,未能将国家投放在新农村建设方面的资金真正应用到各类建设项目当中,导致农村发展持续性受到制约。不仅如此,怎样有效地发展年轻、有素质的党员队伍,也成为当前农村党建工作的巨大挑战。

其次,在新时代背景下,农村的社会组织形式,以及在生产生活方面都与之前相比呈现出明显差异,对党组织结构要求也存在显著改变。在经济结构发生调整之后,筹资、融资等集体性、公益性的活动逐渐成为党建工作重点。但在党建工作全面落实的过程中,未能有效结合当地的经济建设需求以及目前的经济现状,致使所主抓的党建工作存在一定的片面性,所呈现的实践成效也受到桎梏且逐渐趋于形式化的不良发展。

另外,缺乏对新技术、新载体的开发,以及未能够合理设置有效的监督机制,都在一定程度上制约了党建工作的有序推进和深化落实。未能就参与权、知情权、监督权等方面进行规划,导致党建工作实际执行受到明显局限。

(三)乡村振兴视域下农村基层党建引领乡村治理的实施策略

1. 充分发挥党在人民群众中的号召力和影响力

为顺应乡村振兴趋势,做好基层党建工作,相关部门务必要从党的号召力和影响力角度出发,进行深入发掘和有效规划。跟随党的正确领导,深入分析在新时代背景下关于乡村振兴所提出的重要目标,全面了解目前农村在建设与发展中所存在的问题,精准定位接下来的改进目标和发展方向。之后,坚持以党的先进思想和理论为指导,从而构建一个更加新颖且符合新时代发展要求的政策体系,以支撑乡村振兴发展中的各项工作规范落实。在整个党建工作实践的过程中,还需充分发挥党所具有的引领力和号召力,深入分析党组织内部在廉洁奉公、反腐倡廉等各个方面的工作，及时发现存在的风险，防患于未然，进而让基层党员干部和相关工作人员能够积极地参与到乡村振兴的实践工作当中，充分发挥自身所具备的岗位职能，构建新农村。

2. 培育和践行社会主义核心价值观

在全面关注乡村振兴的前提导向下，基层部门需以党建工作为支撑，合理地培育和渗透优良的社会主义核心价值观，从而带动农村整体人员队伍的素质提高，有力地响应党的精神和号召，改善农村的经济和发展环境，全面提升农民队伍的综合素质，真正实现农业现代化建设，也能够让整个乡村面貌呈现出新环境、新风采。

在发展乡村振兴工程时，需从文化层面着手进行有效的建设。作为基层党组织，需明确自身所具有的思想引领和启蒙作用，深入到基层环境当中，了解当前广大农民群众所呈现的文化认知以及思想基础，然后借助于国家所提出的先进战略方针，将社会主义核心价值观作为重要的价值导向，有效地渗透到农民群众生活当中，促使其能够认可党的领导，并拥护党、支持党，认真贯彻和履行乡村振兴的方针政策，通过党与人民群众的共同努力，构建一个更加积极向上、优美和谐的农村环境。在加强这一思想宣传的过程中，需正确发挥现代化手段具有的支撑作用，可以通过广播、电视以及新闻报纸等多种媒体，向广大人民群众宣传社会主义核心价值观的思想内涵；也可以积极地开展理论知识讲座，从思想上进行干预和启蒙，让广大农民群众在意识到新时代发展方针和农业改革方向的前提下，能够有针对性、有目的地参与到农业生产的建设事业当中。

3. 凸显基层党组织地位，明确党建工作职能

党组织地位是否明确、其职能是否得到合理发挥，在很大程度上决定着党建工作的整体执行性，回顾以往的基层党建工作，可以发现基层部门在党组织职能地位安排方面并不规范，未能进行有效明确，导致职能出现交叉、混乱等不良现象。所以，在今后的党建工作中，基层部门首先要做的是全面分析国家在基层党建方面所提出的战略思想。以《中国共产党章程》《中国共产党和国家机关基层组织工作条例》等政策为引领，进一步规划党组织对其内部的人员组成和岗位结构进行合理安排，充分发挥支部书记的带头和引领作用，对具体的招聘机制进行优化设置，从当前的人才市场中挑选出优秀的党建工作人员，构建一支优秀且具有全面素质的党建队伍。同时，要根据党建所涉及的工作内容以及覆盖范围，对不同人员所应该履行的职能进行科学设置，保证人才配置具有更高的合理性。此外，重点加强党组织人员队伍的培训考核与激励，积极发掘和整理优秀的战略方针和政策理念，整合培训内容，并组织多元化的培训活动，引领农村党员队伍形成正确的政治观、思想观，真正实现高素质党组织有效建设。

4. 全心全意为人民服务，巩固脱贫攻坚成果

为实现乡村振兴，基层党组织需遵循全心全意为人民服务的指导思想，全面了解目前农业发展的实际需求。本着优化服务、共同富裕的原则，为广大农民群众提供正确的思想

引领和技术指导，以全面提高农业整体的发展水平。同时，也要督促广大党员干部积极参与到农村生活当中，了解广大农民群众的实际需求，并给予其帮扶和支持。更要将脱贫攻坚的战略思想有效贯彻和落实下去，在实现脱贫的前提下，达到共同富裕的目标，同时也能够真正地完成乡村振兴这一宏伟夙愿。在落实脱贫任务时，需根据当下农村的发展环境，从收入、健康、知识、权利、环境等多个方面着手，开展有效的扶贫工作，以保证所落实的政策具有全面性和具体性。不仅如此，也要增强与广大群众之间的联系，构建民主沟通与交流机制。针对民众所反映的问题要合理地进行改进和优化，从而保证所构建的乡村振兴体制更加规范，同时也能够呈现出较强的执行力。

5. 将党建与经济建设结合，丰富党建功能

基层部门需正确处理好党建与经济建设之间的协同关系，本着协调发展、整体提升的原则，进一步明确农村当地的经济发展现状以及未来的建设规划要求，以此为基准合理地设置党建工作目标，为接下来的工作安排提供正确的方向指引。在整个过程中基层部门需规范性地开展市场调研，全面了解当地的经济发展趋势，以及目前在经济建设中对于基层党建工作所提出的新要求。并结合目前的党建工作实际深入分析存在的不良问题，把握具体的局限性因素和制约条件。然后本着和谐发展的原则，就党建工作的内容、具体的实践体制进行优化，重点培养农村党建人员形成良好的服务意识，督促其深入参与到农村经济建设与调研当中，在全面了解基础情况的同时，科学地进行战略统筹，有效制定农村产业的发展方案，并科学设置有效的扶持机制，鼓励广大党员干部干实事，认真负责地带领人民群众走向共同富裕。

6. 开发新媒体的党建平台，加强党建思想宣传

在积极执行党建工作时，基层部门需进一步明确传统党建模式在信息传播方面所呈现的桎梏性问题，并有效适应新时期的现代化发展趋势，加强新媒体等技术载体的有效开发和实践运用。以此为支撑构建智能化、高效化的党建工作平台，就优秀的党建战略思想、纲要进行有效宣传推广，从而营造良好的党建氛围，也能够为基层部门人员之间的共同协调、配合提供良好的条件支撑。首先，依托于新媒体全面整合国家所提出的重要方针、政策以及开展的核心会议，提炼中心思想，明确基层党建未来的工作目标。组织内部人员队伍积极开展线上研讨活动，交流党建工作的实践和创新思路以及有效方法。同时，还可以有效借助新媒体构建基层党建工作官网，引领广大农民群众加以关注并了解国家实施的相关政策，以及对新农村建设所提出的新政策、新方针，以便及时抓住经济发展的重要机遇，真正实现乡村振兴。

7. 发挥党员干部榜样带头作用，提高基层振兴动力

党员干部队伍自身所具有的思想观和综合品质素养，在很大程度上决定着党建工作的执行水平，以及关乎着整个乡村振兴的实践成效。因此，基层政府需进一步确定党建工作未来的发展目标，对党员干部队伍给予合理的激励。选择优秀党员干部，发挥其所具有的

榜样与引领作用，带动内部其他人员共同参与到基层经济建设、农业技术革新，以及农民文化教育等各项工作当中。

（四）农村基层党建引领乡村治理案例——八宝镇坝哈村党建＋基层治理

坝哈村位于八宝镇西北部，东邻乐共村、南邻坝龙村、西邻交播村、北邻甘蔗园、老寨村。距镇人民政府所在地5公里，地域面积9.41平方公里，下辖坝哈、长海、干田堡、西边坡、麻布、干坝子、小坝哈等7个自然村8个村民小组，主要居住着壮、苗、汉3个民族。全村共有760户3423人。坝哈村党总支下设2个党支部共有71名党员，其中预备党员1名。

为全面推动社会治理创新构建网格化管理新机制，提升社会治理综合能力水平，推动网格化服务工作有效落实，基层矛盾纠纷及时排查化解，切实维护社会和谐稳定，坝哈村组建基层"小网格"，调动党员"积极性"，发挥组织"战斗力"，真正将管理的"神经末梢"延伸到基层的每一个"细胞"，不断推动基层治理"一网兜"落到实处。

1. 主要做法

（1）加强组织建设变"满盘沙"为"一盘棋"

强化政治引领。严格执行"第一议题"制度，扎实开展"我为群众办实事"活动，强化党支部政治功能，最大限度把基层党建的政治优势转化为基层社会治理的工作优势。强化队伍建设。建好村"两委"队伍、驻村工作队伍、群众自治队伍"三支队伍"，为基层治理提供人才支撑。强化示范带头。充分发挥党员在基层治理中的先锋模范作用，引领广大党员带头把干事创业的积极性、创造力凝聚到基层治理工作中。深入开展"绿美广南先锋行"主题活动，组织党员志愿服务队，组织志愿者参与人居环境整治、疫苗接种、普法宣传、绿美村庄建设等工作。

（2）突出网格管理变"多条线"为"一张网"

坚持把基层党建与基层治理紧密结合，把党的领导贯彻到基层社会治理全过程、各方面，建立健全网格内党支部、党小组，强化党群联动、干群联动，以"网格化"管理为抓手，建立了"一张网全域覆盖"的网格化管理工作体系，将党建、综治、社保、民政等各类事务融入网格一张网内。在不打破现有行政区划、管理格局和基层民主自治的前提下，全面深化"网格化"管理，建立健全"1+3+N"五级网格化管理模式，以10至30户为一网格区进行划分，将坝哈村7个村组768户居民划分为32个网格区。设镇党委书记为一级网格长，挂村领导为二级网格长，村党总支书记为三级网格长，村组长为四级网格长，村民代表、党员、退休干部等管理能力较强的人员为中心户长（五级网格长）。

（3）探索村民自治变"独角戏"为"大合唱"

以预防为抓手，学校与村委会协同组织开展对334名学生家庭矛盾纠纷进行问卷调查，及时发现家庭中的父母婚姻矛盾及家庭成员之间的矛盾苗头。通过开展问卷调查、入户跟踪，排查出334名学生中有38个家庭存在矛盾纠纷，根据排查出的矛盾问题进行分类汇总，对排查出来的家庭矛盾进行分类建立台账，并将数据反馈到各中心户长手中，由中心户长随时掌握家庭矛盾动态，做到底数清、情况明。

坝哈村委会联合坝哈小学开展"小手拉大手，共建美好家园"教育实践活动。以"从我做起，带动全家，拉动社会"为工作思路，为进一步提高学生文明素养，美化家庭环境，引导全村学生以主人翁的责任感，从小事做起，从身边做起，以实际行动打造和谐美丽家园，并通过"小手拉大手，共建美好家园"活动，不断增强学生和家长主动参与的积极性，动员全体同学带动家长，为共同创造整洁、有序、文明的乡村而努力。

2. 治理成效

村庄管理有序，减少了治安盲区。农村实行网格化管理后，有效地解决了村组的矛盾纠纷、群众疑问，为村组的管理提供便利。畅通了为民服务渠道，提高了基层组织办事能力。坝哈村组建五级网格管理机制后，"自下而上"的群众诉求渠道得以畅通，乡镇、村委会能更好地解决群众的诉求，真正把群众诉求落到实处、写在明里，大大提升了党委政府和基层党组织解决群众问题的意识和能力。干群联动、师生联动，提升基层治理覆盖面与成效性。坝哈村通过网格片区划分开展人居环境整治，人居环境得到提升，同时，通过开展"小手牵大手"活动，发动学生带动家长开展人居环境整治，有效预防因婚姻家庭矛盾纠纷激化而引起的"民转刑"案件。

坝哈村逐渐将平安建设、民生服务、基层党建融合到一张网中。网格内融入的新需求落实到每个网格的管理人员身上，既能确保需求落地，又节省了人力，集约了资源，有效地保障了农村的安定、村民的生活服务以及党组织在基层的建设。在网格化管理中，坝哈村建立中心户长激励机制，按照职责履行情况对中心户长进行考核激励，并实行以流动小红旗等精神鼓励为主，物质鼓励为辅制度，有效激发了村民的主人翁意识，激活村民参与社会治理的积极性，自觉付出心力维护共同的家园，培养起农村内生的活力。

三、新时代农村基层党建引领乡村振兴的实践

实施乡村振兴战略，是解决"三农"问题的重要举措，其中，党的基层组织是乡村振兴战略顺利实施的基础，要真正实现乡村振兴、解决农村问题，需坚定不移坚持党的领导，发挥出农村基层党组织的核心作用，铸造坚强的战斗堡垒，实现基层党建、乡村振兴的有机结合与相互促进。

（一）发挥农村基层党建引领的意义

农村基层党组织是党在农村工作的战斗堡垒，是上级党组织上情下达的坚定执行者，是引领乡村振兴的带头人和指挥者，是乡村发展进程中的核心力量。习近平总书记强调，"要以提升组织力为重点，突出政治功能，健全基层组织，优化组织设置，理顺隶属关系，创新活动方式，扩大基层党的组织覆盖和工作覆盖。""要加强支部标准化、规范化建设。"这些思想指导着我们要全心全意投入到乡村振兴发展的实践中去，利用农村基层党组织的

组织功能和资源优势助推乡村治理发展，这具有几个重要意义：

1. 为乡村振兴带来组织引领

在乡村振兴战略的实现中，农村基层党组织的建设是一个热点内容，推进乡村振兴是为了缩小城乡差距、促进乡村经济发展、建设现代化农业，打造出现代化的农村治理体系。基层党建工作面临的是村内的各类业务，也是党的神经末梢。因此，必须要抓好基层党建工作，以基层党建来引领乡村振兴，汲取各个阶段的经验教训，牢固建好基层战斗堡垒，鼓励更多的群众参与进来，为乡村振兴提供组织引领。

2. 为"三农"工作提供政治保障

从20世纪90年代开始，"三农"问题成为我党的工作重心，由于基层党组织结构不够完善，基层党建工作滞后，对农村经济发展造成了负面影响，若"三农"问题未得到解决，将会危及我国的社会稳定。做好农村基层党建工作，发挥出其号召力、凝聚力和领导力，能够提升基层工作效率，增强农民的获得感，为"三农"问题的解决提供政治保障。

3. 从基层延伸全面从严治党

全面从严治党是历史的选择，基层党组织是全面从严治党中不可或缺的重要组成，贯穿在群众生活、党建工作的各个层面，严格按照党中央要求来做好党建工作，抓好农村基层党组织建设，能够打造出新的基层党建工作新局面。

（二）当前农村基层党建存在的问题

1. 党组织建设"空心化"

在城市化进程的发展下，农村人口不断外流，农村人才的后备力量减少，且目前各个城市都开启"抢人大战"，给人才提供丰厚待遇，从农村走出的大学生纷纷在城市中落户，而此类人才正是农村基层党建的优秀人选，这类人才的外流，让农村党组织建设面临着"空心化""留人难"的困境。伴随着城市化进程的加剧，农村党组织建设的"空心化"更为严重，党组织生活频次降低，最终形成了恶性循环。

2. 激励与约束机制不完善

长期以来，在农村基层党组织内部一直都缺乏科学的激励和约束机制，无法充分调动起党员干部的工作积极性，对于党员村干部也缺乏科学的物质保障，村干部多为当地农民，并非国家公务人员，无法享受到与国家公务人员同等的福利和保障，影响了村干部的配合度。而普通党员缺乏参与农村管理事务的机会，党员的获得感不足，参与党建工作的动力较弱。

3. 部分基层党员干部思想滞后

多元化的就业形势以及城市化进程的发展为农民赋予了更多的自由选择空间，在这一过程中，农村的社会生活发生了结构失衡，加之市场经济的影响，对农民思想产生了负面影响，具体表现为道德观念的缺失、过分追求金钱等，部分基层党员干部思想滞后，理想信念出现了动摇，严重损害了党组织的形象。

（三）新时代农村基层党建引领乡村振兴的路径——以小阿幕村为例

小阿幕村隶属广南县南屏镇，距南屏镇人民政府12公里，地域面积29平方公里，辖18个村小组，9个村小组属土山区，另9个村小组为喀斯特地貌。总人口862户3977人。小阿幕村党总支下设5个党支部，共有98名党员，牢固树立高质量发展理念，统筹产业发展与乡村治理，以"三化"全域党建为抓手，奋力谱写乡村振兴高质量发展新篇章。

1. 做好队伍建设

（1）重视农村党员队伍的建设

在新时期，需进一步优化农村党员队伍结构，将各类优秀分子吸引到党内，通过推荐入党、群众推优、党员推荐等方式建设党员队伍。具体需优化党员的年龄结构，与农村村级领导班子的建设结合，并从农村致富能力、政治素养优良的人才中发展党员，解决当前农村基层党组织队伍建设的问题。在队伍的建设上，也要严格把好"程序关"，遵照党章规定，把好"培养关""考察关""审批关"与"转正关"，杜绝违规入党的行为，对于通过不合法手续或者欺骗进入党员队伍者，予以严肃处理。

（2）优化基层党组织的设置

对基层党组织模式进行创新，遵循因地制宜原则，发挥出党员干部的模范带头作用，突破以往单一以区域划分的限定，理清楚党组织的隶属关系，明确党组织的设置标准。另外，在农村基层党组织的建设上，普遍存在党组织的涣散问题，要解决这一问题，需合理寻找突破口，明确"两委"的关系，做好分工，合理安排各自事务，在发生问题和矛盾时，党支部需从宏观层面解决问题，村委会则负责微观层面的贯彻与落实，两者相互补充，实现共赢。

2. 重视制度规范建设

（1）落实民主集中制

实践显示，如果民主集中制受到破坏，将会造成严重后果，乡村振兴既是党领导方式的变革，更是基层组织的重构。为此，要让农村党员干部认识到民主集中制的重要意义，在工作中主动听取群众意见和建议，杜绝"一言堂"，营造出和谐、民主的风气。在基层党组织内部，也要打造出平等氛围，将广大党员紧密联系起来，发挥出各自优势，做到"术业有专攻"，让集体决策更加科学、民主。

（2）完善选举制度

基层民主选举是党内民主的有效措施，党委需提前做好摸底调研工作，以做到优中取优、公平选举、尊重民意，推广差额选举方式，严格遵照《中国共产党基层组织选举工作暂行条例》的具体要求，完善选举制度、规范选举程序，按要求公示选举人的基本条件，让选举处于群众的约束和监督下，选出真正优秀、负责的党员干部，更好地为乡村振兴服务。

（3）完善评价考核机制

建立测评小组，为村民提供询问、质询机会，对党员干部的生活行为、日常工作做出评价，对评价结果要进行归档保管，作为考核奖惩、换届选举的重要标准。对于考核结果优秀者，予以奖励和表扬，发挥出其正面榜样作用；对于考核结果良好者，激励其向优秀靠齐；对于考核结果为差者，由组织进行谈话，及时了解问题所在，在后续环节重点关注。针对测评结果，要及时进行跟踪与分析，发现其中的违法违纪问题，促使党员干部更好地为乡村振兴事业而服务。

3.加强思想方面的建设

（1）重视党员干部思想理论的建设

在具体工作中，需将乡村振兴纳入到思想建党工作中，强化对党员干部的思想教育工作，坚定理想信念，坚定政治方向，让"两学一做"变得制度化、常态化。对于农村基层党组织干部而言，要做到以身作则，将"两学一做"制度铭记于心，强化自身的"四个意识"，以此来确保农村基层组织的职能和作用得以充分发挥。

村党组织是实施乡村振兴战略的"主心骨"，小阿幕村党总支和省政府研究室合作联建，选派三名同志到小阿幕驻村，以提升组织力为重点，不断强化村党组织战斗力。构建以强带弱、互帮互促、双向受益、共同提高的党建工作格局。一是聚焦标准化规范化，加强基层基础建设。明确基层党建工作具体抓手，努力推动村党组织全面进步、全面过硬，使其成为党员群众的"主心骨"。聚焦政治功能、服务功能，创新基层社会治理。二是优化基层组织设置，实施网格化党建工作。充分发挥党组织和党员在党建网格中的主体作用，建立网格事务收集、处理、反馈机制，引导党员网格员做好政策宣传、平安巡逻、环境整治、绿美乡村建设、精神文明建设等工作，努力实现需求在网格发现、资源在网格整合、问题在网格解决，推动基层党建与基层治理深度融合。三是聚焦村容村貌、人居环境，推进绿美乡村建设。为深入贯彻落实习近平总书记生态文明思想，争当生态文明建设排头兵，2022年7月，中共云南省委办公厅、云南省人民政府办公厅印发了《云南省城乡绿化美化三年行动（2022—2024年）》，镇党委乘势而为，要求村党组织发挥领导核心作用，以排山倒海之势，整村推进、整镇推进，掀起农村人居环境大整治的高潮。小阿幕村委会在全村18个村小组全覆盖开展绿美乡村专项行动，以项目化形式、专项资金方式推进美丽乡村建设，完善村域范围基础设施建设，推动农村地区环境面貌整体提升。

（2）优化思想建设环境

优化农村文化环境，长期以来，中华民族优秀的传统文化都是助推我国经济发展的精神动力，在农村基层党建工作中，也要善于挖掘优秀的文化资源，创新传播方式。如，传承农村的良好家风家训，弘扬尊老爱幼的传统美德，在农村建立"农家书屋"，为农民提供更多的阅读、学习机会。同时，要重视农村非物质文化遗产与历史文物的保护工作，营造良好的农村文化环境，加强党员干部与农民的文化自信，大力发展特色文化产业，借助旅游来拉动农村经济的发展。

（3）优化思想教育培训模式

发挥党支部书记的带头宣传作用，邀请优秀党员干部讲述亲身经历，定期组织专题学习研讨工作，开展丰富的理想信念主题教育活动，将志愿者服务、主题演讲等活动纳入到思想教育培训工作中，提高基层党员的参与感。思想教育培训工作还要具备层次性，根据不同党员干部文化水平、年龄的差异来选择对应的教育方式，以此来提升培训质量和效率。

实施乡村振兴战略，人才是保障，南屏镇党委做好村干部选育管用工作，为实现乡村振兴提供坚强的组织保证。一是抓牢带头人，育好乡村振兴"领头雁"。以村居"两委"班子换届工作为契机，选拔在精准扶贫、疫情防控、村庄环境综合整治等工作中能吃苦、干劲足、敢负责、勇担当、善作为的优秀同志担任"一把手"。加大村干部培训力度，坚持把提高政治觉悟、政治能力贯穿教育培训全过程，提升党性修养、业务能力和综合素质。二是抓牢后备军，造好乡村振兴"蓄水池"。发挥党建带群建、带团建作用，打破体制壁垒，加强人才队伍储备。从共青团员中推优入党，选派年轻干部组建绿美乡村建设专班，让年轻干部一线锻炼，熟悉了解农村情况，培养吃苦耐劳精神、增强群众工作能力，在实践中练就担当的"宽肩膀"、成事的"真本领"。三是抓牢新力量，搭好乡村振兴"助推器"。从镇各中心、站、所等行业部门，选配优秀干部组成专家服务团，开展"万名人才兴万村"行动。注重新型农民培养，依托社保等行业部门，采取实地教学、现场观摩、典型示范、案例分析等方式，培养新时代技能型人才。鼓励村"两委"干部发展产业，争当致富带头人。深入开展干部规划家乡，实施"归雁"工程，发挥能人乡贤等智囊参谋、支持助力作用，为小阿幕村提供智力、信息、理念、资源等方面的支持，在更大范围、更宽领域、更深层次上引领社会力量共同推进乡村振兴。

（4）"区域化"走可持续发展道路，努力实现产业振兴、文化振兴

发展产业是实现乡村振兴的必由之路，小阿幕村党总支在可持续发展上下功夫，为实施乡村振兴战略提供有力支撑。一是不断增强造血功能。采取"县级龙头企业引导带动＋村级股份经济合作联合社服务＋农户参与"的带动模式，打造小阿幕"一村一品"肉牛养殖示范村，实行分散饲养、企业收购后分成的模式，构建起肉牛养殖产业链协作关系和利益链接机制，促进群众增收。二是探索农文旅融合发展。区域资源共享，挖掘优秀历史文化资源，以绿美乡村建设为抓手，将小阿幕村小组打造成为南屏镇绿美建设的"典型引路"村庄。与老街村、干沟村一起连片发展蜂糖李、柿子、油茶、蒜头果等特色农产品产业，实现农文旅融合发展。三是凝聚乡村振兴合力。与马街村、老街村、干沟村开展"毗邻党建"工作，以"田园发展美、组织人才美、创新治理美、人文传承美"为主题，积极打造"党建引领、资源共享、优势互补、融合发展"的区域化党建工作新格局，形成推动乡村振兴的强大合力。

（四）党建引领乡村振兴案例——长冲村"六个一"构筑"三化"全域党建开启乡村振兴新篇章

长冲自然村隶属于广南县珠街镇放羊村委会，距离珠街集镇 7 公里，是彝族聚集村，民族文化丰富多彩，民风淳朴，现有农户 79 户，人口 402 人，党员 10 名。近年来，长冲村坚持党建引领促发展，凝心聚力谱新篇，因地制宜，探索创新"六个一"发展模式，全力构建"三化"全域党建促乡村振兴新格局，切实将长冲梨变成群众的"致富果"，把长冲梨产业打造成长冲村增收致富的支柱产业，实现"村有基地、户有果园"目标。

"行业化"抓实组织建设，一"网"管全村。以党员联系群众为根基，以长冲梨产业优化发展为目标，结合日常工作，长冲村划分为 8 个网格区域，在网格内建立了"支部＋党员＋村民"组织构架，由 8 名网格长负责网格区域内农户政策宣讲、种植经验传授等，采取"多网合一"的模式将责任压实到人到户到责任区，全面调动村民参与村庄建设的积极性和主动性，形成有人抓、有人管的齐抓共管工作格局。

"行业化"抓实制度建设，一"规"促民风。总结"红黑榜"制度经验，抓实制度建设，依照中心工作、重点任务清单帮助群众制定了环境卫生整治、殡葬改革、群众矛盾纠纷解决等村规民约，以村规民约的"订""约""效"为切入点，分门别类解决群众在辖区维稳、治安、矛盾调解等方面反映的焦点、热点、难点问题，党员干部以身作则，带头践行"村规民约"，群众积极发挥监督作用，促使"村规民约"落到实处。

"行业化"抓实队伍建设，一"章"聚合力。推行"征信章"管理模式，让干部手中有"权"，管理村务有"招"，党员示范有"台"，群众心中有"畏"，增强政策的执行力和感召力，实现"要我做"向"我要做"的群众主人翁意识转变，更好地以村干牵头、示范带动、逐步辐射等方式发动在外人才集思广益规划家乡、出工出力建设家乡。

"合作化"抓实技术服务，一"员"强指导。与云南农科所合作，开展长冲梨种植管理过程技术培训，结合"万名人才兴万村"，州县农科部门深入长冲进行技术指导，以知识讲座、病虫害防治培训、发放宣传手册、实地操作等方式，让群众转变方式学、因地制宜学、寓教于乐学，把学习的收获转化到长冲梨种植管护的实践运用中，不断优化种植技术，持续提高经济收益。

"合作化"抓实产业发展，一"梨"富全村。围绕"抓党建促产业振兴"，积极探索"党建＋产业"新路子，以长冲梨产业培育园项目建设和梨王节、梨花节为契机，盘活资源，扩大宣传，在上海静安区的援建下，建成广南县高原特色产品展示中心、农产品冷藏仓储物流园区，依托"云品入沪"项目与上海西郊国际农产品交易有限公司达成合作，把珠街长冲梨引入云品中心，使珠街长冲梨走进上海、走向世界。目前长冲村 79 户农户中有 78 户种植了长冲梨，种植面积累计 2000 余亩，其中有 1000 余亩已挂果，亩收入 4 万元以上。

"区域化"抓示范引领，一"圈"消界限。按照"便于资源共享、便于活动开展、便于管理服务"和"行业相近、地域相邻"原则，发挥长冲村育苗基地、党支部书记科技示范园桥梁纽带作用，打破地域壁垒，逐步形成一个辐射全镇的发展圈，带动老寒寨、黑达等60余个村组种植长冲梨，由支部书记、种植大户、致富带头人等交叉进行交流指导，通过村组"头雁"牵头，在种植技术、品质提升、销售渠道、产品加工方面展开研究探讨，截至目前，全镇长冲梨种植面积达1万亩，挂果面积逐年增加，年均创收6000万元，通过物流销往广东、上海、浙江等地，逐渐走向全国市场。在长冲梨产业的发展推动下，种植圈内各村组、各党组织互联互动成为常态化，破除了以往"各抓各"的局面，党员群众主动融入属地中心任务和党建工作，基层党建实现了"单向发力"到"联合驱动"的转变，形成加强基层治理、服务基层群众的强大合力。

第二节　乡村振兴背景下农村基层党建工作

一、全面推进乡村振兴战略背景下的农村基层党建

全面推进乡村振兴战略的顺利实现离不开农村基层党组织建设。农村基层党建与乡村振兴之间需要经过从"适应——调试"到"再适应——再调试"的长久过程。面对现有农村党建存在的问题与挑战，要通过加强基层党组织战斗堡垒作用以提升组织引领合力，完善党建评价的指标标准以凝聚组织发展活力，加大基层经费保障以激发组织运行动力等策略来推动基层党建工作的有效开展。

（一）夯实基层党组织战斗堡垒，提升组织引领合力

1. 要突出基层党组织的政治功能

准确把握基层党组织职能定位，把"党的一切工作到支部"的观念内化于心、外化于行。明确基层党组织的政治功能、职责任务、组织设置和工作方法，增强开展活动的政治性和组织力，解决弱化、虚化、边缘化问题，严肃党的组织生活，避免形式主义，严格管理党员的日常政治生活。

2. 要加强农村基层党组织带头人的培育和选配

加强党组织的自身建设，一个班子是否能经得起考验，关键是要有一个好带头人，因此基层党组织建设必须将支部书记的培育和选配作为一项重要工作。一是选出"能人"，二是管理培养好"能人"。党组织书记是主要领导，在选拔聘用方面，对个人党性原则、业务能力、组织管理能力等方面要严格把关。配备基层党组织书记，一方面要发挥好上级党组织"慧眼识英雄"的推荐作用，鼓励有为知识青年积极参与到基层党组织书记的选拔中，更重要的是要严格落实选举程序，顺从民心、听取民意，通过"两推一选"和"公推直选"的方式选出一批政治上听话、能力上突出的能人走上基层党组织核心岗位。在管理培养方面，注重抓在日常、抓在平时，强化基层党组织书记责任意识。组织基层党支部书记定期或不定期参加培训，打造一批有信念、有能力、有品行的高素质的基层干部队伍，以提高全面乡村振兴大形势下解决乡村发展各种问题的能力和素质。

3. 要改变基层党员的工作理念

思想是行动的先导，理念一旦出现偏差，行动也不会走向正轨。因此，农村基层党建尤其要重视工作理念的塑造。乡村振兴是全国一盘棋行动，社会发展的需要、群众追求幸福的呼声越来越高涨，当下，任何的不进步都是退步，因此改变以往一成不变的工作理念迫在眉睫。一方面，可以开展培训，快速有效地提升党员素质能力。开展乡村振兴、基层党建相关工作内容培训，用党的最新理论政策武装全体党员干部，提高基层党员领导干部

的政策知晓率。开展管理、经济、法律等内容的培训，让基层党员干部增强管理能力，提升管理水平，掌握新兴技术知识，了解现行法律法规，并更好地运用到实际工作中，带领群众实现乡村振兴。另一方面，要注重服务意识的提升，加强道德、思想、党性三方面的修养，引导基层党员辨是非、明荣辱、分善恶，树立大局意识、全局观念，时刻把群众利益放在首位。

4. 践行共同富裕目标

共同富裕是我们中华民族孜孜追求的梦想，是一代又一代人奋斗的目标。在新时代，中国要建成社会主义社会，实现共同富裕，制定了2035年取得实质性进展的宏伟目标。而在共同富裕的道路上，一个村也不能落下。发展农村经济，我们的依托是什么？农村基层党组织。作为战斗堡垒，一方面，鼓励"先富带动后富"，注重总结积累成功经验，形成典型可复制案例辐射周边，让"星星之火"形成燎原之势，带动弱势群体一起实现经济起飞。另一方面，推动"弱鸟先飞"共赢共建局面，加强区域内"弱村"联动发展，相互协调，取长补短，统一调配，集中优势资源，构建起产业链，运用系统思维，形成党支部牵头的"大网格"产业链格局，将"小、散、弱"做成"大、强、优"，共建共赢以实现共富。

（二）完善基层党建评价指标体系，凝聚组织发展活力

在全面乡村振兴视域下，完善基层党建评价指标体系尤为重要。因此，构建一套考评体系，不仅要让每一个考评指标彰显出考核的价值，同时也要让整个考核体系彰显出系统性、科学性。

1. 着力建章立制，推动党建与乡村振兴的有机融合

建议出台适应乡村振兴大形势的党建工作考评机制和办法，突出考核指标的科学化、精准化，明确评价对象、评价内容、评价程序和结果运用，有机融合农村基层党建工作与全面乡村振兴事业的推进。"农村基层党组织是领导乡村发展的组织者和实施者，乡村发展的质量与速度如何，在培育新的发展动能方面取得了哪些成效，发展有没有可持续性，广大农民群众是否充分享受到了发展的成果等等，这些指标从不同角度体现了基层党组织领导发展的成效。""评价农村基层党组织的绩效，要把实实在在的发展作为第一要务，这样才能契合党关于乡村发展的战略安排，才能体现农村基层党组织的工作实绩。因而，我们在设定评价指标时，把科学发展水平作为绩效评价的根本指标。"

2. 优化评价标准，树立正确考评观

针对当下党建工作考核评价存在复杂化、烦琐化等问题，变单项考核为综合考核，变碎片化评价为完整立体评价，避免了多头检查考核、重复检查考核给基层带来的负担，坚持精准施策，分类指导、个性化订单等可提升党建评价考核工作的针对性、规范性和科学性。针对个别基层党组织抓党建和党风廉政建设工作存在的虚功多实功少、重材料轻实效、重突击轻平时的现象，"有没有"开展的基本依据；注重运用到现场看、见具体事、听群

众说,以党建工作与乡村振兴推进的实际成效检验"好不好",有效避免以资料台账齐全、工作痕迹翔实、活动按部就班"论英雄"的现象。

3. 实施闭环管理,及时通报并改进

考核是为了促进工作。党建工作考核的目的是强化党组织建设、改进工作作风、推动工作正常进行。评价考核工作要精益求精,年初列出全年工作计划,考核单位要定期或不定期督促,实事求是地对考评单位形成全面客观的考评报告,给出落实情况的真实评价,并公布考核等级和得分情况。对于后进班子,发现问题,提出整改意见。

(三)构建基层党组织经费待遇保障机制,激发组织运行动力

1. 党组织经费保障机制

全面推进乡村振兴,离不开国家政策向农村的倾斜。落实经费保障制,首先需要在财政预算中将乡村党组织专项服务经费与办公经费、活动经费等纳入其中,使党建工作具有常态、稳定的经费来源渠道。

2. 切实提高农村基层党员干部待遇

农村党建工作得以顺利开展的关键是基层的党员干部群体,基层党员干部特别是村干部,他们是农村发展稳定中的一线奋斗人员,长期以来,他们拿着微薄的工资,却承担着直面群众、解决实际问题的工作压力和工作负担。在全面推进乡村振兴背景下,"村干部"被赋予更多的责任和压力,因此适当提高农村基层党员干部的待遇势在必行。要逐步规范村干部工资待遇,提高村干部工资待遇及养老保险标准,让村干部无后顾之忧,安心工作。建议实行村级干部"保底+绩效"工资,既保证村干部的基本生活来源,又能形成激励机制。要合理设置村级职务分工,能兼任的兼任,并岗提薪,合理设置村级工资支出。另外,要完善离任干部待遇保障,给离任村干部吃下"定心丸"。根据国家政策以及当地实际经济发展水平,进一步提高退休离任村干部的退休待遇,同时积极鼓励和帮助离任退休农村干部积极发挥余热,创办各种经济实体,自主创业,以增加家庭收入,并带动群众发家致富。

中国作为一个发展中国家必须首先发展好全民赖以为生的农业,全面推进乡村振兴战略实施,助力伟大斗争的进行、伟大工程的建设、伟大事业的推进以及伟大梦想的实现。农村基层党组织作为党在农村的战斗堡垒,在新形势下面临诸多问题和挑战,带着问题意识,农村基层党建需要进一步提升自身建设水平和工作质量,切实发挥党在乡村振兴过程中的指引和定心作用,推动全面乡村振兴战略落地落实,实现全体人民最大幸福。

二、乡村振兴视野下农村基层党建工作的困境及对策

(一)农村基层党建工作推动乡村振兴战略过程中面临的困境

农村基层党组织是党农村工作的重要组织保障和核心执行者,关系到乡村振兴战略能否顺利实施。近年来,农村基层党建工作虽然取得了一定的成效,但随着我国开启全面建设社会主义现代化国家的新征程,农村基层党建工作面临的困境日益凸显。

1. 农村基层党员干部队伍结构不够合理

农村基层党员干部是党农村政策的重要实施者，一支高素质、充满活力的干部队伍，对顺利实施乡村振兴战略大有裨益。但从现阶段来看，农村基层党员干部队伍结构不合理，亟须优化。

首先，从年龄来看。相关资料显示，截至 2021 年 6 月 5 日，中国共产党党员总数为 9514.8 万名，其中，51 至 55 岁党员 867.1 万名，56 至 60 岁党员 833.7 万名，61 岁及以上党员 2693 万名。61 岁及以上党员约占党员总数的 28.30%，党员老龄化问题突出，而农村由于发展水平弱于城市，对年轻人的吸引力不足，年轻党员不断流失，党员老龄化问题更加突出，导致农村基层党组织出现"空巢化"现象，整个党员干部队伍缺乏活力。

其次，从文化水平来看。留守老党员由于年轻时未能接受良好教育，其文化水平普遍不高。而年轻党员方面，一方面，农村吸引力不足，难以补充新鲜血液；另一方面，年轻党员大多选择在城市工作生活，流失严重，这就使得基层党员干部的学历水平整体偏低。农村基层党员干部学历水平的低下带来了能力不足的问题，其往往无法熟练使用现代化的办公软件和通信工具，难以准确理解把握党农村工作的路线、方针、政策，缺少前瞻性的产业视野和战略眼光，无法带领乡村致富，最终制约了乡村振兴战略的顺利实施。

2. 农村基层党员干部党性修养不足

当前，农村基层党员干部存在党性修养不够、宗旨意识淡薄、理想信念模糊等现象。究其原因，一是大部分农村基层党员干部文化水平较低，平时忙于工作，理论学习时间不够，无法及时紧跟党的最新理论成果，导致思想意识形态工作有待加强。二是有些农村基层党员干部认知上存在偏差，"唯 GDP 论"，简单地把发展经济与完成党员义务画等号，加之能力有限，无法有效应对市场经济考验。三是服务意识欠缺，全心全意为人民服务的宗旨意识不强，缺少带头冲锋、亲力亲为的干劲，甚至少数基层党员干部闭门造车，没有深入田间地头进行走访调研，无法真正了解群众的诉求，也就无法真正做到为群众排忧解难。

3. 农村基层党组织工作机制不够健全

一是经费保障不足。农村基层党组织正常党建工作面临着既无专项补贴又无财务预算的窘境，导致难以顺利开展正常的党组织活动。二是农村基层党建工作弱化、边缘化。党建工作由于成效小，见效慢，长期以来没有得到应有的重视，部分农村基层党组织往往对党建工作敷衍了事，而且农村地区缺少专业的党务工作者，负责党建的工作人员往往身兼数职，导致一心多用、不能专心从事党建工作，造成农村基层党组织的软弱、涣散。三是管理机制执行不到位。农村基层党组织往往存在管理缺失、组织弱化的问题，党组织活动流于形式，不能形成严格的管理制度，各种管理较为混乱。四是党群沟通机制不畅通。随着农民生活水平和社会地位的提升，农民越来越积极投身于农村事务，更愿意表达自己的利益诉求。农村基层党组织应及时了解群众的诉求，更好地为民服务，但由于普通群众和农村基层党员干部缺乏沟通机制，缺少互动平台，加之一些党员干部服务意识缺乏，导致党群关系紧张,影响了乡村振兴战略的推进。

(二)完善农村基层党建工作引领乡村振兴的对策

针对当前农村基层党建工作中出现的现实困境,需要从以下几个方面进行完善与改进,为乡村振兴战略的顺利实施打下坚实的基础。

1. 加强队伍建设,激活乡村振兴内生动力

党员是农村基层党组织的微观个体,也是带领广大农民群众实现乡村振兴的带头力量,农村基层党员干部队伍整体素质的高低,直接影响乡村振兴战略的顺利实施。一是针对老党员,打好"老人牌"。老党员虽然普遍学历水平低,对新生事物的接受能力较弱,但他们普遍在群众中拥有较高威望,在做好群众工作方面有自己独特的优势。因此,可以通过举办培训班、专家学者送课下乡等多种方式,提高他们的知识水平和战略眼光。二是针对年轻人,打好"青年牌"。可以通过多渠道吸纳优秀青年加入党组织,如通过定期举办党史讲座、联谊活动等方式,积极向年轻人宣传党的理论、方针和政策,提升党组织的吸引力,尤其是要针对重点人群,如返乡毕业生、企业家、退伍军人和大学生村官中的优秀人才等,做好吸纳工作,并且要给青年党员以舞台,使他们通过参加一些乡村具体事务加速成长,不断加快党组织的年轻化进程,努力打造一支年轻化、素质高、理想信念坚定的农村基层党组织队伍。

2. 加强党性教育,树立乡村振兴理想信念

一是要抓"关键少数",发挥农村基层党组织书记的"领头羊"作用。书记要时刻注重自己的党性修养,身体力行,在严肃党内生活方面发挥带头作用,积极主动熟悉最新的政策精神,认真学习最新的理论成果,时刻与党中央保持一致,并在具体工作中做到理论联系实际,根据本地实际特点选择适合自身发展的乡村振兴举措。二是广大农村基层党员干部要主动提高自己的政治修养、理论修养。结合中央学习教育专题活动,认真抓好平时的学习,补足精神之钙,时刻把群众放在心上,做到在思想上理解群众、在感情上关心群众、在工作中利于群众,尽最大努力为群众排忧解难。三是改进工作作风,塑造良好品格。面对农村艰苦的环境,要保持艰苦奋斗的作风,面对乡村振兴,全面建设社会主义现代化国家的历史重任,要保持勇于担当的作风,始终清正廉洁,保持自省自律,严于律己,自我约束。努力做到以高尚的道德品质打动群众,以用心的做事态度服务群众,以积极的实践成果造福群众,在完善党建工作的过程中,注重不断加强作风修养,提升自身的政治品格。

3. 健全相关机制,筑牢乡村振兴机制保障

做好农村基层党建工作,是落实好党农村路线、方针和政策的必然要求,需要健全各项长效机制,充分发挥基层党组织的作用。一是建立党建活动资金长效机制,确保党建工作资金投入。上级部门应支持农村基层党建活动开展,明确将党建活动经费纳入财政预算,积极提升农村基层党务工作者的待遇水平,提高农村基层党建工作的积极性。二是完善教育管理机制,认真贯彻落实好"三会一课",开展好主题教育和专题教育,并通过举办讲

座、主题党日活动、线上学习等多种形式，丰富教育培训形式，调动农村基层党员干部积极性，从而不断提高农村基层党组织的向心力与凝聚力，不断扩大农村基层党组织的影响力与覆盖面。三是畅通党群沟通机制，要深刻认识到农民群众是乡村振兴的建设主体，也是农村基层党组织的服务对象，要把农民群众对美好生活的向往作为基层党组织开展工作的目标，宣传好、组织好、凝聚好、服务好农民群众，倾听群众意见，把懂农业、爱农村、爱农民作为基本要求，积极组织农民群众发挥创造能力与创新精神，凝心聚力，脚踏实地、心甘情愿地为农民群众干实事、干好事、干成事，真正做到深入、依靠和服务农民群众，从而助推乡村振兴战略的顺利实施。

三、乡村振兴背景下农村基层党建管理

（一）乡村振兴背景下农村基层党建工作的难点

1. 乡村振兴背景下对农村基层党建工作的要求更加严格

2014年12月习近平总书记在江苏调研时第一次提出"四个全面"，即协调推进全面建成小康社会、全面深化改革、全面依法治国、全面从严治党。现阶段，"四个全面"已然成为引领民族伟大复兴的重要战略布局，尤其是在"全面从严治党"这一环节，对现阶段的基层党支部建设及工作开展都提出了更严格的要求，基层党组织十分重要的工作内容之一就是农村基层党建工作，所以这一工作的开展也需要严格贯彻"全面从严治党"的要求，深化工作内容，创新工作模式，进一步有效完成教育、改造、影响及团结党员群众的政治责任。

2. 农村基层党建工作的重视程度不高

党中央及各级领导对农村基层党建工作十分重视，作为中坚力量的基层党组织，也积极贯彻落实上级党组织的要求，虽然在农村基层党建工作中取得了一定的效果，但是仍然存在一部分基层党组织人员，在日常工作中将农村基层党建工作当成是"软"任务，没有正确认识农村基层党建工作开展的内涵及意义，且农村基层党建工作是一项艰巨的工作，在短期内的工作效果不明显，这导致基层党支部农村基层党建工作流于形式。乡村基层党建工作能否顺利开展，与基层党组织建设密切相关。农村基层党组织凝聚力不强。党员在日常生活中遇到困难，党组织不能及时给予党员指导和实际帮助，党员就不会感受到党组织的重视。那么，随着时间的推移，党组织对党员的吸引力和组织力自然会变得"不重要"，党员会逐渐疏远党组织，导致党组织缺乏凝聚力，战斗力下降。

3. 农村基层党建工作形式单一

随着我国经济形势及党建工作的不断发展变化，对基层党组织农村基层党建工作的开展也提出了新的要求，但是现阶段，基层党组织农村基层党建工作在开展的过程中依然习惯于依赖传统的工作经验及工作模式，一般通过会议的形式，由基层党组织书记对党员进行灌输及说教式教育，基层党组织农村基层党建工作的内容以学习党的理论知识及学习形

势政策为主，以此开展工作。

实际上，这偏离了基层党组织农村基层党建工作开展的目的，一方面没有结合基层党组织党员队伍的实际特征，与基层党组织党员的实际需求不符，另一方面其形式单一，难以激发基层党组织党员参加思想教育活动的积极性，大大降低了农村基层党建工作的吸引力及感染力，且不利于提升基层党组织党员对思想教育工作的认可度、接受度。同时，乡村基层党组织管理活力不足。主要体现在：部分乡村基层党员干部受教育程度较低，党的建设工作方法比较传统和陈旧，思想解放不够，导致党的建设创新能力不足。在贯彻"三会一课"等制度时，存在着忽视内容、强调形式的问题，仍停留在阅读文件报纸的表面形式。党员教育活动往往不规范，党组织对党员的教育内容和形式过于单一，不适应党员自身的多样化发展需求。

4. 文化程度低，流动性强

现阶段，在基层党组织中开展农村基层党建工作时，因农村基层党组织地处位置较为偏远且经济发展缓慢，接收信息的渠道较为闭塞，直接导致农村基层党组织很难吸引年轻党员到农村基层党组织任职，党组织成员老龄化严重，年轻党员村里留不住，并且党员生活流动性大，很多老党员到城里跟子女生活，但是党组织关系留在村里。年轻人不愿意入党，不愿意到农村基层来的主要原因是待遇太低，特别是年轻男性更是如此，因为他们要养家糊口，而农村没有产业，来了也不知道要做什么才有进步。另外，党组织成员文化程度偏低，学历层次不一，小学及初中文化的党员要远远多于高中以上文化的党员，村里有文化的年轻人大多选择进城务工；除此之外，农村老党员文化偏低，甚至不识字，更不会用电脑和智能手机。这些问题导致党员流动性大，农村基层党组织稳定性差，不利于农村基层党组织的完善及党建工作的开展。

（二）乡村振兴背景下农村基层党建工作的方法

乡村振兴背景下，农村基层党建工作是我国党建发展过程中十分重要的组成部分，所以结合实际情况准确分析和解决在农村基层党建工作中存在的困难及问题，是实现乡村振兴的必然要求。具体来说，可以从以下几个方面来强化农村基层党建工作。

1. 全面落实从严治党的任务要求，履行农村基层党建工作责任

基层党组织是党联系群众的重要纽带及桥梁，在新时代背景下，基层党组织农村基层党建工作的开展，需要与党中央时刻保持一致，满足上级党组织下达的相关要求及规范。

在实际的基层党组织农村基层党建工作开展过程中，首先，基层党组织需要进一步学习领会党中央的精神，以服从和服务于党的中心工作为核心，并具有鲜明的党性、实践性、阶级性、针对性及广泛性特点，其中鲜明的党性是开展基层党组织农村基层党建工作的最主要属性。另外，基层党组织在开展农村基层党建工作时，要深入学习贯彻党的二十大精神及习近平总书记系列重要讲话精神，这是开展基层党组织农村基层党建工作的重要环节，尤其是要学习领会习近平总书记有关党员思想教育方面的论述，在此过程中，要以中央最

新精神为工作指导思想，保证基层党组织农村基层党建工作的顺利开展。

其次，全面贯彻上级党组织决策部署，新时代下，要求党中央从严治党，在这一背景下，对于基层组织建设环节颁布了一系列的新规定，并采取了一系列新措施，各级党委也按照指示出台了相关的配套细则，对基层党组织农村基层党建工作下发了明确的要求，所以在基层党组织农村基层党建工作的开展过程中，就需要紧紧围绕上级党组织的决策部署内容及要求，科学开展基层党组织农村基层党建工作，提升基层党组织农村基层党建工作质量。

最后，始终坚持履行基层党组织农村基层党建工作的责任，我国经济形势不断发展和变化，在实际的基层党组织农村基层党建工作开展过程中，党组织需要主动承担适应经济变化的工作责任，引导广大基层党组织党员认清国内外的形式，改变传统的工作思想及工作理念，强化大局意识、政治意识和核心意识等，为基层党组织农村基层党建工作的开展创造条件。

2. 优化基层党组织农村基层党建工作的方式，提升思想教育工作质量

基层党组织农村基层党建工作在开展的过程中还存在诸多的问题与阻碍，在这一背景下，基层党组织必须要对其思想教育的内容及形式进行改革。首先，要改变传统的农村基层党建工作内容和核心，使其内涵向多元化方向发展。建立常态化政治理论学习制度，深入学习贯彻习近平新时代中国特色社会主义思想，围绕增强"四个意识"、坚定"四个自信"、做到"两个维护"，把基层党组织党员的思想行动统一到党中央的决策部署上来。

其次，要创新基层党组织农村基层党建工作方式方法。对学习的方式及模式进行探索，如结合红色教育、演讲竞赛和著作论述等多样化形式，不断端正党员思想。在此基础上，还可以通过联合群众参与的方式来提升基层党组织党员的学习质量及学习效率，如群众参与评学、拓展相互交流沟通渠道等。现今是科学技术不断发展的时代，可以利用网络平台来实现线上与线下相结合的党员培训及教育工作、对外服务工作等，具体如建设党员干部学习网、党员管理信息系统等信息网络平台等。

最后，要把加强党性修养和发扬攻坚克难精神相结合，教育基层党支部党员直面困难、迎难而上，在改革发展中发挥好先锋模范作用。要把加强基层党组织建设和打造优质党建服务相结合，引导基层党组织党员弘扬和践行"为人民服务"的崇高职业精神，不断提高服务水平，为群众提供更具时效性、针对性及贴心严谨的服务。另外，还可以通过设置相关示范岗位来提升党员的党性及参与积极性，制定相关的扶持政策，鼓励在职基层党组织党员主动参与到社区活动中，发挥自身优势，为志愿服务活动增光添彩，并且在此过程中要肯定党员的所作所为，使党员潜移默化地产生岗位自豪感及归属感，将精神力量转化为为百姓做实事的实际行动，将基层党组织农村基层党建工作落到实处。

3. 全面强化规章制度建设

基层党组织农村基层党建工作在开展的过程中，要全面强化规章制度建设，提升思想教育工作合力。首先，要改变传统的学习模式及学习方法。将各自为营的学习模式逐渐向

集中学习制度过渡，在相互鼓励中共同学习成长，并结合不同地区的基层党组织实际情况及各个党员的自身情况，制订科学的学习计划，指导党员掌握快速有效的学习方法，形成党支部统筹、逐渐递进和促进全体党员全面发展的合理化学习模式，并在此基础上帮助党员形成终身学习的学习理念。其次，改变松散的学习态度，对党员进行严格要求。具体来说，落实"五有"政策，并在此基础上做到三个结合及三个并重，从整体上对党员的政治修为及党性进行有效提升。最后，对量化考核进行细致管理。结合实际情况，制定完善的党员考核体系，在考核内容中加入党员参与政治学习活动、岗位中日常行为及突出行为表现等，并以此作为评先评优及处置不合格党员的重要依据，实行量化考核，实现党员教育管理的科学化、精细化，切实提升组织的战斗力、凝聚力。

4. 强化基层党组织党员自身建设，优化农村基层党建工作质量

基层党组织农村基层党建工作在开展的过程中，要强化基层党组织党员自身建设，优化农村基层党建工作质量。首先，针对老龄化特点，为吸引更多的年轻人入党，充实新鲜血液，政府要加强对农村基层党建工作的重视，合理调配资源，提供相应的人力、物力及财力支持，保障农村基层党务人员的薪资及福利制度达到相应的水平，提升年轻人入党积极性；针对流动性大的特点，农村基层党组织可以借助信息化网络媒体新模式，通过互联网手段，以农村基层党组织为核心，关联各流动的农村基层党组织成员，定期定时管理和召开组织会议，包括民主生活会、党小组和党支部会议等，提升农村基层党组织人员的参与度。另外，针对文化水平偏低特点，政府方面可以通过选择政治水平过硬、作风严谨且理论指导水平高、工作业绩拔尖且群众认可度高的优秀基层党组织队伍帮助农村基层党组织、党员队伍，通过对农村基层党组织开展党的政策宣传和党的知识文化教育，使老党员们接触并学习网络知识，由基础再到精通，循序渐进地学习了解基层党建工作方面最前沿的理论知识，并熟练掌握基层党建工作的工作流程及应用其办公软件和办公设施，提升农村基层党组织队伍的整体综合素质及文化水平。

只有将具备良好素质的基层党组织队伍作为农村基层党建工作的引导力量，才能真正将基层党组织农村基层党建工作的功能及作用充分发挥，提升每一名基层党组织党员的思想觉悟并端正其工作态度，切实通过基层党组织队伍扎实有效的工作强化基层党组织农村基层党建工作的质量和效率。最后，吸引年轻党员留在农村并发挥党组织的先锋模范作用。建设家乡，实现乡村振兴，在一定程度上是由年轻党员自身的建设质量决定的，所以在实际的基层党组织农村基层党建工作开展过程中，基层党组织要具备危机意识，通过建设专业技能水平高、职业素养佳和思想道德水平优良的基层党组织队伍，为农村基层党建工作发挥自身作用，并加强宣传，发挥自身的模范带头力量，带领村民共同实现乡村振兴，为基层党组织农村基层党建工作的开展创造条件。

第三章 乡村振兴战略的五个振兴

第一节 乡村产业振兴

一、农村电商发展助力乡村振兴

(一)宏观发展政策

第一,加强农村电子商务基础设施建设,继续推进农村无线网络、宽带网络等信息化基础设施建设,加速以政府为主导、企业广泛参与、农民全面享用的农村信息公路工程,增加末端服务能力,力争互联网网络达到每个村落。同时,政府要积极引导物流企业积极建设农村县域最后一公里,具体可在县域层面建立调度指挥中心,负责物流资源整合与调配,鼓励农村企业积极进行信息化转型,利用大数据、云计算、物联网等技术指导分析市场形势,为农产品生产、加工、仓储及运输等环节创造良好发展条件。

第二,秉持协同发展理念,鼓励不同主体积极参与乡村振兴与农村电商产业发展,促进参与主体多元化,更好地为农村电商模式创新营造良好环境。具体可通过利好政策引导社会企业参与农村电商产业发展,如:对参与企业给予减免税收政策或提供专项资金用于企业在农村基础布局等。但要注意避免产生恶性竞争,防止部分企业利用其资金优势故意压低农村电商服务价格,或大量企业集中在某一地域,产生重复建设等资源浪费问题。

第三,从技术和资金要素出发制定合理发展模式,避免盲目扩张。当前,农村电子商务普遍是依托于平台,使用互联网信息技术实现产销市场对接,其技术核心是打造平台。对于采取何种平台发展模式,需要各地根据实际经济发展状况,择优选择。例如,对于有技术和经济实力的企业,可采取自建平台模式,优势是具有绝对自主权,可根据企业发展计划稳步运行。或多家企业联合打造平台模式,但需要做好企业之间的协同。对于小型农村企业而言,可采取参与第三方平台策略。此外,政府也可作为组织者和产业发展引导者角色,为转型企业提供专项资金支持或技术支持,加速农村企业电商化发展。

(二)微观发展政策

第一,以市场需求为导向,激发农村地区对电商需求动力。在农村电商发展初期阶段,我国是以政策为导向指导农村电商产业发展,其目的是快速使农村电商落地,让农村居民深入了解农村电商产业发展意义与作用。随着我国乡村振兴战略的实施,农村电商产业不能仅靠外力作用实现发展,而需要广大农村地区内在主动寻求发展。例如,扩大农村电商产业宣传教育,增强农村居民对农村电商产业的认识,扫除农民发展顾虑,使广大农村居民切实感受到互联网信息技术所带来的实际利益。

第二,加强农村电商人才供给,建立符合农村电商产业发展的人才培养机制。根据《2020中国农村电商人才现状与发展报告》数据显示,未来5年内,我国对农村电商人才需求缺口将逐渐上升,其峰值可达350万人。因此,培养现代化新农人已经成为农村电商产业发展的重中之重。对此,建议由各地政府组织,联合各地农业高校、研究院及企业,打造"产、学、研"一体化人才培养机制。支持农业高校创建具有地域特色的农村电商产业培训基地,分批分期培养农村电商从业人员。同时,鼓励涉农企业加大农村电商投入,定期组织"互联网+现代农村电商"教育讲座,提升农民综合素养,以适应互联网经济时代发展趋势,为乡村振兴提供充足人力资源。

第三,重视乡村文明建设,将各地特色融入农村电商产业,真正意义上实现乡村振兴发展。例如,借助电商平台开展地域特色产业,具体可与传统民居风格融合,与当地生态环境保持良好关系。或各地政府因地制宜,根据县域特色及生态环境制定政策性补助,保证农村电商产业绿色发展。

二、乡村振兴产业发展的财税政策

(一)现阶段乡村振兴产业发展的财税政策存在的问题

在乡村振兴背景下,农村的经济发展主要依靠产业发展的带动,而现阶段农村主要依靠农业发展,这就造成产业类型较为单一,一定程度上阻碍了经济的快速发展。而且由于乡村产业本身的基础较为薄弱,需要财税政策的大力支持,现阶段针对农村产业发展的财税政策还存在一些问题。

1. 财税政策对乡村产业振兴的支撑乏力

财政政策作为促进产业发展的重要经济规划,能够在很大程度上推动产业的升级换代,提升经济发展的水平。在乡村振兴战略的支撑下,我国乡村的经济得到了进一步发展,在经济层面和政策层面都得到了很大的支持。但是在乡村的发展过程中,由于其本身的经济水平和城市有一定的差距,需要当地政府给予很大的财政支持才能实现产业的发展,部分地区还存在基础设施缺乏的现象,想要推动产业的发展,需要更大的经济支持。但是由于地方政府财力有限,对于乡村产业发展的经济投入不足,难以满足产业发展庞大的需求,虽然中央对地方的转移支付能够一定程度上弥补乡村振兴资金缺口,但无法从根本上缓解地方政府实施乡村振兴资金紧张的状况,造成现阶段财税政策支持乏力的现象。

2. 财税政策对乡村产业振兴的保障有待强化

在现阶段乡村产业的发展过程中,相关的财税政策存在保障力度不足的现象,对乡村产业的发展造成了很大的影响。一方面,乡村产业的基础较为薄弱,部分产业甚至尚处于从无到有的一个过程中,现有的财税政策不适应乡村的产业发展形势,不仅没有起到推动作用,还在一定程度上影响了产业的发展。另一方面,税收环节存在问题,首先就是政府对产业税收扶持力度不够,针对农村产业基础较为薄弱的现象,政府没有针对性地给予税收政策优惠,也在一定程度上制约了乡村产业的发展;其次是税收的覆盖面不够广泛,现阶段,乡村产业发展还局限于农业,扶持重点在农业生产和农产品初加工,忽视了产业的创新和深加工；再次是旅游税收政策未形成供需激励机制，部分乡村由于景色较美就会发展旅游业，但是在发展过程中，由于管理人员意识方面的问题，乡村旅游业在政策制定环节就存在一些漏洞；最后就是税收分配调节功能偏弱，产业发展的最终目的是实现乡村富裕，提升相关人员的生活水平，缩小城乡之间的发展差距。但是在现阶段的发展过程中，乡村产业发展针对相关人员的再就业的重视力度不足，也在一定程度上制约了乡村产业的发展。

3. 财税政策对乡村产业振兴的引导不够明显

乡村振兴背景下的产业发展，需要按照产业兴旺、生态宜居、乡风文明、治理有效、生活富裕等要求进行，这就要求产业全方位发展，但是在现阶段的发展过程中，乡村产业发展存在产业类型方面的问题。部分地区在财税政策的制定环节依旧是根据第一产业的发展进行制定，这样一来，乡村的经济发展虽然和第一产业的发展相适应，但是却和第二、第三产业的发展不相适应，给乡村产业发展造成了很大的影响。现阶段乡村主要的产业是农业，所以相关政府部门在财税政策制定环节，就会根据乡村发展的实际情况，进行产业政策的制定，也就出台了众多有关农业发展的财税政策，虽然在很大程度上推动了乡村农业的发展，但是相关政策的制定大多着眼于乡村的农业发展环节，忽视了对其他产业的扶持和关注力度，造成乡村产业的发展存在不协调的现象，在一定程度上制约了经济的发展。财税政策在发展过程中专注于农业，就会在一定程度上制约乡村产业发展的现代化，不利于城乡的协调发展。

（二）中国乡村振兴产业发展的财税政策建议

现阶段乡村振兴背景下乡村产业发展过程中存在的财税政策问题，已经严重影响了乡村产业的发展，制约了乡村经济水平的提升，因此，需要相关人员加大对乡村产业发展的研究力度，结合乡村产业发展的实际情况进行财税政策的制定，以此解决乡村产业发展过程中存在的问题。

1. 加大财政投入力度，强化财政申请

乡村经济水平的薄弱导致政府要投入更多的资金才能促进乡村产业的发展，造成乡村产业的发展更加耗费资金，这就需要政府的大力支持。当地政府部门应加强对乡村产业发展的政策扶持和经济援助，加大公共财政的投入力度，建立健全财政保障制度，促进经济的发展。在投资环节，需要把农业放在首位，坚持先富带动后富的发展理念，通过农业收入的增长提高农民收入，从而促进其他产业的发展。然后就是要加强资金申请，地方政府的财政收入是有限的，在发展的过程中，由于乡村产业发展需要大量的资金支持，就很有可能出现资金不足的局面，所以就需要强化财政申请，地方政府需要结合本地实际，针对产业的发展向上级政府进行汇报，以取得专项发展资金，从而为当地的产业发展提供足够的经济支撑，促进乡村产业的发展。

2. 持续开展乡村产业融合发展项目建设

乡村振兴背景下的乡村产业发展，不仅需要在农业方面进行财税政策的制定，还需要关注第二产业和第三产业的发展，这样才能保证经济发展的平衡性和稳定性。所以在乡村产业财税政策的制定过程中，一方面，需要不断加大对农业科技创新的扶持力度，在发展的过程中为现代农业产业技术体系建设提供专项资金支持，加大基本运行经费以及基本科研业务经费支持，从而促进农业在发展的过程中进行创新，通过对农产品进行深加工提升农产品的附加值，这样才能促进农业进一步发展；另一方面，还要对其他产业进行扶持，通过引导社会资本投入、创新投入方式、打造合作平台等形式吸引企业入驻，然后根据政府的规定建立优势特色产业集群，发挥产业的集聚效应和协同效应，促进乡村产业的发展。

3. 紧扣布局、聚焦特色，把握政策统筹

在乡村产业发展过程中，由于乡村发展水平和城市相比有较大的差距，加上各个地区产业发展形势不一，所以在财税政策制定环节，还需要坚持紧扣布局、统筹规划的原则。在发展的过程中要立足于相关环境，结合当地乡村产业发展的实际，根据政策要求进行财税政策的制定。在财政支出环节，要加大专项财政的支持力度，提升乡村整体经济水平。建立健全城乡融合发展机制，通过城市产业带动乡村产业发展。在支出环节，要着力补齐乡村发展的短板，将支出重点放在科技创新型产业、品牌树立以及电商产业的发展过程中，通过深入优化农村产业布局促进农村产业发展。同时，要坚持统筹推进，相关部门需要统筹乡村各个产业的发展实际，针对性地进行财税政策的制定，以促进乡村产业的发展。

4. 完善税收体系

乡村振兴背景下的产业发展受制于税收政策，所以在财税政策的制定过程中，需要结合税收政策进行调整。一方面是要完善产业税收扶持体系，助力乡村产业兴旺。首先是完善农业发展扶持政策，从重视生产向加工和销售方面转变，这样才能迫使相关产业在发展过程中对产品进行深加工，促进产业的升级；其次是完善乡村旅游发展扶持政策，深化供给侧改革，对乡村旅游基础设施建设免征耕地占用税、契税、印花税等，促进旅游业的发展；最后就是完善乡村基层服务扶持政策，现阶段乡村的人才流失严重，产业发展缺乏人才的支持，所以要想实现产业的发展，就需要通过完善基础服务项目，进行人才挽留，为产业的发展提供足够的人才支撑。另一方面要完善个人税收体系。首先就需要减轻农民的税收负担，并针对农业进行机械、种子、化肥等生产资料的补助，以降低农业发展成本；其次是对农民再就业进行税收政策调整，对农民的自主就业给予税收优惠，降低其创业的难度，从而推动农业外其他产业的发展；最后就是推进个人所得税制改革，在税收方式方面，推行综合与分类相结合的混合所得税制，综合考虑农民家庭状况以及收入调整税负，以提升农民的生活水平，激发他们再创业的热情。

三、数字经济赋能乡村产业振兴

（一）完善数字基础设施

基础设施是确保数字经济发展的硬件支撑，当地政府和职能部门要注重完善数字基础设施，实现宽带的全面覆盖。首先，加大信息工程建设投入，尤其对于位置偏远的落后山区，要加速 5G 升级、提速降费以及光纤铺设，让当地居民享受到宽带服务；其次，基础设施条件较好的乡村，可加速布局区块链、大数据、物联网、人工智能等基建设施，扩大当地信息技术和数据技术的应用范围，实现资源信息的高度共享，发挥数字技术在灾害防控、市场预警、资源管理中的作用；最后，充分利用无人机、卫星遥感等技术，建立多维度、全方位、一体化的数据采集分析体系，包含集体资产、土地资源、种植资源以及自然资源等。

（二）提升产业数字化水平

针对当前农村地区的产业发展实际，要注重提升产业数字化水平，因地制宜做好产业规划。首先，针对耕地面积大、地形平坦以及地广人稀的农村地区，可大力发展数字化机械生产，全面推进北斗导航、物联网和人工智能在农业生产中的精准应用，针对田块细碎、坡度较大、交通不便的乡村，要研发智能化和机械化水平较高的小型农机；其次，开发具有特色的电商产品，结合市场需求利用互联网进行精准推广，积极建设信息农业园区、景观农业、观光农业、智慧农业以及智慧小站，加速产业信息化转型；最后，积极建设链条式产业结构，秉承完善利益链、提升价值链以及延长产业链的基本原则，对农村产业开展全过程、全视角、全方位改造，加速人工智能、物联网等高新技术的应用。

（三）大力发展农村电商

针对目前消费者群体的行为特点和需求，当地政府要大力发展农村电商，将电商平台作为产品销售的重要渠道。首先，充分发挥当地农业的品牌优势，建立具有区域性的产品品牌，扩大品牌在农村地区的辐射范围和知名度，赢得更多消费者对品牌的认可和支持；其次，鼓励农户发展直播带货、网络营销等新型的销售方式，例如在开展直播带货中，农户要立足自身产品优势，将线上营销和线下服务充分结合，提升消费者的满意度；最后，利用人工智能、区块链、物联网等技术，探索短视频推送、网络直播、门店推广等多种营销形式，让广大农户看到网络营销的收益，激发其参与热情。

（四）丰富农村人才储备

发展数字经济需要大量的人才作为支撑，当地政府和职能部门需要加速数字化人才培养，丰富农村地区的人才储备。首先，依托当地的职业学校、高等学校，与毕业生签订合同，吸纳更多的专业化以及现代化人才加入，适当提升工薪待遇，挽留人才在乡村地区参与经济建设；其次，定期组织农户开展专业技术培训，培训内容应覆盖数字技术、信息技术等领域，传授其产品营销、数字化生产等知识，提升农户的信息化水平；最后，鼓励当地人才回乡创业，在社会保障、贷款以及补贴方面出台优惠政策。

（五）肃清监管网络环境

良好的网络环境是发展数字经济的基础，针对当前存在的农村网络乱象，当地政府和职能部门需要加大监管力度，进一步肃清网络环境。首先，严厉打击不法行为，严禁农户投机炒作，规范农户的经营行为，对网络环境进行净化；其次，对在农产品销售中的假冒伪劣、以次充好、夸大其词等行为进行严厉打击，提升其违法违规成本，促使广大农户规范自身的经营行为；最后，制定以及完善安全治理制度和网络安全制度，将各项制度全面落实到操作层面，加大违法违规处罚力度，提升经营者的违法成本，起到震慑作用。

四、产业扶贫衔接乡村产业振兴

（一）产业扶贫衔接产业振兴存在的主要问题

1. 产业可持续发展能力不强

产业扶贫已为农村产业振兴奠定了一定的基础，但部分产业也凸显出可持续发展能力不强的问题。一是由于原有扶贫项目政策投入周期短，产业没有形成稳定持续投入机制，受投入周期限制产业布局小而杂，重复建设现象普遍存在。二是引领产业发展的企业存在政策利益驱动结束后就撤离的倾向，而部分贫困地区不具备承接产业后续发展的人力、物力，产业可能面临失败，农民返贫风险加大。三是现有扶贫产业项目以养业为主，参与企业规模小，资金实力不足，大多产业还未形成地方品牌或标识等带动效应，初级产品占比大，产业后续发展及带动农民增收的能力不强。四是产业发展对政府过于依赖，从选择到推行到销售等，政府在产业扶贫中主导作用过于突出，一旦"市场主导，政府引导"，则许多扶贫产业会被市场淘汰。

2. 农户主体地位模糊，内生动力不强

由于产业扶贫项目的引入或实施通常是"时间"任务、"资金落地"和"带动建档立卡贫困户数"的任务，所以在项目落地的一系列决策过程中，贫困农户的主体意愿通常"没有时间"也没有相应的环节予以考虑，农户发展什么产业、如何发展，收益计算，与企业的联结方式，企业、农户、合作经济组织的责任，以及风险防范等环节均缺乏让农户直接参与的机制设计。同时，大扶贫格局下各类扶持政策及资本大量涌入农村，打破了农村的内生秩序和平衡，农村各种分配秩序、公共服务、思想理念等在短期内难以跟随调整，出现了一些盲目比较甚至"争当落后"的现象，滋生了"等、靠、要"思想，而产业发展要应对市场风险，还要投入劳力、物力、技术等，农户不愿主动"冒险"，等待被扶持的思想仍然客观存在。

3. 产业衔接市场的能力弱

贫困地区产业普遍存在衔接市场能力弱的情况。首先是原有扶贫产业存在产业选择不精准，与市场需求不符的情况，有些成规模的产业已出现供过于求、产业链条短、市场拓展受限的情况。其次，农户与企业的利益联结不够稳定，产业发展中农户资源资产的投入

价值、占比、收益分配的比重等仍缺少有效的参与、监督机制，小农户与大产业衔接发展的有效机制仍未有效建立。第三，基层组织引导农户衔接市场的能力不足，基层组织在脱贫攻坚中发挥了精准脱贫"最后一公里"的重要作用，包括组织开展贫困人口的精准识别、协助精准管理、参与审核精准退出，以及扶贫相关政策的宣传等。但在帮助农户确定产业方向、精准把握市场信息、拓展市场空间、引进各类优质资源方面，基层组织引导衔接市场的能力仍较弱。

（二）产业扶贫衔接产业振兴的建议

巩固和拓展脱贫攻坚成果，促进产业扶贫衔接乡村产业振兴，应及时转变和调整发展思路，遵循政府引导、宏微观结合、分类分层有序衔接的原则，着重从产业政策设计、产业规划、产业分类、产业发展主体、基层组织等几个关键环节推进衔接。

1. 顶层政策设计衔接

首先是要确保政策的延续性，确保产业带动的脱贫人口不返贫。对原扶贫产业政策进一步完善并设计与乡村产业振兴的衔接路径，将已具备一定发展基础的扶贫产业资金投入及资产资源管理等政策纳入总体乡村产业振兴政策体系。其次，继续加强政策的精准性。原有的扶贫产业仍要瞄准刚刚脱贫的相对贫困人口，将政策制定和执行的"精准"原则贯穿始终，将产业带动增收的对象逐渐由刚刚脱贫的贫困群体到农村相对贫困群体，再向全体农民拓展。三是调整和拓展政策的普惠性。逐步将针对绝对贫困的有关政策调整为针对相对贫困的常规性、普惠性社会保障措施。例如将扶持产业发展的扶贫小额信贷政策转向农村微型普惠金融政策，并加以改进和完善。

2. 产业规划拓展衔接

各地在出台乡村产业规划前应对前期的扶贫产业进行充分调研，摸清发展现状，对前期好的做法及经验进行总结，纳入产业升级、融合发展的谋划体系下，对前期发展失败或面临失败的产业要及时指导转向调整。在制定阶段性产业规划中，要统筹将原有的扶贫产业与地域内主导优势产业衔接整合发展，将乡村产业振兴战略与农业现代化、工业化和城镇化、旅游产业化紧密衔接，从单一的种养扶贫产业发展转换到全产业链建设方向上来，加快拓展产业链、价值链建设，把产业链尽量留在农村或县城，积极发展当地乡村旅游，促进一、二、三产融合，把产业增加的就业岗位留给农村，让农民尽量实现就近就业。同时，要做好农村电子商务助力产业振兴规划的衔接，统筹建立省、市、县、乡、村农村电商体系，深入推进"互联网+"现代农业，推动农村电商公共服务中心和快递物流园区发展，优化电商扶贫业态、运行程序、发展模式。

3. 产业分层分类衔接

原有的扶贫产业需要进行归类分层，根据分类开展不同的衔接。种养业方面，对已经具备一定规模和品牌效应的，要逐步推动种养业向标准化、品牌化、绿色化方向发展，提升产品质量效益，拓展产业链，加强产业的科技扶持，促进深加工，提升产业附加值，促进市场空间拓展。对难以形成规模、比较零散的种养产业，要因地制宜凸显乡土特色，宜小则小，为多样小宗农业产品标记"生态、文化、个性"标签打造品牌，瞄准特定市场。手工产业，应着力延续原有凸显区域特色和民族特色的扶贫产业，如西部民族地区在已有民族特色文化产业的基础上，继续扶持，加强品牌塑造，引导结合民族特色、时代元素及市场需求创新产品形式，"积极探索将刺绣等民族工艺与知名服饰品牌或箱包品牌建立合作共赢关系，提升产品的附加值"。

4. 小农户与大产业和市场的衔接

"产业扶贫要体现对贫困农户的增收效果，产业振兴同样不能忽视产业发展对农户尤其是低收入农户的带动效应。"因此，产业振兴尤其要做好小农户与现代农业产业的衔接，一是根据不同的产业不断创新利益联结机制。在借鉴原扶贫产业利益联结好的做法及经验的基础上，结合新阶段的变化调整，完善乡村产业利益联结机制，重新制定乡村振兴农村产业利益联结指导意见，重点考虑如何最大限度盘活农村各项资源，让农户成为产业振兴的主要受益群体。二是理顺实施主体由"政府主导"向"市场主导，政府引导"的衔接。帮助"提升农民的组织化程度和参与程度，帮助企业和合作组织、农户建立稳定、互信、互利的合作关系，提升农户对接市场的能力"。三是做好产品认定和消费市场培育的衔接。借鉴扶贫农特产品认定的方式，确定乡村振兴农特产品认定的依据和标准，促进地方品牌的形成。继续加强与原帮扶城市的衔接，深入拓展和培育原对口帮扶地区的消费市场，主推贫困地区绿色、生态、民俗产品，在政策调整期积极抢占市场，形成稳定的消费群体。

5. 基层组织保障衔接

实践证明，基层组织是脱贫攻坚战"最后一公里"的有力保障，乡村产业振兴需要进一步衔接并提升其引领产业衔接市场的能力。一是衔接好基层组织架构，优化驻村工作队的人员和职能，继续发挥其在乡村产业振兴中的作用，打造一支懂政策、懂技术、会谋划的驻村工作队。二是衔接强化党建引领的重要作用。逐步探索将基层党建直接嵌入产业发展。如采取"党支部＋产业合作社组织＋农户"的模式直接推动合作社的成立与产业的发展，通过村级合作社统筹协调产业发展的土地流转、资金借贷、技术支撑、市场谈判等问题，促使合作社与农户结成利益共同体。基层党组织要做好产业发展政策宣传、教育引导工作，开展扶志扶智行动，引导群众增强发展主体意识，提高群众参与产业发展的内生动力。三是提升农村合作经济组织对接市场的能力。进一步完善相关制度规范农村合作经济组织管理，创新合作社治理机制，让农户享有充分参与产业选择及管理的权利，并逐步培育提升合作经济组织对接市场各类信息的能力，帮助企业、社区、农户建立稳定、互信、互利的合作关系。

（三）云南省文山壮族苗族自治州产业扶贫乡村振兴的具体经验

云南省文山壮族苗族自治州三七种植历史悠久。近年来，文山州大力推动以三七为主的生物医药产业发展，引导农民标准化、规模化种植，通过与当地医药企业合作提升三七附加值，带动农民增收，有效助力乡村振兴。2022年，文山州三七种植面积超230万亩，以三七为主的生物医药产业综合总产值达310余亿元。

云南文山州地处云贵高原东南部，植物种类繁多，盛产农特产品和经济作物，享誉国内外的名贵药材三七，产量和质量均为全国之冠，明代医学家李时珍在《本草纲目》中称之为"金不换"，当代医学专家誉之为"人参之王"。

文山是"中国三七之乡"，三七在文山已有400多年的栽培历史，是国内目前能够完全实施规模化、标准化人工种植，和最具产业化开发条件的中药材品种。文山作为三七的原产地和主产区，一直不断探索三七种植、加工、市场、科研等各个环节全面发展，构建绿色可持续发展技术体系，大力打造"绿色药材"品牌。致力于三七全产业链发展，助推三七产业的提质增效，扩大三七品牌知名度和提升市场占有率。

三七全产业链包含集科技、技术、标准、仓储、物流、交易、金融、溯源等各个方面，涵盖龙头企业、科研团队、农户和生产服务等多个主体。打造三七全产业链，将各个环节、各个主体紧密关联、有效衔接，有利于推动三七产业从资源型向内涵型、从产量型向质量型的发展方式转变。构建三七全产业链模式不仅可以有效促进文山州以三七为主的生物医药和大健康产业全产业链发展，促进当地农户稳定增收，尤其是以三七龙头企业为核心的三七产业化经营模式，对进一步形成企业新的价值链和盈利模式、拓展农民创业就业空间以及推进三七质量安全均具有重要意义。

三七产业，根植于文山州，以"农业＋工业＋文旅"一、二、三产业融合发展为路径，地域特色鲜明，创新创业活跃，促进农民就业增收，从单一的种植领域向二、三产业拓展，形成主导产业带动关联产业的辐射式产业体系，有利于充分发挥三七产业的品牌效应、文化传承等功能，提升整体功能，从而推动三七及其相关联产业产值上升，为乡村振兴铸就坚实基础，让农民获得更多增值收益，真正让产业增值成为农村经济发展的可靠来源。

五、数字普惠金融发展促进乡村产业振兴

（一）完善数字基础设施建设

普惠金融依托物理网点发展为通过一部手机即可提供金融服务，完善的数字基础设施建设是实现这一便利的前提条件。一方面，政府按照乡村振兴发展要求加大资金投入力度，组织通信运营商提升农村地区光纤覆盖率，加快数字基站建设，积极布局"5G"网络，从有网可用到更快、更稳。农村地区数字化硬件设施建设的完善，可以弥补城乡地区信息差，快速获取创业资源和金融利好，为数字普惠金融的发展创造良好的网络和信息环境。另一方面，鼓励农民、企业使用手机、电脑等移动设备开展金融业务交易，让农民、企业感受到数字金融的便捷性。

（二）发展适合乡村振兴的数字普惠金融产品

数字普惠金融的重点服务对象通常有资金需求，但往往因无法提供有效抵押物而很难得到资金帮扶。金融机构要根据市场定位，立足"三农"，结合自身优势以及金融需求者的实际情况，开发有针对性的金融产品，根据不同的贷款人、贷款用途、抵质押物，设计不同额度、利率的信贷产品，打造数字普惠金融背景下适合乡村振兴发展的线上金融产品。

（三）丰富宣传培训内容

农民的金融知识匮乏，防诈骗意识不强，是数字普惠金融发展路上的障碍。一方面，金融企业要组织专业的金融知识宣传员组成讲师团队，通过广播、走村入户、现场答疑等方式宣讲金融知识和操作流程，现场为农民演示手机银行、云闪付等移动支付客户端的操作方法，通过发放小礼品、知识竞答等方式，调动农民学习金融知识的积极性，不断提高村民的金融素养。组织防范金融风险培训，结合实际案例增强农民的防诈骗意识。录制金融知识和防范电信诈骗的小视频，通过朋友圈、微信公众号等渠道传播。另一方面，组成乡村创业、产业调整、农产品增收等方面的技术培训团队，便于农民了解并学习先进的生产经营技术，增加农民的资金需求，提高数字普惠金融的使用率，助力产业振兴、农民增收，为乡村振兴"添砖加瓦"。

（四）加大信用体系建设力度

数字普惠金融信用体系由多元化数据收集积累而成，要积极探索各渠道信息的共享互通。征信体系不仅要充实信用数据，还要做好数据管理，建立信息保护和风险防范机制，避免因数据泄露引发的网络诈骗、非法集资、金融诈骗等行为，保证个人信用隐私安全。随着金融和科技的进一步融合，数字普惠金融服务借助现代科技的赋能，为乡村振兴的推进提供全方位和多元化的服务。

第二节 乡村人才振兴

一、新时代乡村人才振兴的内涵

（一）乡村人才

"乡村"是指主要从事农业、人口分布较城镇分散的地方。"人才"是指德才兼备的人或者有某种特长的人。乡村人才是由"乡村"和"人才"构成的词组，但其含义却不是"乡村"和"人才"二者词义的简单组合，不能把"乡村人才"理解为"生活于乡村的人才"或者"属于乡村的人才"。因为，坚持城乡融合发展是乡村振兴战略的重要原则之一，包括人才（人力资源）在内的各种资源跨城乡流动是乡村振兴战略和社会主义市场经济的客观要求。所以，乡村人才振兴之"乡村"侧重于人才的价值实现地域而非其生活地域。概括而言，乡村人才是指符合乡村发展需要且愿意也能够对乡村振兴做出积极贡献、产生较大影响的德才兼备的人。乡村人才既要具备"人才"的共性特征，也要符合我国乡村改革、建设和发展的个性要求。

第一，乡村人才的德才兼备是"懂农业、爱农村、爱农民"。需要催生动机，动机主导人们的行为。乡村人才是基于乡村发展这一社会需要和在乡村发展中实现自身价值的个体需要而产生，能否满足乡村发展需要是衡量乡村人才的重要标准。具体而言，乡村人才必须"懂农业"，了解农业生产规律和中国农业生产的特点，熟悉某一地域农业生产的现实状况，掌握农业生产、流通领域的专项技能。乡村人才必须"爱农村、爱农民"，对农村、农民有发自内心的亲近感，对乡风乡俗有自觉的适应性，对发展农村、富裕农民有强烈的使命感，愿意且能够长期致力于农业、农村领域的工作，甘心为农民服务，而不是迫于上级安排或者短期职业过渡的无奈之举，更不应该把服务乡村异化为捞取个人或家庭（族）利益的渠道。

第二，乡村人才是直接适用于乡村建设的人才。社会是个大系统，乡村是社会系统的重要组成部分，从理论层面分析，社会大系统的进步发展必然带动乡村发展。从现实考察，随着中国社会的发展，我国乡村社会发展实现了长足进步，取得了世人瞩目的成就。如此，社会各领域的人才都对我国乡村发展起着积极推动作用，似乎没有必要专门提出乡村人才振兴的任务。实则不然，党和国家之所以部署乡村振兴战略，是因为乡村社会仍然是中国社会系统中的"短板"，是中国经济社会发展过程中的"弱项"。致天下之治者在人才，乡村适用型人才匮乏是我国"三农"这一"短板"和"弱项"产生的重要原因，所以，乡村人才振兴是实施乡村振兴战略进而化解"三农"问题的关键一环，乡村人才应该是那些对乡村建设产生直接影响，直接助力乡村振兴的人才。他们具有新时代振兴乡村的素质，有较强的创新意识和创新、创业能力，具有乡村产业发展、社会治理、文化建设、生态整治或公共服务方面的专业特长，能够推动乡村改革发展，造福一方群众。

第三，乡村人才队伍是动态的。作为个体，乡村人才的素质、能力呈现变化发展之势；作为群体，乡村人才队伍的数量、质量、结构等会随乡村社会的发展而发展。乡村人才是动态流动的，既会有非乡村人才演变发展为乡村人才，也会有乡村人才外流。乡村人才的外延因划分标准不同而不同。根据来源，乡村人才有乡村本地人才与外来人才之分；依照专业特长，乡村人才有农业生产经营人才、农村二三产业发展人才、乡村公共服务人才、乡村治理人才、农业农村科技人才之别。

（二）乡村人才振兴

根据现代汉语字典，"振兴"的意思是：大力发展，使兴盛起来。乡村人才振兴，就是基于振兴乡村的需要，发展壮大乡村人才队伍，提升乡村人才素质，优化乡村人才结构，完善乡村人才梯队，有效破解乡村人才短缺难题的过程。

乡村人才振兴是三位一体的。第一，乡村人才振兴是"量""质"齐兴的人才队伍建设目标。根据《关于加快推进乡村人才振兴的意见》，乡村人才振兴首先是乡村人才"量"的扩张，即发展壮大乡村建设各领域的人才规模。唯物辩证法认为，量是质的基础，量变是质变的必要前提。当前，乡村建设"缺人"直观表现为各领域人才绝对数量严重不足，所以，实施乡村人才振兴，必须针对农业（第一产业）生产经营、农村二三产业、乡村公共服务、乡村治理和科技等乡村各领域发展需要，培养充实人才数量。如果没有足够的人才数量作为支撑，乡村人才振兴就是无稽之谈。其次，乡村人才振兴是乡村人才"质"的提升，即乡村各领域人才的素质不断提升、结构优化，基本形成各类人才支持、服务乡村建设的格局，政策、制度体系完善，思想文化环境、舆论环境日益改善。这个"质"，一是指乡村人才个体的综合素质，既要有服务"三农"的意识、意愿，也要具备扎实的服务能力；二是指乡村人才队伍的质，即在绝对数量充足的基础上，乡村建设各领域人才结构合理，各地域的人才结构合理，乡村人才队伍的年龄结构合理，人才梯队优化；三是指乡村人才振兴环境的质。乡村人才振兴，需要有"务农重本，国之大纲"的文化土壤，有利于培养、吸引乡村人才且能有效发挥乡村人才作用的政策、制度环境，让愿意留下参加乡村建设的人留得安心，让乐于返乡创业的人返得有信心，真正使乡村成为各类人才施展才华的理想舞台。

第二，乡村人才振兴是推进乡村振兴战略的重要措施。2018年全国"两会"期间，习近平总书记在参加山东代表团审议时，就如何推进乡村振兴战略提出了包括人才振兴在内的"五大振兴"。从提出的背景看，乡村人才振兴是实施乡村振兴战略的重要措施。从五大振兴的关系看，人才振兴是产业振兴、文化振兴、生态振兴、组织振兴的前提和有力支撑，没有乡村人才振兴，其他领域的振兴就是无源之水。

第三，乡村人才振兴是一个发展的过程。无论是乡村人才个体的成长，还是乡村人才梯队的形成和完善，都有其内在的客观规律，是"确定目标—教育培养—实践锻造—回馈社会"的循环发展过程，要经历较长时间，需要社会各方面支持。并且，社会在发展进步，其对人才的要求也在不断变化，则乡村人才（队伍）也会呈现动态发展。也就是说，乡村人才振兴是长期的、持续性的过程，属于常态性工作，而不是短期的、阶段性的任务。

二、乡村振兴与乡村就业

（一）乡村振兴背景下农村脱贫人口就业问题的解决措施

1. 建立健全就业保障机制

为了促进农村脱贫人口就业，我国政府部门和社会各界主体需要积极创新和探索农村脱贫人口就业渠道，建立就业社会保障机制，改善当前困境。面向农村脱贫人口提供保障，确保农村劳动力和城市劳动力可以在健全、平等的社会保障体系中获取一样的权益，例如在医疗资源、教育资源方面，均需要坚持公平、公正的原则，建立完善的社会保障机制。以医疗资源为例，结合目前的医疗保障状况，建立健全新型农村合作医疗保障体系，统筹规划异地就医服务，进一步优化建设农村劳动力保险制度，强化农村脱贫人员抵御风险的能力。

劳动部门要发挥监管主体的作用，在农村脱贫人口就业方面加强监管，尤其是工伤保险，要求用工单位对农村劳动力提供工伤保险，在高危行业如建筑行业基层岗位中的农民工群体要得到劳动部门的高度重视。劳动部门要监管用工单位，严厉惩处用工单位不履行工伤保险义务的行为，保障农村脱贫人口的就业安全，为其提供工伤保险以及医疗资源。由于农村脱贫人口得到的教育资源不均等，严重限制农村人口就业。在建立就业保障机制时，要为农村劳动力的子女教育创造条件，在随迁入学和城市农村待遇同等的政策下，确保农村劳动力可以享受到与城市同等的教育资源和待遇。强化农村脱贫人口就业的保障机制功能，致力于解决农村脱贫人口的养老问题、生存问题。在设置保险费用上，尽可能降低脱贫人口保险缴纳费用，提升保额，扩大覆盖面。解除农村脱贫人口的养老焦虑，在健全的农村脱贫人口就业保障机制下，促进脱贫人口稳定、可持续就业，助力乡村振兴战略的实施。

2. 加大创新创业就业的宣传力度

营造良好的创业环境氛围，鼓励农村脱贫人口创业就业，已成为实施乡村振兴战略的重要内容，当地政府需要发挥主体功能，加大对农村劳动力创新创业的扶持力度，组织先进科技的培训活动。农村脱贫人口作为主力，可以与互联网时代相互对接，利用互联网创业，推广和销售农产品。目前抖音短视频、淘宝网络平台，在助农直播中已开通了销售通道，衍生了一种新的创业就业模式，有了更多的新兴岗位，为农村脱贫人口就业创造了良好的机遇和条件。在互联网平台上，脱贫人口可以销售农产品，促进农产品销售额增长，通过宣传，提高农产品的附加值，构建完善的农产品产业链，进一步拓宽农产品销售渠道，增加农村脱贫人口收入。

结合乡村振兴战略思想，政府要鼓励农村脱贫人口创新创业，开发和建设农业种植园等项目，吸引城市人口来到农村消费，例如很多城市青年会在周末或假期来到农业种植园中，在自己承包的土地上开展农业生产活动，种植蔬菜，浇水施肥，平时则通过付费的方式委托种植园主照料种植作物。农业种植园项目给农村脱贫人口就业创造了契机。除此之外，民宿、农家乐等创新创业项目具有浓厚的旅游特色、农村特色，是绿色化的创业项目。脱贫人口可以充分利用已有资源和农村独有优势，发展第三产业，将时令果蔬和当地的山水特色美景作为食品产业、旅游产业开发项目，可大力推动建设农村经济，在政府的扶持下，提高农村脱贫人口的就业率，增强农村劳动力的创业能力。

3. 提高农村脱贫人口就业素质

在实施乡村振兴战略的过程中，政府是主导力量，为了促进农村脱贫人口就业，当地政府需要在培训和教育方面加大投入力度，整合教育资源，提高农村脱贫人口的就业素质水平，增强农村劳动力的就业能力、综合素养。与当地大专院校、中专院校相互合作，开展专门面向农村脱贫人口的职业技能培训活动，集中利用社会资源，为农村脱贫人口提供信息、培训和教育服务。例如为农村脱贫人口提供就业信息，鼓励其参与职业技能的培训和再教育实践活动，从中收获知识、提升技能，增强自身就业素养；农村脱贫人口在就业的过程中应注意保障自身权益，签订劳动合同，提高就业水平。结合农村脱贫人口的就业需求，开展不同工种的培训活动，邀请行业内的专家、学者，将新技术、新理念引进到培训实践中，提高农村劳动力的知识技能。接触新产业、新技术，在本人意愿基础上，增强就业能力和素养，最大限度地提高农村脱贫人口的就业率。政府部门和财政部门作为主导，加大政策支持、财政补贴力度，丰富培训形式，使更多的农村脱贫人口加入教育培训中，持续提升自身的职业能力和素质，推动农村经济建设。

4. 组织培训教育活动

为了促进农村劳动力就业，要开展组织培训教育活动，以增强农村劳动力的就业能力，提高农村劳动力就业素质，政府部门需发挥出组织协调的功能，结合乡村振兴的战略规划、发展目标，整合教育资源，组织和实施培训教育活动，运用社会资源，合理开发和应用当地大专院校、中专院校、成人教育院校等资源。组织和开办农村劳动力职业技能培训活动，将就业信息、职业技能、培训信息推送给农村劳动力，协助农村劳动力通过签订劳动合同的方式，依法保障自身的合法权益，为农村劳动力提供一条龙的支持和服务。

结合农村劳动力的不同需求，面向不同工种分层次培训，使农村劳动力形成较强的适应能力，成为技能型人才，应用新技术、发展新产业，发挥专业技能优势，提高就业能力。在开展组织培训的过程中，尤其要注意培训不同教育层次的农村劳动力，优化培训内容，分层、分级满足不同劳动力的需求，结合农村劳动力的意愿，实施有效的培训活动。部分农村劳动力的文化水平较低，要针对农村劳动力的学习能力和水平情况，制定培训方案，确保培训内容和农村劳动力需求相符。结合市场需要，以此作为导向和依据，提高农村劳动力的就业率。适当对培训费用给予政策补贴，采取政策支持、财政补贴相结合的方式，使更多的农村劳动力加入专业技能培训中，接受教育，从而提高就业素养。

5. 开展农村招聘活动

为农村劳动力提供就业信息，开展农村招聘活动，打通闭塞的农村消息渠道。农村劳动力获取就业信息的渠道较少，阻碍农村劳动力就业，因此必须打通农村就业信息渠道。由农村基层组织、乡镇街道办共同协作，担负起乡村振兴职责和使命，加强传播农村劳动力就业信息。通过不同的渠道，收集、整合招聘岗位信息，利用劳务中介机构整合信息，召开街道招聘会、社区招聘会，与用工企业联络，广泛开展招工活动，设立咨询服务平台，为农村劳动力的就业提供服务和支持，借助宣传栏、村级的微信群，及时将就业信息发布给民众，开辟劳动力市场。

（二）促进大学生返乡就业创业助力乡村振兴的对策

1. 为大学生们树立正确的就业创业观念

从客观来看，大学生就业困难，大城市就业竞争激烈，结构性失业问题十分突出。大学毕业生在农村就业创业也可以充分体现出自身的价值。从主观来看，大学生是我国国民经济和社会发展的重要力量。大学要充分发挥对学生的教育职能，既要教授学生知识、技能，又要培养学生强烈的家国情怀和社会责任感，因此，在实际的教学过程中要为学生们培养正确的就业创业观念，让学生们明确职业没有高低之分，为学生们树立自信心和责任心。

2. 解决大学生返乡就业创业的资金难题

建立大学生返乡创业支持基金，主要有奖励、补贴、投资三种形式。该奖励基金主要是由国家提供的，作为大学生返乡创业的一次性奖励，旨在帮助大学生在创业初期"落地"，即"雪中送炭"；补助资金是用在大学生返乡创业计划"扎根"乡村的运营期，可以一次性或分期发放，对大学生创业期间的硬件购置费用给予相应补贴，它的资金来源是省、县、乡三级政府机构，可以根据不同的机构给予不同的补助；通过将社会资本融入到投资基金中，可以引进民间金融机构、农村产业龙头企业等社会力量，帮助大学生"融入"到乡村发展的过程中，这个时期是大学生创业有效助力精准扶贫、融入乡村振兴的关键时期，其对大学生创业的带动和引领作用不言而喻。

3. 加大高校就业创业师资队伍建设力度

创新创业教育的教师队伍建设是老生常谈，就是要构建一支"以农促农、专农结合"的创新型教师队伍。这就要求学校对教师进行以下培养：培养热爱创业、勇于实践、乐于奉献的年轻教师，积极投身到创业教育事业中去；制定激励政策，鼓励创新型教师走出校园，到涉农企业实习，熟悉技术要求、政策壁垒和市场条件；组织教师到乡村进行调查，掌握农村的实际情况，掌握农民发展的瓶颈，为有创业精神的教师提供扶持政策，在职称评定、科研奖励等方面点亮绿灯；聘请农业技术专家、农字头企业负责人、有乡村创业经历的企业家担任兼职导师，强化实践指导工作。

4. 为学生们营造良好的就业创业环境

要确保大学生返乡创业就业，必须强化配套设施，提高农村公共服务水平，为返乡大学生创业就业创造有利的物质条件。全域都要积极营建一套行之有效的社会支持体系，使返乡创业的大学生能够更好地融入乡村文化与乡村社会，使其创业环境得到不断优化。各级政府要制定各种政策，支持高校毕业生返乡创业，增强大学生返乡创业的决心和毅力，为他们搭建一个返乡创业交流平台，将更多的大学生聚集在一起，分享和交流他们的创业经验，为更多的大学生提供帮助。

5. 设立返乡就业创业的生态系统服务

应该改变传统观念的乡村，以"美丽乡村""现代化""生态宜居""国际慢城"为切入点，使农村成为大学生实现理想的新天地，并在农村持续涌现出一批具有"示范效应""带动效应"的农村创业典型，从而激发大学生的创业积极性、主动性和创造性，促进大学生的思维方式、创业观念和价值观的转变，培养具有先进性、探索性和时代性的创新创业大学生。就返乡大学生来说，创业训练可以分为两个方面，一是大学生在创业之前接受过的教育，二是参加农村有关部门的培训，可以有效地为大学生提供坚实的创业理论基础，为大学生提供创业实践的理论平台。

6. 建立学校和地方的人才合作机制

要吸引大学生回乡村创业，不能坐等，要与各地的高校、地方部门积极合作。这种合作模式的出发点不是盲目的，它是根据当地实际情况，在充分发掘当地特色产业、文化资源和发展计划的基础上，与大学进行有选择性的合作。这对本地的发展，对学校和大学生来说，会是一种双赢的局面。另外，要建立和完善高校毕业生返乡社会实践、实习通道，使他们更加清楚地了解返乡创业。在这一过程中，要注重对一些重点群体的教育，并对其进行指导和训练，使其与本地的特点相结合，使个人的智慧和人力资源相互融合，形成互利双赢的局面。综上所述，大学生返乡就业创业能够激发乡村治理新动力，为推动农业农村现代化发展提供支持，是实施乡村振兴战略的重要手段。因此高校应该帮助大学生们树立正确的创业就业观念，政府部门也应该为大学生返乡创业提供多种筹资渠道和优惠政策；学校应该与地方政府部门建立人才合作机制和就业创业保障机制，进而为学生们的就业创业工作提供实质的支持，以此来实现助力乡村振兴的目的。

三、乡村振兴中创新型人才的作用

近年来，随着中国经济社会的快速发展，以及党和国家对农村发展的持续关注，中国的农村发展取得了优异成绩。同时，随着农村发展需求与人才短缺的矛盾不断加剧，各级政府继续将更多精力投入到农村人才队伍建设中。与乡村振兴的人才需求相比，现阶段的人才库在整体数量、质量、专业性、广度、深度和角色分布上还远远不能满足需要。农村普遍缺乏人才，现有的农村人才队伍无法承担起乡村振兴的历史使命，人才素质不高，对乡村振兴带动作用不大，无法构建有效的发展支撑；人才结构的不平衡，使农村无法得到均衡发展。人才库结构不平衡，并没有形成协同效应，减弱了在农村地区的整体效用。

振兴人力资源是振兴农村地区的关键。引进人才是新思想和旧思想的冲突。在封闭的、封锁的和偏远的村庄里，旧的想法仍然存在，不接受新的想法。引进人才是让农村发展要素回归的基础，建设新农村建设队伍是用新技术推动农村发展。它为农村地区的产业振兴铺平道路，通过产业振兴促进农村经济建设，并逐步实施农村振兴。创新人才主要是来自各高校、科研院所和农业企业的研究人员，他们具有前沿性、进步的思想和前瞻性。如果这些人才投身于乡村振兴的大业中，将有助于优化农村人力资源的结构。他们的学术和研究成就与他们的实践知识相结合，将使农村农业通过供给侧改革以及更高的学术产出实现更高质量的发展。创新人才回归农村，对农村和个人都有很大价值。

四、乡村振兴战略下乡村人才振兴

（一）提升乡村人才培养理念

人才是实现乡村振兴战略的根本所在，所以基层单位必须牢固树立"加强建设乡村人才队伍建设"的思想理念，将此项工作全面纳入基层政府部门的日常工作中，切实做好宣传学习工作，运用各种媒体加大对乡村人才队伍的宣传，从而提升乡村居民的思想观念。同时，为乡村居民创造参观、交流学习的机会，让乡村居民能够切身感受到规范化、现代化、智能化的农业示范区变化。从思想上提高广大乡村居民对加强人才队伍建设的认识，转变乡村居民接受教育的理念，使其能够逐渐树立终身学习的观念，为乡村居民提供更多接触新兴农业技术、生产技术的培训机会，鼓励农民参加培训，提升自身的农业种养殖技术。同时，树立乡村学习典型，利用示范带头作用引导其他乡村居民积极参加到乡村振兴战略落实工作中，从而持续推动我国乡村产业振兴，实现乡村经济的快速发展。

（二）开展乡村人才远程培训工作

鉴于乡村基础教育环境相对薄弱的情况，大部分乡村居民的受教育程度仍停留在小学或初中阶段，其并没有接受到更加系统化、专业化的农业职业技术教育。为了更好地解决此类问题，加强乡村居民的专业化农业职业技术提升，基层单位可利用互联网信息技术开展乡村人才远程培训工作，为乡村居民进行碎片化学习提供便利条件，同时也能够让乡村居民足不出户接受到更为优质的农业资源教育。具体可以从三个方面着手。第一，完善乡村远程人才培训制度。想要保证乡村人才远程培训工作的顺利进行，首先需要制定完善的乡村远程人才培训制度，同时开发符合地方发展实际需求的远程培训网络资源，设置特色课程提高人才队伍整体水平。第二，加大对远程培训的经费投入。计算机、网络基础配置是保障远程人才培训工作顺利进行的关键要素，基层政府部门需要从财政拨款、专款专用等方面确保远程培训基础设施的完备性，为培训工作的顺利开展提供保障。第三，聘请高等农业院校专家、地方优秀农业科技人员等参与到远程人才培训工作中，同时录制有针对性的课程内容，提高远程人才培训的教学质量，整体性地提高人才培训水平，推进人才队伍建设进程。

（三）为优秀大学生返乡就业创造有利条件

一直以来我国城乡经济发展的差距，使更多乡村优秀大学生选择留在城市发展。而现代化城市的发展虽然使应届毕业生面临巨大的竞争、就业压力，农村优秀大学生比例仍然较少。因此，基层单位必须顺应时代发展需求，从整合农村产业资源、加大乡村创业政策支持等方面，为优秀大学生返乡就业创造有利条件。例如：第一，在乡村公务员招聘中对优秀大学生、研究生等高素质人才进行适当的倾斜或按比例预留一定名额，进而吸引优秀大学生返乡，为新时期农村建设服务。第二，与地方金融机构进行沟通协调，为返乡优秀大学生创业提供更多的资金渠道，为其进行乡村创业提供资金支撑。

（四）加快推进乡村基础设施建设

进一步推进乡村基础设施及公共服务体系的建设，从改善乡村水利设施、仓储物流设施等方面，推进乡村产业振兴快速发展。改善乡村居民的基础生活设施，建设健身广场等休闲设施，提升乡村居民的生活条件。加快构建乡村电商平台，拓宽乡村农产品的销售渠道，为乡村居民进行农产品电商销售等提供便利，促进乡村农产品经济价值提升，实现乡村经济的快速发展。

近年来，文山壮族苗族自治州通过一线培育、人才下派、正向激励等措施，全力实施乡村人才振兴行动，为实施乡村振兴战略提供有力的人才支撑和智力支持。

强化乡土人才培养。依托农业产业"六个100"工程，州级遴选1000名左右农业技术骨干进行专项培育，八县（市）充分依托"领头雁"工程、"一人一技"职业培训、高素质农民培养工程等项目，分别遴选培养2000名左右农村致富带头人，着力培养造就一支符合时代要求、能推动产业发展、带领群众脱贫致富的优秀农村实用人才。

引导人才在一线服务。认真落实《文山州鼓励引导人才向艰苦边远地区和基层一线流动的若干措施》，引导各类人才在乡村振兴中担当作为、贡献力量。2020年截至6月，向省级推荐选派107名科技人员，推荐培养16名县市级基层科技人员；选派172名卫生技术人员到县乡医疗机构服务，组织6个医疗小分队开展下乡培训、义诊、送医送药活动；对接2个省级专家服务团到基层开展智力服务；在产业一线新组建3个省级院士专家工作站。

强化基层人才保障。坚持把服务保障作为人才支撑保障乡村振兴的着力点，在资金、项目、生活等方面为人才创设干事的良好环境。对选派驻村的人才，每人每年落实0.5至2万元的工作经费（县级5000元，州级1万元，省级2万元）、每月1500元的生活补助。对经认定选派到基层服务的人员，实行"三保一聘"政策（保留职务、保留待遇、保留编制；对"已评未聘"的，予以聘任取得高一级职务），激励他们干事创业。对到乡村开展支教、多点执业的教师、医务人员按规定享受相关补助。

激励人才担当作为。深入开展"弘扬爱国奋斗精神、建功立业新时代"活动，引导人才在实施乡村振兴战略中贡献智力，通过优先推荐提拔使用、优先晋升技术职称、优先项目资金扶持的"三优"措施，激励各类人才到农村一线创新创业。去年以来，全州先后对648名脱贫攻坚一线业绩突出、作风扎实、群众公认度高的优秀人才予以提拔重用。严格落实深化职称制度改革和人才分类评价的政策措施，将专业技术人员参加精准扶贫、支教、支农、支医等获得的业绩作为评审的主要内容，中小学教师、卫生等重点领域专业技术人员晋升高级职称须有1年以上农村基层工作服务经历。

第三节 乡村文化振兴

一、乡村振兴战略下的乡村文化振兴

（一）深化社会主义核心价值观引领作用

社会主义核心价值观是中华优秀传统文化的提炼和升华。党的十九大报告指出，必须坚持培育和践行社会主义核心价值观，不断增强意识形态领域主导权和推动中华优秀传统文化创造性转化、创新性发展，为人民提供精神指引。乡村文化自我革新、与多种文化之间的交流碰撞，都需要社会主义核心价值观引领，而乡村文化振兴更加需要社会主义核心价值观来影响和厘清乡村社会的多元文化观，明确振兴方向，为农民树立正确的价值认知。为此，我们要从乡村社会实际发展水平和农民美好生活需求出发，将社会主义核心价值观内化为乡村居民共同的理想信念和精神力量，外化为乡村文化振兴的实际行动，不断筑牢乡村文化价值根基。

一方面，加强社会主义核心价值观宣传教育，营造浓郁的价值观宣传学习氛围。借助社会主义核心价值观"六进"工作，大力推进价值观"进农村"活动，将核心价值观教育与学校教育、家庭教育、社会教育紧密结合起来，把培育和践行社会主义核心价值观细化到农村日常生产生活的各方面，并将乡土文化，法治文化等与价值观融合，实现价值观在乡村的日常化、具体化、法制化、生活化，充分发挥精神文化产品育人功能，促使农民坚定理想信念，用先进文化思想振兴乡村。另一方面，培育和践行社会主义核心价值观，使其真正成为广大农民的日常行为习惯和行动自觉。要将表彰奖励和批评纠错结合起来，进行树典型、表模范、批错误、揭丑恶，严厉谴责打击有悖公序良俗的行为。挖掘乡村文化中体现社会主义核心价值观的故事进行展演，组织文化服务队、宣传队到乡村进行巡回表演，不断提高社会主义核心价值观在乡村社会中的影响力。

（二）丰富乡村文化生活

增加优秀乡村文化产品和服务供给，活跃繁荣乡村文化市场，不断丰富乡村文化生活。一方面，丰富农村居民的精神文化生活，在乡村开展各种文化文艺活动，开展各种文化文艺下乡活动，支持志愿者深入农村开展丰富多彩的文化志愿服务活动，让城市高品质的文化社团、文化节目更多走进乡村，让农村居民享有越来越多的优质文化资源。另一方面，充分发挥乡村文化空间作用，继续办好"农家书屋"，充分利用村民大讲堂、农民议事厅、道德讲堂等公共空间，开展各种文化活动，让农村居民生活更加充实、更为丰富。

（三）建立健全乡村人才振兴体制机制

人才是干事创业的关键，乡村文化振兴离不开文化人才。我们要紧扣国家人才政策，

完善和创新乡村文化人才培养、引进、管理、使用等机制体制，优化乡村文化人才发展环境，激发乡村文化人才活力，促进人尽其才、才尽其用。一是重视对基层文化干部管理与培训，引导文化人才向乡村基层流动。二是深入挖掘和培养乡村艺人、工匠及非遗传承人等乡村本土人才，加大文化人才培养、资助扶持力度。三是健全人才引进机制，加快落实人才引进优惠政策，探索柔性引进机制，培育和引入一批乡村文化研究、文化传承、文化创新的高端人才。积极培育新乡贤文化，鼓励高校专家学者、企业家等各界文化名人参与乡村文化建设，形成乡村文化人才良性互动。

（四）推进数字乡村建设

数字乡村建设能为乡村文化建设提供多样传播渠道和多彩文化产品，为乡村文化振兴注入强大动力。目前，我国数字乡村建设还存在资源统筹不足、基础设施薄弱、区域差距明显等问题。大力推进数字乡村建设，进一步发掘数字化巨大潜力。加强数字技术建设，提高数字平台的普及率。扩大乡村数字文化产品有效供给，大力开发反映农村生产、生活的数字文化产品和服务，不断提高乡村数字文化产品质量。传承和利用好乡村文化，推动优秀农耕文化创造性转化和创新性发展，不断增强农民的文化认同感和自豪感。

二、乡村文化振兴的提出背景与目标指向

（一）乡村文化振兴的提出背景

我国乡村文化振兴的提出背景，是指我国乡村文化振兴提出的社会历史条件和现实环境条件，换句话说，就是我国乡村文化振兴是在一个什么样的社会历史环境条件下提出来的。只有这个问题得到科学合理的澄清和阐明，我们才能更加有针对性地制定出切实可行的乡村文化振兴实施方案，更加科学有效地推进我国乡村文化振兴实践。从社会历史发展视角看，我国乡村文化振兴的提出，既是现代化历史进程中我国乡村社会现代化发展的客观需要，也是我国乡村文化现代化的必然要求。

乡村文化振兴既是乡村振兴的重要标志，也是乡村振兴的集中体现，只有乡村文化得到了振兴，才是全面的乡村振兴。乡村振兴不仅需要有先进文化引导，需要乡村文化振兴，而且还需要借助于"乡村文化振兴"这个中介，全面实施和有效地推进乡村振兴各项实践目标的实现。因此，乡村文化振兴应该得到足够重视，任何无视或忽略文化建设的乡村振兴都是不得要领和错误的。

（二）乡村文化振兴的目标指向

乡村文化振兴是一项自觉性很强的社会文化实践活动。"农村文化实践从来不是自生自发的结果，而是文化供给和需求相匹配的结果。"乡村文化振兴的目标指向，是指乡村文化振兴在具体实施与推进过程中所要达成的目标要求，这是一个基于乡村文化的供给和需求实际制定的、由一系列实践目标构成的价值目标体系。它内在于我国乡村文化振兴实践之中，规定着我国乡村文化振兴的实践方向、价值追求和路径选择等，具有阶段性、关

系性和结构性等多重特征。

所谓阶段性,是指乡村文化振兴实践是具体的、现实的和历史的,不仅呈现出不同的历史发展阶段,而且在不同的历史发展阶段所要面对和解决的问题也呈现出阶段性特点,反映到乡村文化振兴的目标指向上,就是乡村文化振兴的目标指向具有阶段性的不同。所谓关系性,是指乡村文化振兴实践是一种关系性存在,或者说乡村文化振兴实践是在一定的社会实践关系中得到具体规定与现实呈现的,这也意味着在不同的社会实践关系中,乡村文化振兴实践的目标追求、实践道路和路径选择等各不相同。所谓结构性,是指乡村文化振兴实践是一种结构性存在,或者说乡村文化振兴实践是由多重实践单元耦合而成的具有一定结构与功能的实践系统,这就决定了乡村文化振兴的目标指向具有多元复合的结构性特征。

乡村文化振兴不仅是我国乡村社会现代化的重要组成部分,同时也是我国乡村社会现代化的本质要求。我国乡村文化振兴究其实质是:实现传统乡村文化现代化,建设与中国特色社会主义乡村发展相匹配的乡村文化,为乡村居民提供安身立命的精神家园。从我国乡村文化振兴的目标指向和价值追求看,我们所要建设的与中国特色社会主义乡村发展相匹配的乡村文化具有人民性、现代性和乡土性等鲜明的时代特征。

新中国成立后的社会主义革命和建设时期,伴随着城市和工业优先发展战略的具体实施,我国城市与乡村之间、工业与农业之间的发展差距逐步拉大,以致在此后相当长的历史时期内,甚至在今天一些国人的观念里,依然认为乡村是"土气"的,代表着传统、贫穷与落后,城市是"洋气"的,代表着现代、富足与文明。事实上,无论是我国社会主义现代化建设实践,还是已经充分实现现代化的其他国家的实际情况都表明:现代化并不意味着工业取代农业、城市取代乡村,也不意味着区域化、差别化和多元化发展格局在协同化发展过程中趋于消失。现代化是工业与农业、城市与乡村、区域与区域在更高发展水平上的共存、共进和协同发展,不存在现代化进程中农业、农村、农民和乡村社会完全消失的问题。在现代社会里,城市与乡村、工业与农业、现代性与乡土性作为两种截然不同的社会建设力量是相区别而存在、相促进而发展的。

三、乡村振兴背景下传统文化发展与创新

传统乡村文化是指乡村区域内受到特定自然地理环境的影响、自给自足的农业生产方式的限制、儒家伦理思想文化的熏陶以及特定历史阶段的国家社会政治结构影响而形成的,有着农村特殊色彩的、具有区域限定性的、具有传承特性的、客观存在的文化现象。传统乡村文化是凝聚在历代村民活动之中、镌刻在土地和器物上的文化记忆,主要分为传统乡村物质文化与传统乡村非物质文化。传统乡村物质文化包括在不同自然环境与社会环境影响下而形成与留存的自然风貌、建筑物、手工艺品等具体物化产物;传统乡村非物质文化则指在不同自然环境与社会环境影响下形成的村规民约、民风习俗、歌舞艺术形式、宗教

文化、农耕方式等非物化产物。

随着历史更迭中各种自然与社会环境的影响，我国农村地区逐渐形成注重实际、重义轻利、勤劳节俭、长幼尊卑有序等优秀的传统乡村文化，这种传统乡村文化的不断发展完善影响了千百年来农村地区的发展走向以及民众成长。传统乡村文化作为承载社会记忆的文化遗产，其传承与保护具有重要意义。然而随着历史的转折，传统乡村文化的发展遭到了一定程度的阻碍，影响力渐趋式微。自鸦片战争开始，传统乡村文化的发展呈现出寂寥的迹象，各种传统技艺传承受阻，传统建筑被大面积损毁。在新中国成立之初，经济实力趋弱与政治体制建构尚未完善的情况下，传统乡村文化的发展遇到一定阻碍，乡村的宗族文化、伦理道德思想等受到了较大的冲击。

在改革开放后，传统乡村文化中原本存留的血缘亲情、先义后利等观念发生了动摇，使传统乡村文化的发展一度陷入消沉。进入新世纪，国家开始意识到乡村传统文化传承与发展的价值与意义，并且投入一定资源专用于乡村文化的传承发展工作，但是由于资源投入较少以及思路偏差等问题，传统乡村文化的建设仍然在曲折的道路上行进。自进入中国特色社会主义新时代以来，党和政府大力发展乡村文化建设。在中国共产党第十九次全国代表大会报告中提出的实施乡村振兴战略是传承优秀的传统乡村文化的有效途径，由此传统乡村文化的传承与发展进入一个新阶段。

四、乡村文化振兴中的公共艺术

2017年10月党的十九大提出乡村振兴战略，2018年3月习近平总书记提出包括"乡村文化振兴"在内的五个振兴，指明了乡村文化振兴是乡村振兴的精神保障，乡村振兴应是文化建设先行，以"文化为魂"作为乡村建设的逻辑基点。政府、乡村、社会组织多方力量积极响应国家政策，投入乡村文化建设之中，掀起了艺术乡建的热潮，如"信王军的色彩改变乡村""贵州兴义雨补鲁寨艺术实践""羊蹬艺术合作社"等系列活动。2020年在党的十九届五中全会上，首次把艺术乡建作为"十四五"时期全面推进乡村振兴的重点任务。2022年3月，全国政协委员、中国美术家协会主席范迪安教授在两会上提出"关于加强艺术赋能乡村振兴"的建议。国内的公共艺术介入乡村实践活动始于2010年，其中影响较大的有渠岩的"许村计划"和"青田范式"、左靖的"碧山计划"和"大南坡村乡村文化复兴"等。近年来，公共艺术介入乡村建设的活动如火如荼，越来越多的艺术家、设计师走入乡村开展考察和创作。

第四节 乡村生态振兴

一、以绿色发展促进乡村振兴

（一）以绿色发展促进乡村振兴内涵

农民问题就是国计民生的根本性问题，建设农村是建设社会主义强国、实现中华民族伟大复兴的关键所在。我国一直很重视农民问题，对乡村振兴给予了极大的重视。农村改革以来，在如何建设发展农村的问题上，我国不断开拓新的方向。2017年，习近平总书记在党的十九大报告中提出实施乡村振兴战略，随着广大基层干部与群众的努力，我国"三农"工作取得了举世瞩目的成就。然而在农村城镇化的过程中，由于对绿色建设的认知不够，违背了绿色发展规律，在建设农村过程中忽视了环境保护的重要性，出现了一些过量过度开发现象，造成了水污染、空气污染、严重的水土流失等生态问题。这就导致农村居住环境恶化，无法实现真正的乡村振兴，所以改善农村人居环境和向绿色发展转型就逐渐成为实现乡村振兴必须要解决的重难点。

2018年，中央一号文件《中共中央国务院关于实施乡村振兴战略的意见》指出，乡村振兴是"生态美"和"百姓富"的统一，良好的生态环境才是美丽乡村的宝贵财富和最大优势，进一步明确了振兴乡村产业、建设美丽乡村的具体要求。2020年，党的十九届五中全会要求坚持新发展理念，强调推动绿色发展，促进人与自然和谐共生，提出了"全面实施乡村振兴战略"以及"促进经济社会，发展全面绿色转型"的战略部署。2021年，中央一号文件《中共中央国务院关于全面推进乡村振兴加快农业农村现代化的意见》成为第18个指导"三农"工作的中央一号文件，其中提出了加大农业绿色发展和人居环境整治的任务目标。文件指出，民族复兴第一步就是振兴乡村，农业绿色发展是新时代下乡村振兴的新理念新要求。农业农村农民问题是关系国计民生的根本性问题，要坚持把解决好"三农"问题作为全党工作重中之重，把全面推进乡村振兴作为实现中华民族伟大复兴的一项重大任务。

（二）绿色发展的必要性

早在1973年，时任联合国副秘书长莫里斯·斯特朗就提出了生态化发展的概念。在这一概念中，经济的发展并非与环境的保护不能兼容，经济的发展都应基于生态化发展来进行。无论是经济发达的城市还是相对落后的乡村，其自然资源都是有限的，经济的开发应遵循生态的规律。如果在开发中对自然资源的破坏或索取超出其所能承受的上限，就会导致生态平衡被打破，带来一系列不可预料的副作用。这样的发展不仅使发展自身带来的长期效益变低，还会对生态和人类本身带来负面影响，这样的没有底线的开发不利于可持续发展。在发展不能越线的同时,绿色发展还要追求提高生态上限,保障长期的可持续发展。习近平总书记强调:绿水青山就是金山银山。绿色发展不仅仅是指在发展的同时要保护生态环境,还强调自然环境资源本身也是经济社会发展的重要动力。不可否认,农村本身所具有的生态自然资源其实就拥有最好的价值,振兴乡村不仅仅只是认识到自然资源的功能多样性和价值多样性,还要把生态环境保护和经济发展统一起来,追求人与自然和谐统一。

二、乡村振兴下农村生态景观规划设计

(一)坚持以人为本,充分考虑村民意愿

通过实地调研发现,在进行农村生态景观规划建设的过程中,设计人员需要全面了解乡村建筑风格、自然景观肌理、基础设施水平等,还需要加大与当地人民的沟通,切实了解人们的基础问题以及建设意愿。设计人员需要合理采纳村民意见,提升村民在生态景观建设中的参与力度。农村生态景观设计是一种科学的发展途径,其目的主要是服务于当地居民,充分遵循以人为本原则,立足于满足村民实际利益与需求,展开相关建设,保障全面实现基础建设目标。

(二)详细了解农村实际情况

不同的农村天然具有不同的生态地理条件,这种不同的条件为乡村留下了独特的发展烙印。相关人员在展开生态景观规划建设的过程中,需要确保完全遵守因地制宜的原则,根据乡村不同的特色针对性地设计规划方案。规划设计中要完全尊重农村本身的特色,有机结合原有的地理特征,尽量保留原有建筑风格,充分发挥自身固有特色的价值。同时,深入发展传统特色,通过合理的设计形成特有的乡村文化品牌,大力推广品牌知名度。只有切实实现地域特色与传统特色之间的融合,才能实现独特性的乡村生态景观建设,防止出现千村一面的情况。

(三)适度保护与开发

农村生态景观规划设计期间,工作人员需要对当地的生态承载能力具有正确的认知,根据该地域的人口分布情况以及整体发展趋势进行科学的规划。生态承载能力具有一定的限度,多数生态资源都不可再生,因此在规划设计期间需要充分贯彻生态优先原则,严守生态保护底线,提升对清洁型能源的利用,增强对垃圾、污水等处理的能力,降低环境污染程度。在保护生态环境的基础上,适度开发生态资源,其间注意时序性,为农村未来的发展留出一定的空间。

(四)发展乡村产业

要想实现经济效益的提升,必须加大农村产业发展力度,推动第一、第二、第三产业融合发展,突破固有的发展层面,通过有力的产业动能促进农村整体发展水平的进步。如此能够增加村民就业创业的机会,增强农村的发展生命力,体现出创新活力。通过第一、第二、第三产业的融合发展,能够大幅改善产业发展结构,提升实际产业管理水平,吸收

专业技术人才，促进乡村经济发展的活力，实现村民经济收益的提升，优化村民生活水平，建设安居乐业的乡村环境。

（五）打造生态景观建设

农村的生产与生活空间具有不同的性质，生态空间对人们物质生活要求无法满足，但是作为人民日常生活的主要场所，能够切实实现人们生产生活水平的提升。通过科学、合理的规划设计加大生态环境保护力度，可有效维持原有的生态平衡体系，促进农村经济发展。

三、乡村振兴视域下我国农村生态环境管理

（一）明确战略定位

随着乡村振兴战略的推进，越来越多的生态环境管理人员，对本职工作与经济建设的密切联系有了清醒认知，更多农村地区已经在本地的规划方案中，把生态环境管理当成重点任务来抓，努力实现乡村振兴战略时代背景和农村生态环境管理的有机结合，使生态经济自成体系，与整体经济体系水乳交融。乡村振兴战略要求农村生态环境管理找准定位，认定管理目标，为乡村振兴创造机遇，力求全民认识到乡村振兴离不开生态环境管理。

只有做好生态环境管理，打造和谐生态环境，充分利用农村资源，让农村地区拥有更大生态容量，生态环境管理方可更上一层楼。这就需要从多个方面入手：第一，要全面认识生态环境管理在乡村振兴中的价值所在，全民认识到要解决农村污染，生态环境管理是必经之路，只有这样，农村地区才能构建美好人居环境，建成美丽乡村。所以，农村地区更要加强生态环境管理，构建农业生态经济体系，才能实现乡村振兴；第二，要全面了解治理农村环境，必须依靠生态环境管理达到目标，要大力降低环境污染，把农业生产带来的污染物排放降到最低限度。农村地区的生态系统具有丰富多样性，山区、林地、水域、农田等星罗棋布，纳污能力强于城市，是生态环境的天然屏障，因此，生态环境管理要充分利用加法，把环境容量提高到一个新水平；第三，农村地区各级各部门都要高度重视生态环境管理，须知这是农村建设生态文明的必由之路，农村地区天地广阔，人口规模总量超过城市，是生态文明建设的主阵地，只要农村地区还未建成生态文明，小康社会就无法实现。

（二）制定工作原则

农村地区加强生态环境管理，需要出台相关原则，作为管理人员的工作依据。乡村振兴是国家战略，生态管理与此并无冲突，这是提高农村生活水平的主要途径。生态环境管理必须建立在乡村振兴战略的基础上，农村治理必须着眼于脱贫攻坚，早日实现生态环境管理，是促进乡村振兴发挥效能的前提保证。实施乡村振兴必须大力借鉴成功经验，充分利用农村现有资源，拓宽资源开发渠道，带领农民脱贫致富，促进农村生态治理早日突破城乡二元瓶颈。

（三）构建完善的对策体系

农村地区生态环境管理要取得实效，须就应对策略构建健全完善的管理体系。政府部门要从上到下落实环保管理职责，确保责任体系的完善性，要求所有部门规划提高农村环境质量目标，积极宣教，就农村生态环境管理划分主体责任。须通过立法强化农民规范化落实环保型生产，就生态环境管理协调各级管理体系，依据科学评估为农村生态环境管理专门立法，推动建设第三方服务体系，落实财政补贴，规范化执行生态环境管理工作。为农村环保基建筹措维保资金，保证农村经济始终处于法规监管之下。通过环保宣教和专门立法，帮助村民树立牢固的自主意识，向他们普及国家在生态环境管理方面的国家政策和法律法规，形成全民监督机制，共同推动构建健全完善的生态环境管理对策体系，促进农村的产业多元化，在农村经济建设中贯彻落实乡村振兴战略，确保生态环境管理达到最终目标。

四、乡村振兴背景下农村生态环境污染治理

（一）地方政府提高治理能力，主动担当环境治理重任

首先，地方政府要立足于时代发展趋势及时更新管理理念与服务理念，将绿色发展作为建设美丽乡村目标，走高质量的可持续发展道路，给予农村生态环境污染治理充足的资金支持与人力支持，加大环保基础设施的建设，包括噪声防治设备、固废处理设备、沼气锅炉等。其次，完善农村生态环境污染治理制度，为农村生态环境污染治理提供制度保障，以制度的方式明确地方政府、地方企业、农民、非政府组织等多方治理主体的责任和义务，并规定哪些活动可为、哪些活动不可为，规范地方企业和农民的生产活动，使之更加符合农村环境污染治理的要求。最后，以奖励、补贴的形式，激励地方企业、农民、非政府组织的环保行为和污染治理行为，提高各方治理主体参与环境保护的积极性，同时推进污染治理监督与问责工作，严格监督地方企业的排污、治污工作以及政府有关部门的污染治理工作落实情况，使监察工作贯穿农村生态环境污染治理的全过程，加大对地方企业不合规行为的惩治力度和政府部门工作松懈的追责力度。

（二）地方企业强化社会责任，努力推进绿色发展道路

农村生态环境治理过程中，地方企业要将社会效益提高到与经济效益等同的位置，甚至将环境问题作为企业生产和决策的第一考量，保护农村环境，减少生态污染，通过改善生态环境，发展企业生产力。第一，地方企业要构建绿色发展体系，树立绿色企业文化，并将绿色发展理念融入企业生产和污染治理的全过程，遵守并践行地方政府制定的农村生态环境污染治理制度，淘汰落后的生产设备和排污设备，倡导绿色生产过程和清洁生产工序，定期对员工进行企业文化培训，树立员工环保意识。同时提高企业的治污能力，从内部生产到检测管控，杜绝污染，及时新增和升级污染防治设施，实现企业规范、有序、绿色的发展。第二，完善环保人才引进和培养工作，要求环保人才既要具备环境管理能力，

又要对企业中不符合绿色发展理念的生产活动和工作方法进行改进，对企业周边的环境污染程度进行检测与评估，将企业生产对农村环境的消极影响降到最低。

（三）当地农民树立主体意识，参与生态环境污染治理

作为农村的主体人群，农民可以直接从良好的农村生态环境中获得幸福感，农村生态环境污染治理情况与农民的生存与发展息息相关。增强农民的环保意识和环保能力是农村污染治理工作的前提条件，所以地方政府要从以下三个方面着力增强农民的主体意识：一是发挥媒体的力量。信息技术的发展使移动媒体成为农民日常生活的必需品，所以地方政府可以充分利用移动媒体的便利性和教育性，向农民宣传环保知识，引导农民意识到农村治污工作与农民生活质量的密切关系；同时将其他地区治理污染的有益经验带到本地治污工作中，为农民提供行动参考，减少在农业生产和日常生活中破坏生态环境的行为。二是帮助农民正确认识自身在农村建设与保护过程中的主体地位。农民对于当地的地理情况和环境信息十分了解，所以农民参与生活场所的污染治理工作具有天然的优势；在农民参与环境管理时，还要重视农民从中获得的满足感和成就感。三是引导农民的环保实践，践行绿色生活理念，教给农民农业生产的新技术，促进绿色农业的改造和升级，鼓励农民建设生态农业、休闲农业等多元发展模式，正确处理生活垃圾和生产废料，养成环保习惯。

近年来，砚山县维摩彝族乡坚持贯彻"绿水青山就是金山银山"理念，深入打造"生态+"模式，有力推动生态产业，促进乡村振兴。

"生态+项目"共联共建破解石漠化困局。该乡紧密围绕石漠化治理，申报实施全国石漠化治理项目，打造国家石漠化公园，不断整合上海对口帮扶资金，挂联帮扶单位项目支持，紧盯石头多、有效耕种面积少等难点问题。2017年，该乡采取"公司+基地+合作社+贫困户"运作模式引进云南采标农业科技开发有限公司栽种2500亩黄金油桃，示范带动维摩乡7个行政村1549户农户种植黄金油桃8000余亩，每年可吸引富余劳动力就近务工4万余人次，仅务工一项就可助民增收600万元。维摩彝族乡长岭街村三尖应菊山羊种养殖农民专业合作社打破"平面单样"传统种植模式，推出"核桃+药材+牛羊"以短养长的复合经营发展模式，共发展社员165户，推广种植核桃林1600亩，养殖黑山羊5000余只、肉牛400余头，林下种植滇黄精、白及等中药材56亩，经济价值达1640万元，社员养殖收入最高达13万元，最低收入3万元，有效推进产业结构多样化，因地制宜破解石漠化地区增收难题。

"生态+文化"典型引路促进民族文化发展。深度挖掘民族传统文化，传承发展民族文化经典。黑鱼洞村依托"彝族弦子舞之乡"美称，成立了弦子制作、弹奏、弦子舞传承、彝族刺绣、民俗文化、彝族阿细语言文字、彝族山歌等6个项目传承小组，传承和保护黑鱼洞村独有的阿细文化，有10余支文艺队300余人，自编自演《顶灯跳弦》等一批弦子舞蹈、弦子演奏、彝族山歌对唱，作品积极健康、清新质朴、乡土气息浓郁，具有独特的传播力和影响力。以白沙坡"云南省十大刺绣名村"的荣誉为杠杆，成立彝族刺绣产品公

司和合作社，建立加工车间，设立电子商务服务站，累计培养精湛技艺绣娘300余人，带动全村132名群众转变成为技能型人才，实现脱贫致富，辐射带动江那、干河等周边乡镇妇女1500余人发展刺绣产业，累计实现刺绣销售收入4000余万元。白沙坡刺绣已逐渐形成品牌优势，产品远销欧洲、澳大利亚、日本、北京、上海等海内外市场。

"生态+产业"扩大优势产业提升产品档次。依托本地传统辣椒、烤烟等种植优势，近5年全乡累计完成辣椒种植52万余亩、烤烟种植3.31万亩，实现烟农收入12029万元、烟叶税收573万元；发展经济林果5.13万亩，完成木本油料基地建设3.5万亩，实施核桃、油茶提质增效0.7万亩，引进云南普者蓝农业科技有限公司在幕菲勒、倮可腻流转土地1600亩种植蓝莓，海创、彩标、友润、大北农等公司在乡内发展势头良好，乡村产业优势强劲，农产品档次不断提升，绿色林果经济让广大群众尝到了甜头，发展优势产业信心十足。

"生态+旅游"抱团发展擦亮乡村旅游品牌。紧密承接普者黑国家级5A景区旅游产业延伸末梢，境内彩标农业观光、田坝心美丽乡村等产业快速发展，"云南省十大刺绣名村"白沙坡刺绣、黑鱼洞村"彝族弦子舞之乡"等一批具有独特文化底蕴的相关产业得以传承壮大。每年桃花盛开季节、蓝莓采摘时节和彝族文化节日，一批批游客纷至沓来，"生态+旅游"综合带动效果明显。2021年，该乡实现乡村旅游收入9.2亿元，人均可支配收入达1.5万元，同比增长11.5%。

第四章　乡村振兴与共同富裕

第一节 共同富裕的理论、历史和现实逻辑

一、共同富裕与共享发展

（一）共同富裕是社会主义的本质

新中国成立后，毛泽东最早在关于"农业合作社"问题的讨论中提出共同富裕。土地改革后，新富农不断出现，为了巩固工农联盟，毛泽东指出："逐步地实现对于整个农业的社会主义的改造，即实现合作化，在农村中消灭富农经济制度和个体经济制度，使全体农村人民共同富裕起来。"党的十一届三中全会后，以邓小平为核心的党的第二代领导集体对共同富裕思想有了更加深入的认识，中国共产党力图打破平均主义的桎梏，运用市场因素并结合相关制度建构来实现共同富裕。面对中国"人口多、底子薄"的基本国情，如果采取同步富裕的政策，只会陷入共同贫穷、共同落后。因此，只能根据各地的实际情况，邓小平提出了帮助一部分地区、一部分人先富起来，然后通过先富带后富，最终实现共同富裕。

伴随着改革开放的不断推进，中国特色社会主义事业取得了辉煌的成就，经济发展的蛋糕越做越大，在做大蛋糕的同时如何分好蛋糕是中国共产党亟需解决的问题。党的十六大报告明确提出："在经济发展的基础上，促进社会全面进步，不断提高人民的生活水平，保证人民共享发展成果。"这标志着中国的发展战略将向着更注重人的方向转变。党的十八大以来，以习近平同志为核心的新一届领导集体高度重视共同富裕问题，习近平强调："我们的责任，就是要团结带领全党全国各族人民，继续解放思想，坚持改革开放，不断解放和发展社会生产力，努力解决群众的生产生活困难，坚定不移地走共同富裕的道路。"党的十九大报告明确提出了"以人民为中心"的重大命题，中国特色社会主义建设必须坚持"发展为了人民、发展依靠人民、发展成果由人民共享"。

（二）共享发展是实现共同富裕的路径

新中国成立之初，我国通过"三大改造"进入到社会主义社会，为实现共同富裕提供了制度保障。但是，由于对马克思主义的教条式理解，使得我们在实践过程中大搞平均主义，不仅没有实现共同富裕，反而成为共同贫穷。

党的十一届三中全会的召开，确立了"一个中心，两个基本点"，经济发展步入正轨。邓小平在对社会主义本质认识的基础之上，提出"先富—后富—共富"的迂回发展路径，其目的是打破平均主义的束缚，调动人民的积极性，实现社会的快速发展。同时，邓小平还提出了"两个大局"战略，即"东部沿海"和"内地地区"发展节奏的问题，"两个大局"战略和"先富后富"战略分别从空间上和时间上进行政策架构，相互配合促进我国经

济发展，推动改革开放的进程。这种战略在打破平均主义的同时如不加以约束，势必导致地区之间和个人之间的贫富差距。为了解决日益突出的社会公平正义问题，党的十五大报告首次将"人民共享经济繁荣成果"作为"建设有中国特色社会主义的经济"的原则要求。党的十六届四中全会首次提出构建社会主义和谐社会的历史任务。党的十八届五中全会提出共享发展理念，这一发展理念蕴含着深刻的理论渊源和切实的实践需要，是中国共产党基于现实的发展困境，坚持共同富裕原则的理论创新。

二、共同富裕的本质

从经济学角度看，共同富裕是一个包括财产、收入在内的物质财富生产和分配的问题。从社会发展角度观察，共同富裕的实质是人自身的发展问题。若只是在物质财富的生产和分配上做文章，不落到人的发展、所有人的共同发展上，则共同富裕只是分配政策的目标，仅仅具有短期意义。从世界发达国家的历史经验观察，仅仅依靠分配政策的调整，不能逆转贫富差距扩大的基本趋势。因为分配差距的根源是人的能力差距，尤其是群体的、阶层的能力差距。千万不要以为物质财富生产和分配在一定时期合意了，人的发展、所有人的发展也就自然实现了。这是一种基于确定性思维、线性思维的认识。物质生活条件只是人自身发展的基础，并不等于人的发展。人的发展体现在人的主体性、创造性和文明性上。物质文化生活水平的提高，并不等于人的素质和能力的自然提升，更不等于所有人能力的普遍提升。

现代化的核心是人的现代化。社会主义的内在价值追求是人自身发展的平等机会，物质生活条件的基本平等仅仅是手段或实现路径而已。所以，共同富裕的本质是所有人的共同发展，而不是物质财富上的均贫富。历史告诉我们，均贫富并不能实现所有人的共同发展，甚至可能使发展陷入停滞不前的境地。历史上的平均主义"社会实验"结果已经表明了这一点。在物资匮乏的年代，追求生产增长，解决人的生存所需（吃饱穿暖），可以视为促进了人的发展。但随着人均收入水平不断提高，物质财富生产、分配与人自身发展的偏离就会越来越大。或者说，物质的发展远快于人自身的发展，更不要说所有人的全面发展。在全面建设我国现代化的过程中，要防范的最大公共风险就是物质财富发展中人的异化——人被物质财富支配，而不是人支配物质财富。这种异化将会导致人的能力的两极分化。随着市场经济发展过程中资本的集聚和集中，大多数人会因为能力的贫穷而陷入收入的贫穷。促进共同富裕与以人为核心的现代化是一体两面的关系，是一个长期愿景目标。不能简单地以基尼系数作为衡量共同富裕是否取得实质性进展的指标。

三、共同富裕的文化逻辑

共同富裕是社会主义的本质要求，是中国式现代化的重要特征，也是中华民族孜孜以求的社会理想，其以深厚的中华文化为基调和底蕴，具有独特而鲜明的文化逻辑。共同富裕的文化逻辑蕴含了共同富裕理论演进与实践发展的文化方式。中华优秀传统文化、革命文化、社会主义先进文化发展演变，厚植着共同富裕的文化根脉，塑造着共同富裕的实践发展，为扎实推动全体人民共同富裕提供了更基础、更持久、更深厚的力量支撑。

四、共同富裕的历史逻辑

共同富裕在马克思主义价值体系中处于最高层次，其是邓小平"南方谈话"的核心要义之一，既符合马克思主义的基本精神，又契合中国共产党的初心使命。邓小平"南方谈话"的核心是生产力的解放问题，他说："革命是解放生产力，改革也是解放生产力。"解放生产力的直接目的，就是推动经济发展，实现人民群众共同富裕。这是自中国共产党成立尤其是新中国成立以来，贯穿社会主义经济建设始终的历史逻辑。改革开放以来，中国共产党团结带领全国各族人民开创了中国特色社会主义事业，走出了一条中国式的现代化道路。在中国特色社会主义现代化进程中，共同富裕是社会主义的本质要求，是中国式现代化的重要特征和重要目标，是广大人民普遍享有美好幸福生活的根本标志。在"南方谈话"中，邓小平对共同富裕这一社会主义的本质特征进行了精彩论述。进入新时代以来，坚持以人民为中心，实现共同富裕，既是对邓小平理论的继承发展，又是对邓小平理论的开拓创新。概括来说，从邓小平理论的最初创立到新时代中国特色社会主义的接续发展，就是中国共产党坚持以人民为中心，团结带领全国各族人民实现共同富裕的历史进程。

中国共产党成立一百周年，是为我国人民谋求福祉的百年，是为中华民族寻求振兴的百年，也是党带领人民追求共同富裕的百年。《中共中央关于党的百年奋斗重大成就和历史经验的决议》提出，坚定不移走全体人民共同富裕道路，就一定能够领导人民夺取中国特色社会主义新的更大胜利。中国共产党带领广大人民群众在坚持走这一道路的过程中，形成了新的思想，即共同富裕。这对推动中国特色社会主义建设，更好地为我国人民谋求福祉具有重要的理论和现实意义。

五、共同富裕的可实现性

站在新的历史起点，把握发展脉络。共同富裕是顺利推进现代化进程的内在要求，也将成为中国特色社会主义现代化的鲜明特征。共同富裕已经在我国逐步推进，并实实在在地体现在现实奋斗中，从温饱不足到总体小康，再到全面建成小康社会，开启第二个百年奋斗目标的新征程，这些都为共同富裕的生动实践奠定了基础和开辟了道路。只要坚持中国共产党的领导，全国各族人民团结奋斗、勠力同心，坚定不移走全体人民共同富裕的道路，共同富裕就一定会实现。

六、共同富裕的法治保障

我国共同富裕的理念源远流长，追求共同富裕的历史实践形塑出了中国传统文化中的主流价值观。《礼记》对共同富裕的大同社会图景作出了"人不独亲其亲，不独子其子，使老有所终，壮有所用，幼有所长，鳏、寡、孤、独、废疾者皆有所养，男有分，女有归"的描绘。《孟子·滕文公上》提出"并耕而食"的观念。近代以来，共同富裕开始由理念走向现实，勾勒出了串联我国发展的主轴线。随着绝对贫困问题的解决，自习近平总书记提出"现在已经到了扎实推动共同富裕的历史阶段"以来，学界从政治学、经济学、法学等不同学科视角对共同富裕进行了积极探讨。

我国共同富裕权发展的历史是与其权利性质和权利内容的变化同时进行的。在性质上，共同富裕经历了纲领性规定到抽象权利再到具体权利的变迁。在内容上，我国对共同富裕的保障经历了从偏重"共同"到重视"富裕"再到向"共同"微调的转变。在新的历史阶段，我们应该建立健全共同富裕权的规范体系，进一步满足我国人民日益增长的美好生活需要。

七、共同富裕研究进展与展望

共同富裕是中国特色社会主义的本质要求，是中国式现代化的重要特征。党的十八大以来，中央对扎实推进共同富裕做出了一系列重要论述，曾多次强调"要坚持以人民为中心的发展思想，坚定不移走共同富裕道路"，共同富裕被摆在了更加重要、更加显著的地位。党的十九届五中全会科学地剖析了国内国际发展态势，对扎实推动共同富裕做出重大战略部署，提出到2035年实现"全体人民共同富裕取得更为明显的实质性进展"的目标。与此同时，浙江省共同富裕示范区的建设标志着共同富裕实践的伟大推进，表明了我国扎实推进共同富裕的决心和毅力，同时也为共同富裕的学术研究提供了一个崭新的视角。脱贫攻坚的圆满收官与小康社会的全面建成，为实现共同富裕打下了坚实的基础。随着生活水平的不断提高，人民对美好的生活需求日益增加，共同富裕的内涵也日渐丰富，经历着由最初的"摆脱贫困状况而取得共同富裕"到"物质生活和精神文明的统一富裕"。新时代扎实推进共同富裕，一方面要促进收入分配公平，缩小收入差距，扩大中等收入群体；另一方面需要加强精神文明建设，以人民福祉为中心促进人的全面发展。

纵览国内相关的政策文件与研究文献，关于共同富裕理论内涵、发展逻辑和实现路径方面的探讨与研究已经十分丰富。目前各界就新时代共同富裕的内涵已形成共识，普遍认为共同富裕是在中国特色社会主义制度保障下覆盖全体人民的生活富裕与精神富足，是公平与效率、发展与共享的有效统一。基于对共同富裕的内涵理解，部分学者试图通过设计综合指标体系，多维度、多视角地测度共同富裕发展程度。与此同时，高质量发展、收入分配、乡村振兴等共同富裕相关热点领域的深入研究也进一步丰富了新时代共同富裕的理论内涵。总体而言，随着脱贫攻坚战的全面胜利与小康社会全面建成，人民群众对共同富裕的呼声越来越高，政界对共同富裕的关注程度日益增强，学界相关研究成果也逐渐丰富。但由于共同富裕仍处于探索、实践、推进阶段，相关学术研究存在一些尚需完善的空间。

第二节 乡村振兴与共同富裕的关系

一、共同富裕与乡村振兴的内在关系

习近平总书记指出："促进共同富裕，最艰巨最繁重的任务仍然在农村。"从习总书记的论述中可以看出，农村是实现共同富裕目标中最为重要的一环。是实现共同富裕前必须要解决的重点问题。实施乡村振兴战略的基本出发点和根本落脚点，就是要缩小城市与农村之间的发展差距，促进人的全面发展，稳步迈向共同富裕。脱贫攻坚、乡村振兴同属于迈向共同富裕的两大关键步骤。乡村振兴与共同富裕是不可分割的，乡村振兴战略实施是迈向共同富裕过程中不可缺少的一部分，共同富裕需要全体人民摆脱贫困、共同致富，而全体人民中占据大量比例的就是农民。如何解决农民致富问题？只有乡村发展了，乡村振兴了，农民的生活水平才会逐步提高，才能在发展的过程中缩小城乡之间的发展差异，实现共同富裕才不是一句空话。

推动乡村振兴与实现共同富裕要推引相济，同向共进。乡村振兴是实现共同富裕的重要前提，不仅仅只是从农民的生活水平出发，应当从基层党建问题、产业文化链等方面，齐头并进解决现实存在的问题，突出党建引领乡村振兴作用，充分发挥基层乡村党支部的战斗堡垒作用，加快推进农业现代化、农业数字化、农业智能化，推进乡村振兴建设，力争早日解决顽固问题，实现共同富裕。推进乡村振兴战略的目标与导向是实现共同富裕。它不仅仅是满足人民美好生活需要，更为建设社会主义现代化国家树立了风向标。要在长期的、动态的发展过程中继续向前迈进，坚定不移地走中国式现代化道路，重点推进乡村振兴战略实践。想要真正地推动乡村振兴发展与实现共同富裕，推动农业农村的高质量发展，推进乡村振兴与共同富裕取得全新的突破，促进社会主义现代化强国建设，就要以蓬勃向上、勇于创新、坚持不懈的精神努力推动乡村振兴战略，克服一切难关。

要实现共同富裕，就一定要巩固脱贫攻坚成果，大力推进乡村振兴发展，消除城乡之间的贫富差距。唯有达成了乡村振兴与共同富裕的有机统一，才有可能实现真正的共同富裕。在大力发展乡村振兴的同时，由最先富起来的人带动后来者，才能在社会主义建设过程中不掉队伍，才能在历史进程中实现共同富裕，为实现中华民族伟大复兴奠定基础。通过对乡村振兴与共同富裕内在逻辑的探索，明确新时代想要实现共同富裕是一个长期的、循序推进的过程，需要全国人民共同努力，而促进乡村振兴正是其中重要的部分，要接续完成其中每一个目标，最终实现共同富裕。

二、共同富裕视野下乡村振兴理论研究

共同富裕的重点在乡村，难点也在乡村。乡村振兴是实现全体人民共同富裕的必然要求与必经阶段，《中共中央国务院关于实施乡村振兴战略的意见》明确指出，2035年中国乡村振兴战略实施要取得决定性进展，农业农村现代化要基本实现；2050年即第二个百年目标实现时，乡村全面振兴，农业强、农村美、农民富全面实现。乡村振兴战略实施的两个阶段政策目标，与党的十九大报告提出的实现共同富裕"两步走"的远景目标相对应。很显然，乡村振兴与共同富裕的政策内涵是统一的，目标是一致的，体现了共同富裕要实现、民族要复兴、乡村要振兴的精神内涵。乡村振兴与共同富裕的目标一致性、使命共同性、原则统一性、路径趋同性，决定了脱贫攻坚、全面建成小康社会的第一个百年奋斗目标实现后，实施乡村振兴、扎实推动共同富裕实现成为第二个百年奋斗的重要内容。

三、乡村振兴城乡融合推动共同富裕的策略

（一）加大农村人才培养和引进力度，增强乡村振兴的智力支撑

乡村振兴首先应该是人才振兴，优秀人才培养和引进为实现乡村振兴提供有力的支撑。首先，建立乡村人才数据库和人才储备制度，政府对人才做好长期的培养规划，组织人力资源保障厅对乡村人才进行登记，详细记录人才的基本信息和类型，以便能够全面了解和掌握乡村的基本人才信息；其次，培养本土新型职业农民，提升农民的基本素养和专业技能，培养出更多与乡村发展需求相契合的新型职业农民人才，共同推进农村产业的升级改造，创造更多的人才就业机会；最后，政府建立相关的医疗、住房和教育等补贴制度，以及创业的激励制度，吸引更多的外出务工人员回家乡建设。对于有突出贡献和有一技之长的人才，政府要给予特殊的奖励，激发其工作积极性，利用引导和鼓励的方式让人才在乡村建设中发挥最大作用。

（二）优化农村经济产业结构，促进产业创新转型

以产业兴旺来带动农民集体增收是推进乡村振兴发展的重要手段之一，农村经济结构决定了农村未来的发展方向。为了加快农村经济现代化发展的速度，着力完善农村经济产业结构，改变传统单一的产业结构模式，全面打开农村经济发展格局，推动现代化农业的发展。首先，根据该村实际情况，优化农村的产业结构，利用农村的特色资源条件和产业特色，挖掘当地的产业潜能，加强产业组织之间的联系，积极优化和调整乡村经济产业结构，构建良好产业的全新格局；其次，创新产业结构的发展模式，促进当地资源与产业结构的深度融合，利用互联网的优势和移动互联网的便利，积极探索"互联网+农业"的产业格局，促进产业全面健康发展；最后，发展当地特色产业，建立龙头企业，利用龙头企业带动乡村产业的发展，以乡村特色资源为基础，积极打造当地特色农产品，建立特色产业基地，树立特色品牌意识，补齐乡村振兴的短板。

（三）促进城乡资源流通，提高农村公共服务均等化水平

从目前的情况来看，创建优质乡村环境是乡村振兴高质量发展的首要工作，而若想实现这一工作目标建议从以下几个方面入手。首先，要大力推进城乡的融合发展，实现城市资源与乡村资源的双向自由流动。目前来看城乡差距逐渐扩大的主要原因就是农村的资源大部分都流向了城市，而城市的资源并没有反哺农村，若想打破这一城乡发展壁垒，政府的扶持政策起到主要作用。尤其是应制定具有针对性的土地和税收的优惠政策，其对于城市资源向农村流动具有很好的引导和鼓励作用；其次，要建立农村与城市结对帮扶制度，改善农村的发展环境，增强乡村振兴的动力和保障力；最后，应完善乡村振兴城乡融合的评价体系。农村的基础设施、教育和医疗等都应该纳入评判标准，明确落实责任和义务，为乡村建设提供制度保障。

第三节　共同富裕目标下乡村振兴的发展路径研究

一、共同富裕目标下乡村振兴策略

自乡村振兴战略提出以来，不同地区的乡村在乡村环境治理、乡风文明建设等方面取得良好成效，但是，农村生产性基础设施配套落后、城乡要素壁垒长期存在，以及农村精神文化生活匮乏等不足，导致在振兴乡村的工作和实现共同富裕目标的道路上阻力重重。

（一）打破城乡要素壁垒，促进城乡发展一体化

相关研究认为，即便到了 2035 年，我国城镇化率达到了 70%，也仍然有 4.5 亿人在农村生活。如果不解决农村发展落后的问题，全体人民的共同富裕也将难以实现。农村和城市二者是相辅相成的，农村无法脱离城市孤立地增长，城市也需要对农村进行反哺，城市和乡村要改变以往城市对农村的单向输血模式，最为关键的是需要打破城市和农村之间的要素壁垒。毛泽东指出"国民革命的中心问题是农民问题"，而要解决农民问题，最主要的就是土地，由于历史缘由，农民最主要的财产就是土地。

受新一代科技革命和产业变革的影响，农民和土地的关系也亟需发生转变，土地作为资源，能够在乡村振兴中充分发挥自身的优势，譬如：城市资本丰富，但缺乏土地，而农村拥有丰富的土地资源，通过"资本下乡"的方式结合二者优势，在增加农业设施用地和机械要素投入等方面促进资源的合理利用，这些举措既可以促进城乡人口的健康流动，也能够提高农民的收入，同时基层政府也可以合理利用下乡资本，根据资源优势，开展多种农业经营模式。在土地流转中，要充分重视土地三权之间的关系，理清承包权和经营权之间的经济关联，在确保土地在市场流转过程中正常流通，切实保障农民的正当权益和合法利益，做到让农民把饭碗牢牢端在自己手中的同时，也提升自身的生活品质。概而论之，以合理优化配置城乡资源的方式，打破城乡要素市场壁垒，促进城乡一体化发展。

（二）加强生产性基础设施建设，提高农村人口回流率

产业振兴作为振兴乡村的重点工程，需要具有可保障的配套生产条件、商品流通市场消息和技术型人才等，但许多乡村因建设不完善导致乡村空心化和技术型人才"孔雀东南飞"现象明显。振兴乡村首先要加强生产性基础设施硬件，譬如：在流通设施上，除了冷库，还需要开发新的地方贮藏保鲜类食品，在道路安全、路灯设置等问题上仍需要进一步加强和改进。另一方面，我国农村人口居住较为分散，尤以村和村之间的距离明显，因此，在一个村里进行集体经济建设可操作性不强，既浪费资源也不能带来实效。只有通过打造"明星村""富裕村"，通过实施集约型村庄建设，加强集约型村庄基础设施，打破农村的空间距离感，拉近村民之间的亲近感，逐步形成生产，加工，销售，经营一、二、三产

业融合的完整体系，从而全面提振乡村经济，促进城市和乡村的共同繁荣。

振兴乡村不仅需要"硬实力"，"软实力"也同等重要。第三次农业普查的数据显示，农业生产经营人员中，35岁以下的人员只有19.2%，55岁以上的为33.6%，而且从事农业生产经营人员的学历程度普遍较低，其中初中及以下学历的比例超过了90%，大专及以上比例只有1.2%，可见，农村的劳力和脑力两项人力资本都存在不足。因此，提高农村的教育投入也迫在眉睫。解决农村教育问题，只有"让孔雀回到自己家乡"。但经济基础决定上层建筑，因此，保障"孔雀"的物质生活是其根本。城市"堵"的问题已经成为城市经济增长的掣肘，因此，作为后方阵地的农村地区可以吸收一部分产业转移，这不仅有助于扩大和提升本地生产规模和创新能力，还能给当地劳动力市场带来活力，加速乡村地区的发展，吸引人才回流。

2022年以来，文山州以"文山之干"的革命性举措，全面落实各项工作要求，牢牢守住了不发生规模性返贫底线，开创了乡村振兴新局面。

守牢"一条底线"，不让一人返贫致贫。坚持"月排查、季研判、年动态"制度，落实好"政府找"。2022年有"三类对象"18015户70906人，已消除风险13986户56323人，风险消除率79.43%。落实"找政府"，大力推广运用"政府救助平台"。累计收到申请件38539件，已办结38494件，办结率99.88%。

建立"两套体系"，工作力度恢复"战时状态"。建立指挥体系。组建了州乡村振兴指挥部及乡村振兴工作专班，抽调人员到州乡村振兴指挥部集中办公，积极推进工作落实。建立责任制体系。率先研究制定《文山州巩固脱贫攻坚成果推进乡村振兴责任制实施办法》，工作回归脱贫攻坚"战时状态"。

落实"三项制度"，各类问题销号清零。落实"一把手"责任制。全州各级各相关部门一把手对整改工作亲自研究、亲自部署，确保问题整改到位。落实整改销号制度。建立到村到户、见人见事的整改清单，全州形成问题整改"一本账"、责任落实"一张网"、整改工作"一盘棋"。落实整改督导派单制。深入督导检查，发现问题及时进行派单，跟踪问题整改。通过采取强有力措施，完成所有问题整改任务。

抓实"四项管理"，人财物监管空前强化。强化资金使用管理。各级财政衔接资金到位18.52亿元，支出资金18.19亿元，支付进度达98.24%。累计争取到上海市援助资金3.84亿元，支出资金3.61亿元，支付进度达94.2%。全州1053个定点帮扶单位累计投入各类资金10.29亿元，实施帮扶项目1199个。强化项目建设管理。全州巩固脱贫攻坚成果推进乡村振兴项目入库1085个，总投资29.1亿元，开工建设1084个。强化扶贫资产管理。全州共完成扶贫项目资产清理登记350.95亿元，形成资产规模349.18亿元，形成资产占比99.49%，已确权资产规模348.95亿元，确权进度99.94%。强化人才队伍管理。选派10名科级党政干部、75名专业人才到上海进修学习，引进91名上海医疗卫生专家和教师来文山支医支教，培训全州党政干部及各类专业技术人才2371人次。完成驻村第一书记（工作队长）培训和"现场擂台比武"活动。

突出"五项举措"，脱贫人口持续增收。全州脱贫人口和监测对象人均纯收入15252.52元，增长15.95%。突出产业发展促增收。中央、省衔接资金到位17.77亿元，用于产业资金11.58亿元，占比65%。脱贫人口和监测对象人均生产经营性纯收入2358.73元，增长20.8%。拓宽就业渠道稳增收。开发乡村公益性岗位，安置3.84万名脱贫劳动力，实现脱贫劳动力转移就业29.71万人，完成任务的103%。脱贫人口和监测对象人均工资性收入11198.11元，增长17.78%。健全"双绑"利益联结机制助增收。有产业发展条件和意愿的脱贫户"双绑"覆盖率99.85%，有产业发展条件和意愿的"三类人员""双绑"覆盖率100%。发展壮大村级集体经济保增收。全州988个行政村（社区）村级集体经济经营性收入在5万元及以上的有954个，占96%。做精做细小额信贷创增收。全州共发放小额信贷3.43亿元，获贷对象7503户。

聚焦"六项政策"，巩固拓展脱贫攻坚成果。健康帮扶方面。抓好"三重制度"的落实，全州脱贫人口和监测对象人口100%参保并标识。教育帮扶方面。推动控辍保学实现常态清零，全州落实各项学生资助187.37万人次9.86亿元。安全住房方面。建立县、乡、村三级农村住房安全保障动态监测体系，农村基本住房安全问题实现动态清零。安全饮水方面。开工建设供水保障项目43件，争取筹集到位资金9.42亿元，完成投资9.28亿元，集中供水率达90.57%。易地搬迁后续扶持方面。易地搬迁安置点基础设施不断完善，搬迁群众就业就学就医问题得到有效解决。兜底保障方面。将符合条件的困难群众纳入低保等救助范围，及时足额发放孤儿保障金、80周岁以上老年人高龄补贴和残疾人两项补贴等惠民惠农补贴。

建成"一批示范"，典型引路建设和美乡村。2022年，启动实施8个乡村振兴示范乡镇、117个精品示范村、329个美丽村庄建设。完成省级乡村振兴"百千万"示范工程1个示范乡镇、15个精品村、101个美丽村庄的达标创建。积极配合民宗部门推进42个现代化边境幸福村建设。

二、共同富裕视域下新时代乡村文化振兴建设

（一）发展乡村本土特色产业

党的十九大报告提出"实施乡村振兴战略"。这就要顺应产业发展规律，立足当地特色资源、优势产业布局，完善利益联结机制，让农民更多分享产业增值效益。产业是乡村经济发展的前提与基础，文化产业是乡村经济的重要组成部分。广大乡村地区应结合区域特点，因地制宜地采取措施，结合本地乡村旅游现状，发展适应本地特色的田园风光经济，同时引进外资，发展本地合作社经济，融合影视、电商、农村淘宝等平台推介地方特色文化产品。培育新型文化产业链，发展具有本地特色的文化产业，密切衔接乡村旅游经济，打造反映本地民众生产生活方式的、人们喜闻乐见的文化产业形态。

（二）培育乡村文化人才队伍

人才是发挥引领作用的典范，在乡村文化建设过程中是重要的支撑力量。发展、完善激励机制，带动更多的优秀人才回家乡建设，发挥他们的专业技能与智慧才能，鼓励优秀人才积极投身本土文化的发展。培育新型职业农民，支持农民学习现代农业技术，因地制宜地发展农民培训，着重挖掘培养在本地文化遗产保护、文化手工艺传承等方面的专业能人；培养文化品牌宣传队伍，特别是有志于返乡创业的青年才俊，当地政府部门应大力支持他们创业，同时鼓励更多的本地民众积极创业，为乡土文化的传承与发展贡献自己的一份力量。

（三）健全乡村文化发展机制

规范文化管理是文化发展的关键，也是文化活动正常发展的重要前提。进一步加强党委领导、政府管理、社会监督、农民参与的乡村文化建设。乡村特色文化是地区的优秀文化成果，对于推动地方的经济增长具有十分重要的作用。作为一种文化产业，政府应该积极引导，鼓励乡村的能工巧匠积极钻研文化手工艺品，打磨优秀的文化艺术品。乡村应对照本地文化政策，破除阻碍本地文化繁荣进步的顽疾，充分发挥市场对资源的决定性作用，开拓适合本地文化发展的新路子。进一步健全乡村公共服务管理体系，加强监督服务职能，整治乡村存在的文化乱象，不断净化乡村文化环境。

（四）完善乡村文化基础设施

文化设施既是乡村公共文化服务的保证，也是文化活动的重要载体，要建设高水平、高质量、全覆盖的乡村现代公共文化服务基础设施。加强农家书院、健身广场、名人故居、陈列馆、乡村文化活动室、流动文化车、乡村阅报栏、业余剧团、农民书社的建设，打造农民文化乐园、文化大院、乡村图书流动站，改造乡镇综合文化站等文化设施。一个地方的文化氛围与文化环境需要完善的文化基础设施作为载体来营造，推进乡村文化阵地建设，提供给乡民们充足、舒适的文化娱乐环境。

（五）保护传承乡村传统文化

传统文化能够有效促进当代乡村社会的发展，针对现阶段乡村传统文化遭到忽视的问题，需进一步提升保护与传承意识，大力保护与发展乡村传统文化。

第一，提升民族文化认同。在乡村文化建设过程中，要重视传统文化的传承工作。传统文化承载着中华文明发展历史，将中华民族的独特精神展现出来，能够推动乡村文化建设。一方面，政府部门要加大宣传力度，融合党的方针政策与优秀传统文化，促使乡村传统文化的时代感、吸引力得到增强；另一方面，要于乡村社会经常性组织文艺表演，以乡村居民喜闻乐见的形式传播乡村传统文化，促使乡村居民的集体认同、文化认同得到逐步提升。

第二，加强专业文化人才队伍建设。需要将专业化、高素质的人才队伍建设起来。只有充分激发专业人才、广大农民的传承、保护热情，方可以有效发挥乡村传统文化的价值作用，推动实现乡村文化的振兴目标。其中，非物质文化遗产是乡村传统文化的重要载体。要向乡村年轻人群广泛宣传非物质文化遗产的传承意义，积极开展技艺专业培训工作，科学挖掘与培育非物质文化遗产继承人。同时，要加强乡村传统文化保护队伍建设工作，在培养本土村民保护意识的基础上，将社会文化人才引入进来。

第三，保护乡村传统文化载体。要进一步加大传统文化载体的保护力度，将保护为主、合理利用的原则贯彻下去。一方面，要依托广播、电视等多种宣传平台，向广大乡民广泛宣传传统文化载体保护的重要性，引导乡民主动保护地区现存的乡村传统文化载体，主动抵制各类破坏行为。另一方面，联合相关职能部门，深入开展监管执法活动，严厉打击各类破坏乡村传统文化载体的现象。

三、共同富裕背景下推进脱贫攻坚与乡村振兴有效衔接

党的二十大报告提出要"巩固拓展脱贫攻坚成果，增强脱贫地区和脱贫群众内生发展动力"，"扎实推动乡村产业、人才、文化、生态、组织振兴"。党的二十大闭幕后不久，习近平在陕西延安和河南安阳考察时再次强调，"全面建设社会主义现代化国家，最艰巨最繁重的任务仍然在农村"，要"巩固拓展脱贫攻坚成果，全面推进乡村振兴"。中国式现代化离不开乡村现代化，全体人民共同富裕离不开农民富裕。巩固拓展脱贫攻坚成果同乡村振兴有效衔接是全面建设社会主义现代化国家新征程上扎实推动共同富裕的关键一招，研究脱贫攻坚与乡村振兴两大战略之间的衔接机制和实践路径无疑具有重大现实意义。

四、共同富裕视域下高质量推进乡村振兴的路径

在全面推进乡村振兴过程中如何实现共同富裕是一个值得探讨和研究的问题：要正确认识农村居民对共同富裕的愿望。虽然农村居民收入水平已经有了很大提高，但与城市居民相比仍有很大差距，而且生活水平提高后也存在一些不合理行为和现象；要明确农村居民收入水平提高需要一个过程。"十三五"时期全国人均可支配收入增速明显快于人均GDP增速，而农村居民人均可支配收入增速同步下降，这是不合理的。如果不能有效解决收入差距问题，就会导致经济和社会发展失去动力和活力；要重视农村居民对公共服务需求提高带来的福利提升问题。目前我国城乡差距比较大，农民基本生活保障水平和医疗保障、教育等方面存在一定程度的短缺问题。同时，随着国家不断推进新型城镇化建设，发展农业农村产业，通过结构调整升级和新产业新业态蓬勃发展带来了人口、劳动力大量转移和就业机会增多；要防止收入差距扩大导致对社会公平有损害的行为发生。共同富裕不仅是经济问题也是政治问题、社会问题，需要综合考虑农民收入、农村公共服务水平提高和乡村治理等因素来实现共同富裕目标。

实现共同富裕，是一项复杂而艰巨的任务。虽然我国已经全面建成小康社会，但是实现共同富裕还面临着许多问题与挑战，例如，如何建立长效机制应对人口老龄化和农村地

区生活成本上升带来的挑战；如何更好地发挥政府作用，发挥社会力量；如何通过市场机制推动资源要素向农村地区流动与集聚；如何进一步加强乡村治理体系建设，提高农民组织化程度。

从共同富裕的内涵看，共同富裕不仅仅是物质层面的富裕，而是人民群众物质生活和精神生活都富裕。为此，要坚持物质文明和精神文明"两手抓"。实现共同富裕需要在实践中把"富口袋"与"富脑袋"结合起来，促进人的全面发展。要着力推进乡风文明建设，强化社会主义核心价值观引领，凝聚农民共同的价值取向、道德规范、精神风貌，大力提升乡村精神文明建设水平，扩大优质文化产品和服务供给，高质量推进乡村振兴全方位满足广大人民群众多样化、多层次的精神文化需求，实现农民在物质富裕的同时精神文化生活丰富，不断促进人的全面发展、全体人民共同富裕。

参考文献

[1] 蔡文伯, 贺薇宇. 我国乡村振兴发展水平综合评价研究 [J]. 重庆大学学报 (社会科学版),2023,29(01):102-116.

[2] 曹家琳, 李彩乐. 基于新发展理念的乡村振兴研究 [J]. 中国商论,2023(02):104-106.

[3] 产梦萍. 新发展阶段乡村生态振兴的意义、挑战与路径 [J]. 经济研究导刊,2023(03):20-22.

[4] 陈卫东, 叶银丹. 中国特色乡村振兴理论与发展模式 [J]. 中国金融,2022(20):86-88.

[5] 陈亚君. 乡村振兴与共同富裕的耦合协调发展研究 [J]. 统计理论与实践,2023(02):61-68.

[6] 晨光. 浅谈国土空间规划背景下乡村振兴发展模式 [J]. 城市建设理论研究 (电子版),2023(17):4-6.

[7] 邓伟, 张少尧, 王占韵, 张悦, 谭琳. 乡村振兴：山村发展路径与模式的科学探究 [J]. 山地学报,2022,40(06):791-800.

[8] 邓熙舜, 罗利平, 蒋勇. 数字乡村与乡村振兴耦合协调及其障碍因子研究 [J]. 世界农业,2023(06):93-108.

[9] 郭嵘, 贺易萌. 乡村振兴背景下乡村发展水平综合评价研究 [J]. 低温建筑技术,2023,45(02):18-23.

[10] 郭瑶. 绿色金融支持乡村振兴发展的思考 [J]. 中国管理信息化,2023,26(02):163-165.

[11] 何玉仙. 我国乡村转型的理论内涵与实践模式 [J]. 农业经济,2023(05):37-39.

[12] 侯岱铭, 范超, 苗丰盛. 高校大学生就业带动乡村振兴发展的思路与对策 [J]. 新农业,2022(23):90-91.

[13] 李广京. 发展乡村旅游助推乡村振兴 [J]. 南方农机,2023,54(01):99-101.

[14] 李开清. 乡村振兴背景下数字乡村发展路径研究 [J]. 河北企业,2023(01):47-49.

[15] 李民梁, 张玉强, 王亚歌. 乡村振兴与新型城镇化融合发展：基础前提现实场域与实现路径 [J]. 河北农业科学,2023,27(02):4-10+67.

[16] 李武, 钱贵霞. 农村集体经济发展助推乡村振兴的理论逻辑与实践模式 [J]. 农业经济与管理,2021(01):11-20.

[17] 梁梦宇. 新时代城乡融合发展的理论逻辑与实现路径研究 [D]. 吉林大学,2021.

[18] 林洁, 吕韦岑, 秦娜."乡村振兴"战略背景下的数字乡村建设与发展路径研究 [J]. 国际公关,2022(21):118-120.

[19] 刘昌海, 杨景旭. 乡村振兴视域下乡村旅游业发展路径探究 [J]. 广东蚕业,2023,57(01):154-156.

[20] 刘镇.乡村振兴背景下乡村绿色发展路径探析[J].国际公关,2023(08):28-30.

[21] 刘志钰,詹贺凯,李宗洪.乡村振兴背景下乡村旅游产业高质量发展研究[J].产业创新研究,2023(02):73-75.

[22] 龙井然,杜姗姗,张景秋.文旅融合导向下的乡村振兴发展机制与模式[J].经济地理,2021,41(07):222-230.

[23] 卢佳慧,宋祖豪.新模式下电子商务助推乡村振兴发展研究[J].山西农经,2022(18):52-54.

[24] 芦风英,庞智强,邓光耀.中国乡村振兴发展的区域差异测度及形成机理[J].经济问题探索,2022(04):19-36.

[25] 鲁钊阳,杜雨潼.数字普惠金融发展促进乡村振兴的实证研究[J].金融理论与实践,2023(03):47-56.

[26] 马传明,闫天予,赵乐天.新型职业农民培育助力乡村振兴发展研究[J].当代农机,2023(03):60-61.

[27] 彭润华,石双双.智慧旅游视角下乡村振兴的发展路径分析[J].现代园艺,2023,46(11):137-139.

[28] 桑智慧,木宗香.乡村振兴视域下金融支持镇域经济发展的路径与思考[J].当代农村财经,2023(03):24-29.

[29] 邵腾伟,钟汶君."三变"改革促进乡村振兴的理论逻辑及实践模式研究[J].西南金融,2022(04):59-70.

[30] 施若,舒龙龙.数字普惠金融助推乡村振兴高质量发展的路径探析[J].对外经贸,2022(11):90-92.

[31] 宋鑫,刘后文,宋唐川,龙杨,周艳,陈丹.乡村振兴背景下少数民族文化的可持续发展[J].现代农村科技,2023(04):11-12.

[32] 苏静静,吴卫华.乡村振兴背景下数字文化产业的创新发展[J].今古文创,2022(42):79-81.

[33] 苏日贺,卜荣.乡村振兴与新型城镇化互促交融发展对策研究[J].山西农经,2022(20):53-55+121.

[34] 孙婷婷,汤玉兰,徐诗蕊,李镇杰.新时代农村金融助力乡村振兴发展[J].金融客,2022(12):1-6.

[35] 万师.乡村振兴背景下景村融合发展探析[J].行政与法,2023(01):36-44.

[36] 王安平,杨可.新时代乡村旅游业与乡村振兴融合发展途径研究[J].重庆社会科学,2020(12):99-107.

[37] 王华东,雷慧,徐运红.乡村振兴背景下数字普惠金融的优化发展研究[J].山西农经,2023(08):184-186.

[38] 王介勇,周墨竹,王祥峰.乡村振兴规划的性质及其体系构建探讨[J].地理科学进展,2019,38(09):1361-1369.

[39] 王银苹,李冉.国土空间规划背景下乡村振兴发展路径研究[J].智慧农业导刊,2023,3(10):156-160.

[40] 王悦.乡村振兴战略背景下农业农村经济发展路径研究[J].中国市场,2023(17):9-12.

[41] 吴金,傅东兴,王军.我国乡村产业振兴发展的现状与建议[J].农机使用与维修,2023(01):77-79.

[42] 徐敏,郑水珠.乡村振兴背景下数字普惠金融支持福州数字乡村发展研究[J].现代营销(下旬刊),2022(11):118-120.

[43] 张清华,徐艳利,杨勇.金融支持乡村振兴发展问题研究[J].中国集体经济,2023(14):1-4.

[44] 员雯洁,乔小凤.新发展阶段实施乡村振兴战略的逻辑、困境与出路[J].环渤海经济瞭望,2023(02):76-78.

[45] 张雅静,孔敏,胡光铭,张廷龙.乡村振兴发展水平综合评价体系研究综述[J].统计与决策,2023,39(07):39-45.

[46] 张元.构建金融服务乡村振兴发展的新模式探索[J].时代经贸,2023,20(01):77-79.

[47] 赵立坤,宋书润,胡艳丽.乡村振兴背景下农业农村发展思路及建议[J].河北农业,2022(12):40-42.

[48] 周少琛.大学生返乡就业助力乡村振兴发展的调查与分析[J].南方农机,2023,54(05):110-112.

[49] 周滔,张璞洁.乡村振兴导向下乡村发展能力的多维测度及时空交互特征[J].人文地理,2023,38(01):118-129+157.

[50] 周雯雯.乡村振兴视域下人才振兴发展及意义的思考[J].智慧农业导刊,2023,3(11):157-160.